Balsac vs
El Pueblo de Puerto Rico

Su historia; sus protagonistas

Francisco Ortiz Santini

Créditos editoriales

ortizsantini@ortizsantini.net

Edición, 2019
Editorial: MyBookCreations.com
info@MyBookCreations.com

ÍNDICE

PRÓLOGO

En este libro sin precedente en la historiografía puertorriqueña, el doctor en filosofía y letras y abogado, Francisco Ortiz Santini abre otra nueva ventana para poder re-ver la historia contemporánea de Puerto Rico mediante un texto único visto en su contexto. Es la narración de un momento de enfrentamiento de mentalidades que se extiende de 1918 a 1922 entre dos culturas y dos visiones de mundo, gatillado ese choque por la extensión en 1917 de la ciudadanía de Estados Unidos al pueblo de Puerto Rico. Este es el primer emocionante texto de esa historia.

LA NECESIDAD DE CONTRAPUNTEO

Se nos ofrece una nueva visión. Abona un juicioso examen de la figura de Jesús María Balsac, tan importante en nuestra historia porque su militancia cambió el curso político de nuestra patria hasta el sol de hoy. Y lo noveliza entre los otros personajes claves de su gesta, muy especialmente su contraparte imperial, otra figura clave en nuestra historia, William Howard Taft.

Abona además al entendimiento de nuestra historia contemporánea como contrapunteo entre las mentalidades del colonizador y el colonizado, mucho más allá del trillado tema del "status". La nueva manera de vernos se centra en el capítulo "La Sentencia Histórica" con el texto íntegro traducido de la decisión unánime del Tribunal Supremo de los Estados Unidos del 10 de abril de 1922 en el caso de *Balzac v. People of Porto Rico*, que ha regido los destinos políticos y coloniales de nuestra patria desde entonces hasta hoy. La lectura cuidadosa del texto de esa opinión (ofrecida por vez primera en español en un texto historiográfico), ofrecerá a ustedes el contexto histórico de la misma, además de sus tres (ahora evidentes) subtextos: primero, la identidad puertorriqueña; segundo, el racismo hispanofóbico anglosajonista; y tercero, el antisocialismo estadounidense. De esos tres subtextos, de esas tres transcripciones escondidas de principios del siglo XX, sobrevive aún intocada la identidad puertorriqueña causante del choque cultural que instó la opinión, y que se ha reiterado en el caso de otro alto tribunal americano, In re Guantánamo, este mismo año.

El autor en este texto, al hacer evidentes por vez primera los tres subtextos, aboga muy adecuada y vigentemente en este preciso momento del siglo XXI por la derogación del caso y de la hispanofobia que lo caracteriza. Es ése su valor primigenio. Este texto tiene otra cualidad igualmente primigenia. El afamado Fredric Jameson significó en 1962 la importancia que adquiriría lo que Georg Lukács había bautizado como la novela histórica, útil por demostrar que se puede comprender la existencia de seres condicionada por la historia, en que los personajes representan su época. Todo eso lo ha logrado Ortiz Santini en este texto historiográfico/novelado, haciendo inteligible lo hasta ahora oculto. El abogado y doctor nos lleva de la mano ofreciéndonos un marco fáctico, teórico y narrativo de los hechos históricos mediante la nueva visión que ofrecen los Estudios Culturales, construyendo una nueva trama para el curso de nuestra historia del siglo XX. Nos ofrece además la construcción y deconstrucción de los personajes claves de esa trama: Jesús María Balsac el puertorriqueño, William Howard Taft el estadounidense, Santiago Iglesias Pantín el español.

Integra así en esos personajes la vivencia tripodal en nuestra historia. Esta es otra contribución seminal.

Samuel Gompers, el mentor de Jesús Balsac, gatilla esa confrontación entre personajes vivientes a nivel de la metrópoli colonial, el reto socialista después de las elecciones de 1920 en Puerto Rico, especialmente en el pueblo de Arecibo. Une en ese momento a otro puertorriqueño, el sapiente Manuel Zeno Gandía, que en ese preciso momento expresó sus dudas sobre los que se autoproclamaban redentores de Puerto Rico, al que concibió como *La Charca*. En ese cuadro originario irrumpe en el relato la decisión del Congreso de los Estados Unidos de extender la ciudadanía americana a los puertorriqueños (a instancias del Secretario de la Guerra para evitar una invasión y ocupación alemana de nuestro territorio) en 1917. Francisco Ortiz Santini nos narra entonces los efectos de esa extensión de la ciudadanía estadounidense, que genera la ilusión de igualdad en algunos sectores de la patria - tan vigente hoy mismo en la mitad del pueblo elector de Puerto Rico. Este texto inscribe la ilusión rota.

LA HISTORIA ENTRE 1898 Y 1922

Son múltiples las contribuciones de este libro a la historia nuestra entre 1898 y 1922. Las mismas deben verse en el contexto actual de la decisión del Tribunal del Distrito de Columbia en el caso de In re Guantánamo que se emitió en el 2005, y que revivió en nuestro tiempo actual la relevancia del caso de Jesús María Balsac, al hacer claro que ese caso "sigue siendo la ley" entre Puerto Rico y los Estados Unidos, en específico la cuestión de la diversidad cultural entre nuestro pueblo y aquél como la razón para que un territorio no-incorporado sea "a territory not destined for statehood" reiterado en el 2005, porque "it is locality that is determinative and not the status of the people". He ahí la vigencia actual, inmediata, de este texto que es seminal.

Convence el argumento de su autor de que hay que ver esos hechos históricos ahora desde las perspectivas del concepto de la Metahistoria de Hayden White, que hace énfasis en las mentalidades y las transcripciones escondidas (entre ellas el racismo, el clasismo, el colonialismo, el menosprecio y la desigualdad); y también la teoría de Edward Said sobre Cultura e Imperialismo, que hace énfasis en la violencia simbólica. Esta historia de los primeros veinticuatro años de nuestra relación con la metrópoli de turno la relata Ortiz Santini con el propósito de "exponer las luchas de un pueblo subalterno para lograr la descolonización de su país por vía de su incorporación a la metrópoli". Es ésa su trama del periodo entre 1898 y 1917, antes de entrar a relatar y entender la histórica decisión de 1922 que motiva este libro.

Nos ofrece, también de salida, a sus personajes. Jesús María Balsac se nos presenta como un puertorriqueño anti-colonialista desde la perspectiva anarco-sindicalista, planteando que el anexionismo es también una ideología anti-colonial. Por fin, gracias a la coyuntura que vivimos, recibe la atención que merece la figura de ese gran hombre. Contribuye este libro al ser el primero en revelar que Balsac era un escritor con un libro en 1900 y otro en 1910, que decidió hacer "la guerra mediante la palabra" (como otros de nosotros) y menospreciar el rol de los partidos políticos y la clase dirigente de nuestro país. William Howard Taft se nos presenta como un estadounidense parangón del pueblo dominante, originalmente anti-imperialista por claras razones racistas en oposición a, pero también junto a, Samuel Gompers que se nos presenta como ejemplo del socialismo estadounidense de aquella época que era internacionalista y anti-imperialista. Santiago Iglesias Pantín se nos presenta como un español socialista que deriva su lealtad hacia los Estados Unidos por ser reformista y no revolucionario y siendo anti-independentista por entender que la misma entronizaría a una clase dominante de patronos.

Jackson Harvey Ralston (una figura hasta ahora ignorada por nuestra historiografía), se nos presenta como factor decisivo en esta novísima narración por ser miembro de la *Liga anti-imperialista*, específicamente la antípoda del Almirante Alfred Mahan (que fue la figura diseñadora del imperialismo naval que nos gobernó hasta el Grito de Vieques del 1ro de mayo de 2003), por ser Ralston defensor de la soberanía del pueblo de las Filipinas y por ser además un prestigioso abogado laboral con varios triunfos ante el Tribunal Supremo de los Estados Unidos a favor del American Civil Liberties Union, y eventualmente el abogado clave en el caso que ocupa este libro. Sus alegatos trataron de conectar su anti-imperialismo con su socialismo.

Pero fiel al objetivo del autor de que entendamos mejor a la metrópoli dominante, la figura predominante para este prologuista en este libro es William Howard Taft. No se puede escoger otro personaje mejor para significar el imperialismo estadounidense entonces y ahora. Este personaje, que decidiría con su pluma y su poder el destino de nuestro pueblo por los últimos 85 arios, hasta ahora desatendido por nuestra historiografía, sirve al contrapunteo con el boricua Jesús María Balsac, y es detalladamente atendido por vez primera en nuestra historia. Su vida novelada aquí significa varios hechos importantes: hijo de un Secretario de la Guerra y Procurador General en el gabinete de Ulises Grant; graduado de la Universidad de Yale en que fue cofundador de la sociedad secreta Skull and Bones; íntimo y adversario de Joseph Benson Foraker el arquitecto de nuestro colonialismo legal; juez del Tribunal del Circuito de Apelaciones (el mismo que adopta su dictamen ahora); presidente de la comisión de Filipinas que tolera las peleas de gallos pero impone el inglés como idioma oficial; autor de varios comentarios (citados en este libro) sobre Puerto Rico; primer gobernador civil de Filipinas (y originador allí del circo de tres pistas de estadidad, independencia, o autonomía a lo canadiense); influyente escritor de cartas a los jueces sobre los casos insulares como experto en el manejo de los asuntos de las posesiones insulares; secretario de la guerra; director de la construcción del Canal de Panamá; Administrador Interino de Cuba bajo la Enmienda Platt; promotor de una base naval en Puerto Rico; diseñador de la represión del movimiento obrero boricua; presidente de los Estados Unidos; promotor de la estadidad de los territorios hispaños americanizados de Nuevo México y Arizona; diseñador del castigo por el Congreso contra la primera rebelión legislativa puertorriqueña de 1909 colocando a la isla bajo el departamento de la guerra; promotor de la ciudadanía estadounidense para los boricuas pero con el *caveat* clave de "absolutamente divorciada de cualquier idea de estadidad"; profesor de derecho constitucional en Yale; diseñador en 1916 de la tesis anti-independentista de los anti-imperialistas de antaño y del *quid pro quo* colonial de "protección a cambio de lealtad" para los puertorriqueños; y finalmente juez presidente del Tribunal Supremo de los Estados Unidos que escribe y emite la decisión unánime sobre nosotros de 1922. Como verán en todas estas veinte (si, 20) instancias relatadas por Ortiz Santini, ninguna otra figura imperial ha tenido tanto impacto entonces y ahora, sobre la vida de los ocho millones de puertorriqueños que William Howard Taft. Era hora de que ya se dijese.

LOS EFECTOS DE LA CIUDADANÍA

Usando brillantemente la forma del novelista, el clímax de esta obra narrativa lo coloca el autor en la extensión de la ciudadanía estadounidense a nosotros en marzo de 1917, y en sus efectos, significando las aspiraciones que representan los casos de *Carlos Tapia* y *José Muratti* decididos por el Tribunal Supremo de Puerto Rico en 1918, en que los jueces locales creen haber descubierto que la extensión de la ciudadanía estadounidense nos había "incorporado" (es decir, le ha dado un cuerpo a Puerto Rico en los Estados Unidos), en camino a su admisión como estado de la Unión. Y en ese momento preciso entra en la escena de esta narrativa histórico - novelística de Ortiz Santini, el puertorriqueño de ascendencia francesa Jesús María Balsac.

Creyéndose igual a los estadounidenses en el ejercicio del derecho de libre expresión, atacó inmisericordemente al Gobernador estadounidense colonial en su periódico en Arecibo. Es arrestado y acusado de libelo criminal. Se creyó igual a los estadounidenses en el ejercicio del derecho a un juicio por Jurado (de puertorriqueños que seguramente lo hubiesen absuelto, como hicieron años después con Pedro Albizu Campos y con el combatiente nacionalista Filiberto

Ojeda Rios). Su entrenamiento como abogado le permite a Ortiz Santini narrar también como novela, el juicio contra Jesús María Balsac, y su sentencia adversa que le niega el juicio que exigió por Jurado de boricuas (que presagió lo que ocurriría a Pedro Albizu Campos en sus dos juicios, absuelto por boricuas en el primero y condenado por estadounidenses en el segundo). Al apelar esa decisión en Puerto Rico, entra entonces en escena en la historia/novelada la cúpula de poder del desde entonces imperio más poderoso de la tierra, los Estados Unidos de América.

Su mayor contribución es la escogencia por Ortiz Santini de la forma narrativa de los Estudios Culturales (como han hecho tan pocos otros en nuestra historiografía) para poner nuestras vidas y sus textos en el contexto colonial que han tenido por más de 100 años. La inclusión detallada de los alegatos legales, la deliberación del tribunal, y la opinión y sentencia, harán entendible al que no es abogado lo que el autor llama muy acertadamente "el laberinto en el purgatorio", una metáfora precisa para nuestra existencia política desde la invasión americana hasta el momento en que escribo estas lineas a inicios del siglo XXI. Aún más importante es la determinación del autor de adoptar la metodología del contropunteo sugerida para los Estudios Culturales por el genial Edward Said, que permite al que lea contener simultáneamente en su mente las dos culturas en abierto conflicto, el dominador y el subalterno. Termina Ortiz Santini su denodado tránsito profesional sobre este terna, evocando un editorial de Jesús María Balsac del 23 de abril de 1918, denuncia que ojala no siga vigente muchos años más en nuestras vidas.

Leyéndose como novela/historia, este libro tiene el clímax de su trama el 2 de marzo de 1917 cuando se extiende la ciudadanía estadounidense al pueblo de Puerto Rico. En ese momento había dos criminales siendo juzgados uno en el tribunal estadounidense y otro en el tribunal puertorriqueño, Carlos Tapia y José Muratti. El tribunal estadounidense fallo a favor de Tapia y le reconoció los derechos americanos y lo mismo hizo el tribunal puertorriqueño con Muratti. Ambas decisiones se basaron en que la concesión de la ciudadanía estadounidense había convertido al territorio ya organizado en un territorio "incorporado". Ambas decisiones intentan romper el impasse creado por las delegaciones a la negociación del Tratado de París de 1898 en que los estadounidenses interesaban "la posesión del territorio" y los españoles interesaban dictar "la condición de sus habitantes", una que aún sobrevive cuando escribo. Ortiz Santini trabaja su camino hacia el desideratum citando al Tribunal Supremo de los Estados Unidos que revoca a ambos tribunales, el colonial y el colonizado, basándose en los Casos Insulares de principios del siglo XX.

Entra en escena Jesús Balsac, que ha fundado una escuelita obrera en Arecibo, y significa Ortiz Santini que para él la visión de mundo estadounidense era un misterio insondable. El 16 de abril de 1918 convierte su pluma en su fusil y ataca al Gobernador colonial Arthur Yager, amparándose en el pseudónimo más castellano de todos, "El Caballero Andante" de Miguel de Cervantes, pero el 11 de mayo lanza su grito esperanzado "Somos Americanos". Planteo yo que no se da cuenta de que ambas cosas eran y son al sol de hoy, incompatibles. El 31 de mayo dos policías le entregan denuncias por libelo criminal. En ese momento Ortiz Santini se aleja de la novelización y transforma este libro en un drama teatral mediante lo que el mismo llama "reconstrucción dramatizada" del juicio del 29 de julio de 1918, en que el tribunal colonizado lo declara culpable. El liderato obrero anuncia su determinación de apelar, pero el 19 de diciembre de 1919 el Tribunal Supremo colonial hace lo que nuestro autor llama "una puerta que se cierra", al adoptar los argumentos esgrimidos por el tribunal estadounidense en los casos de Tapia y Muratti, que rechazó la aplicación a Puerto Rico de la enmienda constitucional estadounidense de derecho a juicio por Jurado.

Entran en escena en ese momento Santiago Iglesias Pantín, quién presta las fianzas y sufraga las costas de la apelación al Tribunal Supremo de los Estados Unidos, y Samuel Gompers quien contrata al abogado laboral anti-imperialista Jackson H. Ralston para representar a Balsac. Pero el puertorriqueño, el español y el americano se tendrán que enfrentar nada menos que a William Howard Taft, que el 30 de junio de 1922 asume como Juez Presidente del Tribunal Supremo de los Estados Unidos. Vuelve a contribuir Ortiz Santini al nuevo entendimiento significando que la defensa alega que Balsac "no excedió las exuberantes expresiones del lenguaje meridional" - otra vez, el planteamiento central es la diferencia entre dos culturas. Los acusadores descansan a su vez en un militar, el Teniente Coronel y Juez Militar Grant T. Trent.

El caso adquiere así otra vertiente además de la cultural: militares contra civiles en la colonia. El argumento del sector militar sobrevive al día de hoy, aduciendo que la incorporación en camino hacia la admisión como estado "no aplica sin legislación expresa", argumento que adoptara en su sentencia unánime el Tribunal Supremo de los Estados Unidos, insistiendo en la dicotomía del Tratado de París entre lo que "es territorial y no personal". Significa nuestro autor que William Howard Taft estaba eminentemente cualificado para enfrentarse al argumento cultural, pues había tenido experiencia en Filipinas, Cuba, y Panamá, todos pueblos de origen hispano, y que decide asestarle un golpe a esas cosmovisiones. Los miembros del Tribunal Supremo de los Estados Unidos le siguen al unísono. Llegará así el que lee al capítulo culminante de esta historia, cuando lea la opinión del 10 de abril de 1922, que no comentaré precisamente para motivar su lectura cuidadosa por todos ustedes. Esta viva hoy.

Cuando lean el texto que sigue se enterarán (como debe ocurrir en toda novela) de qué ocurrió finalmente en la vida de Jesús María Balzac, y les hablara desde su tumba. Escúchenlo.

LA APORTACIÓN INTELECTUAL

La labor seminal de Francisco Ortiz Santini, como explica en su epilogo/conclusión, sigue y expande el camino trazado por el Decano de la Escuela de Derecho de la Universidad de Puerto Rico y ahora Profesor Visitante de la Universidad de Yale en Estados Unidos, Efrén Rivera Ramos, quien adujo desde los inicios de este siglo XXI que el colonialismo estadounidense en nuestra patria nos construyó jurídicamente una identidad. La contribución que hace Ortiz Santini al curso de esa nueva visión se funda en la también nueva disciplina de los Estudios Culturales, que se hicieron vigentes a finales del siglo pasado, y nos ofrece el origen y desarrollo del último de los Casos Insulares, que aun rigen nuestro destino.

La escuela de pensamiento originada por Rivera Ramos parte de la premisa de que Puerto Rico es una nación sujeta a la hegemonía estadounidense, y relata nuestra relación de más de un siglo como una batalla entre dos visiones de mundo - la de los Estados Unidos y la de Puerto Rico - que ha tenido enormes efectos en nuestras vidas, al determinar el universo discursivo (es decir, los límites impuestos al pensamiento de todos nosotros) en el cual hemos vivido. Ese universo discursivo a su vez contiene un constructo representacional de nosotros y de ellos.

El debate de doce horas en el Congreso estadounidense del 4 de marzo de 1998 sobre nosotros y la inminente presencia en el mismo de la situación del pueblo de la isla-municipio de Vieques (que estallaría apenas un año después), planteó por vez primera desde la decisión de 1922 objeto de este texto, la cuestión de si somos sólo ciudadanos estadounidenses o una nación.

Aduce Rivera Ramos que el debate en el Congreso fue una reafirmación discursiva del universo creado por la decisión en el caso de Balsac como el constructo cultural de ellos que no debe ser el nuestro. El caso de 1922, el debate de 1998, y la derrota de la Marina de Guerra de Estados Unidos el 1ro de mayo de 2003, evidencian el conflicto entre cosmovisiones, discursos, e identidades, que ahora que es entendido correctamente, comienza a resolverse en sus términos.

El discurso jurídico estadounidense de todo el siglo XX sobre nosotros, aduce Rivera Ramos y coincidimos, constituyó la violencia simbólica bajo la cual vivimos y bajo la cual tantos murieron, y ejemplifica otra dimensión coercitiva del colonialismo estadounidense en Puerto Rico. La cuestión, según la abona el autor de este texto, es entre el colonialismo, la hegemonía, y la identidad. En síntesis, Ortiz Santini problematiza lo que hasta hoy se dio por sentado. Lo hace, ofreciéndonos minuciosamente el código cultural de nuestro Otro a los Estados Unidos de América. Ese código cultural, nos dice este autor y coincidimos, tuvo en 1922 dos elementos esenciales: el racismo hispanofóbico y el antisindicalismo. Ambos dictaron la decisión unánime escrita por el Juez Presidente William Howard Tait y vigente aún, con esos dos subtextos, hoy anacrónicos. El racismo hispanofóbico, sin embargo, se yergue hoy otra vez en su Congreso.

Pero, después del Grito de Vieques, Puerto Rico ha adquirido una nueva manera de concebir el mundo y nuestra circunstancia, una nueva cosmovisión, de la cual este texto será parte esencial. La razón es que las leyes y las opiniones jurídicas tienen la capacidad de definir la realidad, muy especialmente las de la metrópoli de pueblos coloniales como el nuestro. Pero esa realidad tiene en los pueblos coloniales un subtexto, una transcripción escondida, que ha sacado a la luz en este texto su autor. La ley reproduce el colonialismo en pueblos como el nuestro, pero llega el momento en que es indispensable derrumbar el universo discursivo colonial. Y eso logra Francisco Ortiz Santini en este texto. Presagio unos enormes efectos para su publicación. La clave del argumento se sintetiza en la frase que usa la opinión del caso para nosotros los puertorriqueños: *distant ocean communities of different origin and language*. Así nos vieron ellos en 1922 y eso precisamente somos aún en el siglo XXI. Pero ahora, el efecto de la frase es totalmente distinto. Entonces fue para desdeñarnos, ahora es para afirmarnos. En 1922 la frase justificó y legitimó el expansionismo propietario que se había hecho parte del texto del Tratado de París desde 1898 que nos construyó como un objeto no como seres, y que creó el universo discursivo legal en que aún vivimos. Esa ha sido la violencia simbólica de los Estados Unidos. Más que la Masacre de Río Piedras, o la Masacre de Ponce, o la Masacre del Cerro Maravilla, la violencia simbólica de los Casos Insulares nos hizo mucho más daño que ellas. El Tribunal Supremo de los Estados Unidos la reiteró entre 1978 y 1980 en los casos de *Califano v. Torres y Harris v. Rosario*, y aún tan recientemente como en el texto del ex-Procurador General de los Estados Unidos Richard Thornburg en 1991. Nadie, hasta este texto, se dio cuenta antes que luchamos contra un fantasma, el fantasma de William Howard Taft, con la fuerza de otro fantasma, Jesús María Balsac. Este texto de resistencia cultural de este autor, reta y cuestiona la centenaria violencia simbólica de los Estados Unidos de América. Y abre la ventana cerrada.

Francisco Ortiz Santini es otro de los jóvenes historiadores educados en nuestro programa de Estudios Culturales originado en el Centro de Estudios Avanzados de Puerto Rico y el Caribe y que se traslada a la Universidad del Turabo. Es otro de los abridores de ventanas.

JUAN MANUEL GARCIA PASSALACQUA
San Juan de Puerto Rico, 4 de julio de 2007

INTRODUCCIÓN

"La Historia es, después de todo, algo que hacemos; no un objeto que observamos."
Alun Munslow[1]

LOS HECHOS HISTÓRICOS Y EL MARCO TEÓRICO

Los días 16 y 23 de abril de 1918, el socialista puertorriqueño Jesús María Balsac[2] publicó dos editoriales críticos en su periódico *El baluarte,* contra el entonces gobernador colonial de Puerto Rico, Arthur Yager. El 29 de julio de 1918, Balsac fue declarado culpable por el tribunal de distrito de Arecibo por dos cargos de libelo criminal. El 31 de julio de 1918, anunció que apelaban las sentencias ante el Tribunal Supremo de Puerto Rico y el 4 de marzo de 1920 ese foro las confirmó. El 11 de marzo de 1920, Balsac anunció su apelación ante el Tribunal Supremo de los Estados Unidos.

El 30 de junio de 1921 – y aún pendiente de completarse el proceso de apelación del caso de Balsac – William Howard Taft fue nominado y confirmado juez presidente del Tribunal Supremo de los Estados Unidos. El 10 de abril de 1922, cuatro años después de las publicaciones que originaron el proceso, el Tribunal Supremo de los Estados Unidos por voz del juez presidente Taft, dio punto final a la odisea judicial anunciando la decisión unánime en *Balzac vs. People of Porto Rico*, confirmando las condenas impuestas al apelante. El 23 de mayo de 1922, el Tribunal Supremo de los Estados Unidos devolvió el caso de Balsac a Puerto Rico. El año siguiente Pedro Albizu Campos aludió a la decisión del Tribunal

Supremo estadounidense para basar su afirmación de que Puerto Rico nunca sería aceptado como estado de la Unión.[3] La cuestión persiste en pleno siglo XXI.[4]

Muy poco se ha escrito sobre la vida, las aspiraciones personales y colectivas y las mentalidades de las personas que, de una u otra manera, participaron en las históricas decisiones emitidas por el Tribunal Supremo de los Estados Unidos, usualmente conocidas como los *casos insulares*. Una aproximación destacable la encontramos en las páginas introductorias de la obra del profesor Efrén Rivera Ramos, The Legal Construction of Identity: The Juditial and Social Legacy of American Colonialism in Puerto Rico.[5] Allí se incluyen trazos de la existencia de los puertorriqueños Adolfo Marín Molinas (pintor), Rafael Ortiz (taxista) e Isabel González (inmigrante), en términos de cómo sus circunstancias personales motivaron el surgimiento de pleitos que servirían para la construcción legal de la identidad puertorriqueña bajo el palio de la relación colonial recién instaurada por los Estados Unidos. Conforme al profesor Rivera Ramos,

> [e]l nombre casos insulares se le atribuye usualmente a una serie de nueve decisiones emitidas en 1901. Siete de esos casos se originaron en Puerto Rico, uno en Hawaii, y uno en las Islas Filipinas. No obstante, algunos autores han extendido el término hasta incluir otro grupo de casos decididos entre 1903 y 1914 que trataron con asuntos similares o relacionados y otros lo han extendido hasta un caso decidido en 1922. De los 13 casos de ese segundo grupo, cinco se originaron en asuntos relacionados con Puerto Rico, seis se refirieron a las Filipinas, uno a Hawaii, y otro a Alaska. El caso de 1922 trató en torno a la situación de Puerto Rico. Voy a referirme a todos ellos como los casos

> insulares: todas las controversias estaban relacionadas, el segundo grupo de casos se basó en las decisiones emitidas en 1901, y el caso de 1922, Balzac v. Porto Rico, debe leerse como la culminación de la serie en tanto reafirmó y extendió la doctrina de incorporación a la luz de nuevas circunstancias, tales como la concesión de la ciudadanía estadounidense a los puertorriqueños.[6]

Como se podrá apreciar, la decisión de *Balzac vs. People of Porto Rico*, 258 U.S. 298 (1922), ocupa un papel destacado dentro de los casos insulares, por ser el *decisivo* en la consolidación jurídica de la relación colonial de Puerto Rico con los Estados Unidos. Dicho de otra manera, "Balzac es importante porque marcó el fin de los casos insulares y la adopción de la doctrina de incorporación territorial por una mayoría del Tribunal, asegurando así más de un siglo de dominio colonial por los Estados Unidos".[7] A este respecto, otro estudioso de los casos insulares -Bartholomew Sparrow - señala:

> La decisión de Rassmussen [vs. United States] no provocó prácticamente reacción pública alguna, así como tampoco el último de los casos insulares, Balzac v. Porto Rico. Pero como el renombrado abogado internacional Frederic Coudert escribió en 1926 -y fue Coudert, quien junto a sus asociados en Coudert Brothers, argumentó por los demandantes en los casos de De Lima, Downes y Hawaii v. Mankichi- Rassmussen estableció que Alaska había sido incorporado, a pesar de no poseer un gobierno territorial organizado; los ciudadanos de Alaska tenían por ende garantizado los juicios por Jurado. "No fue sino, sin embargo, hasta 1922, en Balzac v. Porto Rico," Coudert escribió, "que una decisión unánime del Tribunal inequívocamente adoptó la doctrina de

> incorporación como parte de nuestro ordenamiento constitucional."[8]

La vigencia de la decisión de *Balzac* ha sido objeto de debate. Tomemos por ejemplo al profesor T. Alexander Aleinikoff, quien en su artículo "Puerto Rico and the Constitution: Conundrums and Prospects", escrito en 1994, afirmó lo siguiente:

> Balzac es una decisión curiosa por un número de razones. Primero, la decisión del Tribunal no se afectó por el hecho de que los ciudadanos de Puerto Rico habían recibido la ciudadanía estadounidense en 1917. Podría argumentarse que los casos anteriores eran distinguibles por esa razón; o, la concesión de la ciudadanía habría sugerido que Puerto Rico había sido "incorporado" a los Estados Unidos. Segundo, legislación puertorriqueña había provisto para juicios por Jurado en casos graves desde 1901. Luego, el subtexto de la decisión -que los puertorriqueños no estaban preparados para manejar instituciones anglosajonas- resulta frágil. Finalmente, en tanto los puertorriqueños eran ciudadanos estadounidenses, ellos podían viajar libremente hacia el continente y ser llamados para servir como jurados en los tribunales estatales o federales -a pesar de estar "entrenados en un sistema judicial que no conoce de jurados."
>
> A pesar de que Balzac nunca ha sido revocado, su trascendencia actual es mínima. Por ley, los puertorriqueños disfrutan el derecho a juicio por Jurado tanto bajo el Estado Libre Asociado como en casos federales, de conformidad con los principios constitucionales vigentes. Además, por un proceso que permite la implementación de la Carta de Derechos por vía de la Decimocuarta Enmienda a los estados, el Tribunal ha concluido consistentemente que las

> protecciones de la Carta de Derechos aplican a los territorios. En casos recientes, el Tribunal ha analizado reclamos bajo la Primera y Cuarta enmiendas en casos surgidos en el Estado Libre Asociado tal y como si el pleito hubiese cuestionado conducta originada en uno de los cincuenta estados.
> Los casos insulares, por ende, han viabilizado que residentes (incluso ciudadanos estadounidenses) en las posesiones puedan disfrutar de un grado menor de protección constitucional que los ciudadanos (¡y los extranjeros con residencia permanente!) en los estados. Pero por vía de leyes y la expansión judicial de la noción de los "derechos fundamentales" aplicables a los territorios "no incorporados", la Carta de Derechos aplica en todo su vigor en el Estado Libre Asociado.[9]

El parecer del profesor Aleinikoff, no obstante, no es persuasivo; mucho menos mayoritario.[10] En el año 2002, el juez Thomas K. Moore, del tribunal de los Estados Unidos en las Islas Vírgenes, emitió una extensa sentencia – *United States of America vs. Camille Pollard*, 209 F.Supp.2d 525 (DCVI, 2002) – en la cual criticó severamente la vigencia de los casos insulares en general y el caso de *Balzac* en particular. Con un lenguaje inusitado para un juez federal de los Estados Unidos, el magistrado Moore afirmó lo siguiente:

> La postura negociadora de los Estados Unidos en los tratados de 1902 y 1907 sin dudas se deriva de la adquisición de las diversas posesiones insulares, incluso las Filipinas y Puerto Rico, conforme al Tratado de París al finalizar la guerra Hispanoamericana en 1898. El Tribunal Supremo también fabricó una nueva doctrina constitucional para acomodar estos territorios poblados por pueblos que no eran blancos, anglosajones ni europeos. Esta es la doctrina racista del

territorio "no incorporado", creada judicialmente en la infame serie de decisiones conocida como los casos insulares, decidida por el mismo Tribunal Supremo que nos obsequió la igualmente racista pero hoy ampliamente repudiada y revocada doctrina de "separadas pero iguales".

La doctrina de incorporación, en términos simples, prescribe que la Clásula Territorial le confiere al Congreso poder plenario sobre los territorios que no han sido aún "incorporados" a los Estados Unidos. Bajo esa rúbrica, el poder totalmente unilateral del Congreso es solo contenido por las "restricciones fundamentales", que en apariencia no están expresamente enumeradas en la Constitución. Según expresara el juez Brown, "[e]xisten ciertos principios de justicia natural inherentes al carácter anglosajón que no requieren expresión en constituciones o estatutos para que tengan efecto o para proteger las dependencias de legislación manifiestamente hostil a sus intereses reales". Downes v. Bidwell, 182 U.S. 244, 280, 21 S.Ct. 770, 45 L.Ed. 1088 (1901). Luego, y de acuerdo a los casos insulares, esos derechos con los que crecimos convencidos que eran la piedra fundamental de nuestro sistema de justicia, tales como el derecho a juicio por Jurado y el derecho a ser procesados solo mediando una acusación por un Gran Jurado, son meramente "remedios artificiales o remediativos" que nosotros los habitantes de un territorio no incorporado solo merecemos cuando el Congreso decida que estamos listos para manejarlos. Véase a Dorr v. United States, 195 U.S. 138, 149, 24 S.Ct. 808, 49 L.Ed. 128 (1904). Tales "no fundamentales", "artificiales", y "remediativos" derechos para ciudadanos residentes de un territorio no incorporado solo pueden ser conferidos por el Congreso.

Para 1922, este razonamiento racista había sido finalmente adoptado por el Tribunal de forma tal que "[e]s la localidad la que es determinante en la aplicación de la Constitución... y no la condición de las personas que la habitan". Balzac v.

> Porto Rico, 258 U.S. 298, 309, 42 S.Ct. 343, 66 L.Ed. 627 (1922).[11]

Como sugieren las expresiones del juez Moore, los "adelantos" en cuanto al reconocimiento por los tribunales de derechos fundamentales a los habitantes de las posesiones territoriales no implica un desmantelamiento progresivo del régimen colonial en favor de una relación más equitativa entre la metrópoli y el territorio subalterno. La "concesión de derechos" a los habitantes de los territorios está predicada en la obtención por éstos del nivel necesario de "educación" para ejercitarlos apropiadamente. Al resumir la esencia de los casos insulares, en "The Empire Forgotten: The Application of the Bill of Rights to U.S. Territories", su autor Alan Tauber ha señalado:

> El Tribunal hizo descansar gran parte de su decisión en un discurso racista, temiendo conferir estos privilegios a "salvajes". Tan deplorable como este lenguaje es, aun asumiendo que el Tribunal estuviese en lo correcto esas preocupaciones no aplicarían una vez el Congreso decidió concederle la ciudadanía a estos "salvajes" y ciertamente no tendrían base alguna cuando se tratase de un ciudadano de los Estados Unidos visitando a Puerto Rico desde el continente.[12]

Igualmente reciente es el artículo suscrito por Cortelyou Kenney, "Reid v. Covert: The Court's Continuing Legacy of Colonialism".[13] Kenney analiza el impacto de la opinión del Tribunal Supremo de los Estados Unidos en *Reid vs. Covert*, 354 U.S. 1 (1957), señalada como un dictamen que revocó la doctrina de los casos insulares o lo que sería más correcto aseverar, "lo más cerca que el Tribunal haya estado de revocar los casos insulares, y con ello, la Doctrina de Incorporación Territorial".[14] La autora señala además lo siguiente:

> [a] pesar de lo resuelto en Reid v. Covert, el principio de incorporación territorial auspiciado por el Tribunal Supremo en los casos insulares mantiene su control sobre la condición legal de Puerto Rico. Decisiones recientes tales como Harris v. Rosario y Verdugo-Urquidez demuestran que Reid v. Covert ha hecho poco por disminuir la constante dependencia del Tribunal en los casos insulares y sugiere que sus determinaciones continuarán basadas en prejuicios raciales y geográficos. De hecho, la propia decisión de Reid v. Covert representa una forma más insidiosa y compleja de discriminación... Reid cubrió al Tribunal con una apariencia de neutralidad, permitiéndole tratar con disimulo a los puertorriqueños como ciudadanos de segunda clase.[15]

Reid vs. Covert es una opinión importante, en tanto fue utilizada por el Tribunal Supremo de los Estados Unidos en 1957 para discutir los casos insulares incluso *Balzac*, en el contexto del poder del ejército estadounidense para juzgar a civiles en cortes marciales fuera del territorio de los Estados Unidos. El Tribunal Supremo se dividió: una opinión mayoritaria de cuatro jueces suscrita por el juez asociado Hugo Black, una opinión concurrente de dos jueces y una opinión disidente de los restantes dos. Aparte del análisis estrictamente jurídico, es interesante observar las expresiones de los jueces de la llamada "corte Warren" con respecto a su visión de los casos insulares. Así, por ejemplo, en la opinión pluralista del juez Black, en que parecen evocarse las del juez presidente Taft en *Balzac*, se manifestó lo siguiente:

> Los "casos insulares," que se decidieron a principios de siglo, involucraron territorios que habían sido recientemente conquistados o adquiridos por los Estados Unidos. Estos territorios, gobernados y regulados por el Congreso..., *tenían culturas y costumbres totalmente distintas a las de este país.*[16]

En síntesis, el análisis de Kenney le lleva a concluir que, no obstante la división del Tribunal Supremo de los Estados Unidos en tres grupos de jueces, *Reid vs. Covert* no hizo sino reinventar o reconfigurar la legitimidad legal de *Balzac* y los demás casos insulares, de forma tal que la invocación como precedente pueda tener lugar cuando el timoneo decisional del Alto Foro así lo requiera:

> Mientras que Reid v. Covert supuestamente limpiaba la imagen del Tribunal Supremo de la mancha [de los] casos insulares, en realidad enmascaraba la constante deferencia de la judicatura a las ramas políticas, endulzando injusticias tales como la denegatoria de beneficios de bienestar social y derechos bajo la cuarta enmienda bajo la excusa de la flexibilidad cultural. La decisión sancionó una nueva era de imperialismo al ubicar al Tribunal Supremo como árbitro de la cultura, permitiéndole dictar qué resultaba en "los mejores intereses" de los territorios, erosionando más su soberanía e independencia. Reid y su descendencia albergan implicaciones ominosas para futuras decisiones. El Tribunal Supremo podría continuar limitando la aplicación de la cuarta enmienda a los territorios, aduciendo que en tanto exista una base racional el Congreso está libre para privar a las mujeres, a las minorías, o a ciertos grupos religiosos de un ambiente hospitalario de trabajo, o coartar los derechos de primera enmienda si demostraciones políticas amenazan la estabilidad de corporaciones multinacionales o si un

> partido anti-estadounidense amenaza la vida política de líderes pro Estados Unidos. Aun mientras este artículo estaba siendo redactado, la prolongada detención de soldados talibanes en Guantánamo por un crimen era racionalizado con la doctrina de incorporación establecida en los casos insulares y reafirmada en Reid. Estos eventos ilustran que la declaración de muerte de los casos insulares [fue] prematura: su sombra continúa oscureciendo la jurisprudencia del Tribunal, y previene la obtención de igualdad para Puerto Rico.[17]

El litigio en torno a los prisioneros de Guantánamo al que Kenney alude es *In Re Guantanamo Detainee* Cases, 355 F.Supp.2d 443 (D.D.C. 2005). En este caso, el tribunal de distrito para el distrito de Columbia atendió las peticiones de reclamo de derechos de once "enemigos combatientes" detenidos en la base estadounidense en Cuba. Uno de los temas considerados en la extensa decisión fue la aplicabilidad extra-territorial de la Constitución de los Estados Unidos a extranjeros tomando -como punto de referencia- los casos insulares.[18] Significativamente, con respecto a lo resuelto en el que es considerado el más importante de los casos insulares - *Downes vs. Bidwell*, 182 U.S. 244 (1901)- el tribunal afirmó:

> [c]omo parte de su análisis, el Tribunal determinó que el territorio "no incorporado" de Puerto Rico *-que significa un territorio que no está destinado a la estadidad-* no era parte de los "Estados Unidos" y que, como resultado, la imposición de tarifas a los productos puertorriqueños no violaba la Constitución.[19]

En lo que a la decisión de *Balzac* concierne, *In Re Guantanamo Detainee Cases* atiende el aspecto de si la aplicabilidad de la

Constitución federal está supeditada al factor territorial, y no a la condición de la persona que reclama un derecho: "[e]s la localidad lo que determina la aplicación de la Constitución, en materias tales como el proceso judicial y no la condición de las personas que lo habitan".[20] A renglón seguido, señaló que en *Reid vs. Covert* el Tribunal Supremo intentó modificar dicho resultado, pero "[d]ebido a la falta de una mayoría de votos, *Balzac* ha continua siendo interpretado como una autoridad vinculante".[21] Tal y como sostiene Bartholomew Sparrow,

> [s]i bien los casos insulares fueron altamente controvertibles a principios del siglo veinte -tan controversiales como la decisión de Dred Scott para algunos observadores contemporáneos- el interés en los casos se desvaneció, excepto entre los puertorriqueños. Ello explica la ausencia por algún tiempo de los casos insulares de casi todos los textos constitucionales. Y si bien los casos insulares han atraído la atención de los biógrafos de los jueces White, Harlan, y el juez presidente Fuller, y de un puñado de historiadores legales, muy pocos otros han prestado atención. Afortunadamente, trabajos recientes por Sanford Levinson, Efrén Rivera Ramos, T. Alexander Aleinikoff, Gerald Neuman, Rogers Smith, Sarah Cleveland, E. Robert Statham, y los colaboradores al volumen editado por Christina Duffy Burnett y Burke Marshall, Domestic in a Foreign Sense (2001), han contribuido a devolver a los casos insulares a la discusión jurídica.[22]

En su libro The Insular Cases and the Emergence of American Empire, Sparrow abunda sobre la constante presencia e importancia de los casos insulares, aun para las generaciones presentes y futuras:

¿Por qué, entonces, los casos insulares todavía importan, más allá de su valor en informarnos de la historia territorial de los Estados Unidos, la historia del Tribunal Supremo, y las políticas nacionales de la era de la guerra Hispanoamericana y los años inmediatamente subsiguientes?

Mi contestación es que los casos insulares permitieron el surgimiento de dos tipos de imperios estadounidenses. Uno fue un imperio territorial. El Tribunal Supremo legitimó el ejercicio por el Congreso de su poder plenario sobre las nuevas posesiones insulares, áreas que una mayoría en el Tribunal Supremo, una mayoría en el Congreso, los presidentes estadounidenses, y gran parte del pueblo estadounidense estuvieron de acuerdo que podían gobernarse de manera distinta a como se gobernaron anteriores y entonces existentes territorios estadounidenses. Las islas recién adquiridas podían ser mantenidas indefinidamente como territorios y dotadas solo con aquellos derechos constitucionales y privilegios que fuesen consistentes con el texto de los tratados estadounidenses y la legislación congresional.

No obstante el hecho de que el Congreso había ejercido poder plenario sobre territorios a lo largo de la historia de los Estados Unidos, desde finales del siglo dieciocho y durante el siglo diecinueve, lo novedoso en los casos insulares fue la amplitud de las decisiones del Tribunal Supremo en Downes v. Bidwell y otros casos. Con la creación de la nueva categoría de territorios "no incorporados", los Estados Unidos podían ahora retener las islas adquiridas al alcance de sus manos, apartadas del ámbito estadounidense. Y el Congreso, junto con el Tribunal Supremo, podía decidir más tarde si anexaba a los territorios no incorporados a la Unión, si los mantenía al alcance de sus manos, o si los dejaba ir.

> Las decisiones en los casos insulares por ende endosaron la conversión de los Estados Unidos en una potencia internacional, una como Gran Bretaña, Francia, Alemania, Rusia, y Japón, cada una de ellas con sus territorios dependientes o colonias. Fue en el contexto de la conversión de los Estados Unidos en una potencia mundial que Rudyard Kipling escribió en 1899 "The White Man's Burden". Para Kipling, el deber de los Estados Unidos era el de usar su nuevo poder responsablemente, esto es, para civilizar, educar, y enriquecer a los pueblos menos desarrollados.
> Este imperio territorial todavía perdura.[23]

Así y a efecto de adjudicar si los llamados "enemigos combatientes" prisioneros en la base estadounidense de Guantánamo poseen derechos constitucionales fundamentales o no, el tribunal determinó que *Balzac vs. Porto Rico* seguía siendo ley entre los Estados Unidos y Puerto Rico, tal y como lo indicara algunos años antes un ex secretario de justicia de los Estados Unidos.[24]

Esta postura fue confirmada por el Tribunal Supremo de los Estados Unidos el 12 de junio de 2008 en *Boumediene vs. Bush*, 553 U.S. 723 (2008). Al darse a conocer la decisión, los medios de prensa en los Estados Unidos enfatizaron que *Boumediene* se decidió 5 votos contra 4, con la mayoría de los jueces a favor de reconocerle algunos derechos constitucionales a los "enemigos combatientes". La posición minoritaria sostuvo que no tenían tales derechos, argumentando que los Estados Unidos seguían "en guerra" contra el islamismo radical. Pero, lo que pasó desapercibido para esos órganos de prensa, que por su importancia debe ser objeto de conocimiento y discusión, es que los nueve jueces estuvieron *de acuerdo* en que los casos insulares *siguen siendo* fuente de autoridad para decidir disputas jurídicas con consecuencias internacionales.

En la opinión mayoritaria el juez Anthony Kennedy afirmó, citando el caso de *Balzac* que "el Tribunal usó los casos insulares para crear una doctrina que le permitiera usar sus poderes con moderación y donde fuese más necesario".[25] Aún más importante, afirmó que "esa doctrina centenaria [la de los casos insulares] es la que guía nuestro análisis en el caso ante nuestra consideración".[26] Por último, razonó que los casos insulares están fundados en "la noción de que asuntos extraterritoriales se rigen por consideraciones prácticas y factores objetivos, y no por meros formalismos".[27] La explicación y la implicación son claras: los Estados Unidos reiteran la validez de los casos insulares como un mecanismo que le permite a ese país justificar su política "extraterritorial" (entiéndase "fuera de los Estados Unidos"), con amplio margen discrecional ("consideraciones prácticas") y para mantener el dominio colonial sobre Puerto Rico ("factores objetivos").

La opinión más importante de los cuatro jueces disidentes, la del juez Scalia, también reconoce la vigencia de los casos insulares. Afirmó igualmente que *Balzac vs. Porto Rico* era aplicable, aunque de manera distinta a como propuso el juez Kennedy.[28] Más allá de las consideraciones legalistas, la lección de *Boumediene* parece ser clara. No importa qué tan alejadas puedan estar las posiciones de los jueces y las partes litigantes sobre otros aspectos, existe unanimidad de criterios en que los casos insulares no han sido revocados por jurisprudencia o legislación posterior. Siguen siendo ley.

Algo que la prensa de los Estados Unidos tampoco reseñó, pero que igualmente nos concierne, es que en los alegatos de las partes ante el Tribunal Supremo también se citó a los casos insulares como fuente de autoridad. En uno se describe a Puerto Rico como una mera posesión bajo el control de los Estados Unidos, amparándose en *Balzac*. Una articulación basada, nada más y nada menos, que en expresiones del entonces presidente George W. Bush.[29] Por su parte, el discurso de los abogados de los "enemigos combatientes" cita a *Balzac* para sostener que aún los extranjeros ("aliens") tienen derechos constitucionales que deben respetarse bajo la Constitución de los Estados Unidos.[30]

Sumando lo anterior, encontramos en *Boumediene* la lección que como pueblo nos concierne. Los nueve jueces del Tribunal Supremo de los Estados Unidos concurren en la vigencia de los casos insulares. Al amparo de uno de ellos, el de *Balzac*, se cita al presidente de los Estados Unidos afirmando que ese país todavía mantiene poderes plenarios sobre Puerto Rico. El Tribunal le dio la razón en cuanto a ese aspecto. Finalmente, los "enemigos combatientes" sostuvieron ser tan extranjeros como los puertorriqueños lo fueron en *Balzac* y que tal condición no impedía que se les reconocieran derechos bajo la Constitución de los Estados Unidos. El Tribunal Supremo les dio la razón.[31]

BALSAC, LAS PREMISAS INARTICULADAS Y EL UNIVERSO DISCURSIVO

En lo que a la odisea judicial de Jesús M. Balsac concierne, existen fuentes primarias y secundarias que permiten reconstruir los trámites legales que su caso siguió hasta llegar a

Washington. El estudio de estas fuentes no solo permite reconocer las personalidades y mentalidades involucradas en este acontecer. Sirve también para poner de manifiesto que ello no opera en un vacío, sino que es influenciado por distintas motivaciones que permanecen como *premisas inarticuladas* (también llamadas por otros las *transcripciones escondidas*) dentro del *universo discursivo* en el que se forjó la relación colonial de Puerto Rico con los Estados Unidos.

Para fines de este tema, definimos *premisas inarticuladas* como esencialmente *las motivaciones, pasiones, prejuicios e intereses que en realidad mueven a los protagonistas del drama histórico, en pos de un resultado apetecido*. Es la fuerza real que se enmascara tras los palios de doctrinas, expresiones, nociones y paradigmas que, en teoría, coinciden en su objetivo con la motivación real a la cual sirven de vehículo y canalizador dentro de los pasillos y márgenes impuestos por el *universo discursivo*, en términos del *resultado* que se interesa alcanzar. Dicho de otra manera, las expresiones *políticamente correctas* que concursan por la simpatía pública dentro del *universo discursivo* -la justicia, el castigo, el territorio no incorporado, la ciudadanía estadounidense, la igualdad entre los seres humanos, etcétera- son las premisas que se articulan, esto es, las razones que públicamente se ofrecen para justificar un curso de conducta o posición en pos de un resultado deseado y justificable a base de tal conducta o posición.[32]

El racismo, el clasismo, el colonialismo, el menosprecio, la desigualdad entre los seres humanos son, por otra parte, ejemplos claros y constantes de *premisas inarticuladas* presentes que, en otro tiempo, no levantaban la repulsa de la sociedad y podían, por consiguiente, expresarse como fuentes decisionales legítimas. Un ejemplo de ello sería el concepto de "separados, pero iguales" que en su momento sirvió para justificar la división racial en la sociedad estadounidense y que hoy ha perdido su legitimidad discursiva ante el reconocimiento colectivo de sus bases inherentemente racistas. Otro tanto puede afirmarse del uso de la expresión "territorio no incorporado" - acuñada precisamente para "designar" la situación de Puerto Rico con respecto a los Estados Unidos - como ropaje y subtexto de la relación colonial.[33] Tal y como expresa el profesor Gervasio Luis García,

> [l]a paradoja del colonialismo estadounidense radica en la construcción de un imperio que carecía constitucional y semánticamente de colonias. Sus conquistas habían sido territorios incorporados en ruta hacia la estadidad (Hawaii) o territorios no incorporados (Puerto Rico) protegidos por principios de la Constitución. Los territorios fueron irrestrictamente integrados en el mercado estadounidense. De la misma manera que España juró tener provincias en lugar de colonias, los Estados Unidos elaboraron un imperio sin sujetos ni objetos coloniales dentro del cual Puerto Rico encajó incómodamente, obligando a los representantes estadounidenses a fabricar la ficción jurídica del territorio no incorporado y relegando la isla a la condición perpetua de un tutelado que nunca formará parte de la familia de su tutor.[34]

El *universo discursivo* establece, por así decirlo, las reglas de juego conforme a las cuales los dialogantes o interlocutores canalizan su confrontación. Es el margen de maniobra que el entramado social y político de la comunidad tolera como ámbito para la conducción de las luchas bajo una noción de legitimidad. A decir del profesor Rivera Ramos,

> [e]l ordenamiento jurídico... sirve para "estructurar las prácticas más rutinarias de la vida social" ya sea al compeler a su acatamiento o al provocar acciones de resistencia. Además, en la mayoría de los casos, provee la base para el discurso y la acción legítima. Al así proceder, provee la justificación explícita para el ejercicio del poder; define lo que constituyen necesidades, reclamos y aspiraciones legítimas, y circunscribe el radio de acciones aceptables para su alcance y satisfacción, finalmente, el ordenamiento jurídico impone ciertas restricciones y provee vías para la acción individual y colectiva. En todas estas formas el ordenamiento jurídico se convierte en un contexto para la práctica social y la acción. En cuanto a este extremo, se convierte en parte de la "realidad" dentro de la cual los actores sociales deben vivir sus vidas y conducir sus luchas. En resumen, el ordenamiento jurídico debe visualizarse como una dimensión de la vida social impuesto o imbricado con los numerosos aspectos que convergen en la creación de una realidad multidimensional.
>
> ***
>
> [E]l ordenamiento jurídico se ha encontrado en el centro de las luchas en torno a la definición de la identidad puertorriqueña. Esas luchas consisten en la tensión entre el reclamo de los derechos de la ciudadanía estadounidense y de participación, por un lado, y la afirmación de una realidad cultural distinta, por el otro. En este sentido, el ordenamiento jurídico ha resultado crucial para las controversias de auto-definición y auto-percepción, en la medida en que muchos puertorriqueños luchan por conciliar su condición de ciudadanos estadounidenses con la percepción de que forman un grupo nacional separado y con características particulares.[35]

En lo que a Balsac concierne, la saga de su procesamiento criminal por las autoridades coloniales refleja su intención de encaminar su reclamo particular -y el del Pueblo de Puerto Rico en general- por los canales legales que el sistema colonial le proporcionaba. Citando nuevamente al profesor García,

> un estudio comparativo de las retóricas imperial y subalterna es legítimo en la medida en que tome en consideración la novedosa modalidad de imperialismo estadounidense, que es un recién llegado al contexto colonial. Es importante escuchar las numerosas voces de los dominadores porque la guerra de 1898 generó un debate intelectual y político en torno a las virtudes y los vicios de la expansión imperial. *Pero esa porción de la historia sería insuficiente si no se ubica en el contexto del Puerto Rico verdadero,* especialmente porque la "guerra" política y social anterior a la guerra de 1898 *condujo a distintos grupos sociales a distanciarse entre sí* y llevó a algunos a aliniarse con el futuro dominador. *Esta complicidad dentro de la dominación no contradice la capacidad de los sujetos coloniales para resistir.* En otras palabras, *la superioridad del adversario los impregna con los términos del debate o la lucha pero simultáneamente los impulsa a superar lo que se les ha impuesto.*[36]

Será función, pues, de este análisis, discernir y exponer aquellas luchas internas del pueblo subalterno - personificado por Jesús María Balsac - por lograr la descolonización del País por vía de su incorporación a la metrópoli, dentro del complicado entramado del sistema judicial instaurado en Puerto Rico por los Estados Unidos. Esas luchas, por supuesto, permanecerán como premisas inarticuladas que guiarán a los contendientes dentro del universo discursivo del drama colonial que implica la relación del pueblo dominante con el subalterno.

No obstante su posición como figura central de esta acción, Balsac no recorrió solo ese camino. En este sentido, la exposición y discusión de personajes como el presidente estadounidense William Howard Taft, los líderes sindicales Santiago Iglesias Pantín y Samuel Gompers, el abogado Jackson Harvey Ralston, el gobernador Arthur Yager y el novelista y médico Manuel Zeno Gandía, resulta imprescindible. Estas y otras figuras, con sus actos y expresiones, forman parte del contrapunteo que emprendemos y que sobrepasa la dimensión del discurso legal, sin dejar por ello de perseguir un objetivo similar al de una exposición historiográfica tradicional.[37] La inclusión de estos en la narración permite no solo entender el contexto de los eventos y su significación humana, sino que además contribuye a una visión más ordenada y desapasionada del quehacer historiográfico. Como ha señalado Edward Said,

> [a]l observar las distintas experiencias en un contra-punteo, como la creación de lo que llamo historias interrelacionadas, intentaré formular una alternativa al discurso de inculpación y a los aún más destructivos discursos de hostilidad y confrontación. Un modelo más interesante de interpretación secular podrá emerger, mucho más gratificante que las denuncias del pasado y las expresiones de pena por su extinción[.][38]

Para propósitos de este análisis, documentos tales como decisiones judiciales, discursos, cartas, artículos y editoriales periodísticos, entre otros, constituyen piezas fundamentales. Su uso estará dado, no como meros objetos inanimados en el tiempo, sino mas bien como parte de una serie dinámica de eventos que pueden equipararse a un diálogo entre los sectores dominantes y los subalternos que, en este proceso, generan continuas respuestas y por ende consecuencias. A decir de Said,

> [e]l reunir la cultura y la experiencia se refiere por supuesto a la lectura de los textos del centro metropolitano y de las periferias de forma contra-punteada, sin atribuirle a ninguno el privilegio de "objetividad" hacia "nuestro lado" ni el peso de "subjetividad" hacia "el de ellos". La cuestión es asunto de saber cómo leer, como los de-constructores dicen, y no separar esto del asunto de saber qué leer. Los textos no son objetos finalizados. Son, como Williams dijo una vez, anotaciones y prácticas culturales. Y los textos no solo crean sus propios precedentes, como Borges dijo de Kafka, sino también sus sucesores.[39]

Como cabe suponer, el ámbito jurídico no está ajeno a esta dinámica identificada por Said. Tal y como afirma Rivera Ramos,

> [l]os actos jurídicos forman parte de un tipo particular de discurso: el discurso jurídico. El discurso -significado como una serie de acciones habladas y sus prácticas relacionadas- posee una determinada materialidad, la materialidad característica de los eventos. Un evento es algo que ocurre. En ese sentido es parte de la realidad. Los actos jurídicos, por ende, deben considerarse "eventos" que pasan a formar parte del mundo social. Las decisiones judiciales, los actos legislativos, y las acciones tomadas por los funcionarios burocráticos son eventos que se convierten en parte de las historias personales y de la historia de una comunidad determinada.[40]

Por ende, las fuentes documentales jurídicas que constituyen parte de la base de este trabajo, adquieren un matiz distinto al tradicional. Su lectura y uso no está dado aquí con fines de explorar su mayor o menor corrección en términos legales, sino como "eventos" de los cuales se puede deducir el *universo discursivo* al que ya hicimos referencia, bajo cuyos auspicios se desarrolla el diálogo confrontacional o contrapunteo.[41] En efecto, se trata de recrear las condiciones cotidianas de los protagonistas que eventualmente dieron lugar a un conflicto entre el pueblo dominante y el dominado, en virtud de la secuencia vivencial que se enmarca en los rastros documentales. En otras palabras, es lo que Said llamó un contrapunteo como ámbito de confrontación para dilucidar la liquidación - o la persistencia - de la relación de inequidad:

> Conforme re-examinamos el archivo cultural comenzamos a releerlo no con una sola voz sino contra-punteado, con una conciencia simultánea tanto de la historia metropolitana que es narrada y aquellas otras historias contra las cuales (y junto a las cuales) el discurso dominante actúa. En el contra-punteo de la música clásica de Occidente, varias melodías se ejecutan a la vez, sin brindar una posición de privilegio a ninguna en particular; pero en la polifonía que resulta existe orden y concierto, un entrejuego organizado que se deriva de las melodías, no de un principio formal o melódico ajeno al conjunto.[42]

Del mismo modo que en el relato novelesco hay personajes -principales y secundarios- que interactúan entre sí en diversos niveles, la exposición historiográfica que nos proponemos desarrollar se enriquece y manifiesta por la intervención de particulares visiones de mundo e intereses de clase.[43] En el caso de Jesús María Balsac, estaremos explorando la lucha anti-colonial desde la perspectiva anexionista-sindicalista. Esto, por supuesto, parte del planteamiento como base teórica de que, en su vertiente socialista, el anexionismo era una ideología anti-colonial, de la misma forma en que lo ha sido el separatismo en Puerto Rico.[44] En otras palabras y como expresa Juan Angel Silén,

> [l]imitar la posición del Partido Socialista sobre la ciudadanía [estadounidense] a una de "traición", es no entender la dinámica que se da en el movimiento obrero ni el proceso político que se ha venido dando en Puerto Rico. La imposición de la ciudadanía representa para el movimiento obrero la extensión de los derechos alcanzados por la democracia liberal norteamericana y está en acuerdo a la concepción apolítica del proceso de anexión que habrá de culminar en la proposición de la Democracia Social del trabajo. Era además una victoria al régimen de limitaciones impuesto por los hacendados en el momento en que este sector de la burguesía entra en su decadencia y el Partido Unionista pasa al control de su sector más conservador.[45]

A lo anterior añadimos que la cadena de hechos que culmina con *Balzac vs. People of Porto Rico* no está motivada exclusivamente por una mentalidad anexionista y las fuerzas que se le oponían, sino además por el sindicalismo y las huestes que por igual le eran opuestas, operando a manera de *premisas inarticuladas* en pugna por lograr unas metas específicas. Es esta combinación de personalidades e intereses encontrados en ese preciso contexto la que en última instancia – y como contribución del suscribiente – explica el surgimiento de este componente de los casos insulares.

Para la reconstrucción narrativa de los eventos, utilizaremos fuentes primarias y secundarias que se complementan y corroboran. En el caso de Jesús M. Balsac, la recreación se apoyará en buena parte en su propia obra literaria,[46] así como en los expedientes judiciales del tribunal de distrito de Arecibo -donde originalmente se le procesó y condenó- y de los tribunales supremos de Puerto Rico y los Estados Unidos. Con respecto al juicio, se utilizará además una serie de reportajes que publicó el periódico sindicalista *Unión obrera*, en sus ediciones de 7, 8 y 9 de agosto de 1918. Se echa mano también a trabajos periodísticos de Balsac y otros escritores pertenecientes al movimiento sindicalista de la época, ejemplificativos de "periódicos y revistas en los que se exponían fuertes impugnaciones a la prensa tradicional y relatos alternos a las versiones oficiales".[47] Por último, se explicará la formación socialista de Balsac y sus estrechos lazos con el liderato obrero incluyendo, por supuesto, a Santiago Iglesias Pantín.

Del ejercicio a llevarse a cabo, se espera explicar esta acción histórica con una visión distinta, matizada por consideraciones humanas y la cotidianidad. Al fin y a la postre, deberá poder apreciarse que no fue solamente *Balzac vs. People of Porto Rico*, sino que -en otros niveles- se trató además de Balsac vs. Taft; Gompers vs. Taft; Iglesias vs. Yager; el sindicalismo vs. el capital; la colonia vs. la metrópoli. Después de todo "[s]on los actos narrativos del historiador -el desarrollo de una trama, argumentos, posturas ideológicas y morales y toda otra selección o preferencia con conocimiento- lo que en última instancia provee al pasado con un significado".[48]

REFERENCIAS

1 "Where does history come from? Alun Munslow argues that the centrality of narrative to history undermines empirical views of the subject", 25 *History Today* (March 2002.

2 El apellido de Balsac se escribía con s y no con z, como aparece en las opiniones emitidas tanto por el Tribunal Supremo de Puerto Rico como el de los Estados Unidos. Este aspecto será abordado en mayor detalle más adelante. Conforme proceda, el apellido aparecerá de acuerdo a como figura en las fuentes consultadas.

3 Véanse, Pedro Albizu Campos, Conferencia en torno a la "Resolución Conjunta No. 2" (Ponce, Puerto Rico: Imprenta El Día, 1923 8-9; "El estado federal para P.R. no es aceptable porque destruiría nuestra personalidad colectiva", *el mundo,* 2 de junio de 1923, 3 y 8.

4 *In Re Guantanamo Detainee Cases*, 355 F.Supp.2d 443 (D.D.C. 2005.

5 Efrén Rivera Ramos, The Legal Construction of Identity: The Judicial and Social Legacy of American Colonialism in Puerto Rico (Washington, Estados Unidos: American Psychological Association, 2001 3-4.

6 Rivera Ramos, The Legal Construction of Identity, 74-75 (notas omitidas; bastardillas del autor.

7 Alan Tauber, "The Empire Forgotten: The Application of the Bill of Rights to U.S. Territories", 23 (November 17, 2005; disponible en SSRN: http://ssrn.com/abstract=850284.

8 Bartholomew H. Sparrow, "The Public Response to Controversial Supreme Court Decisions: The Insular Cases", 30 *Journal of Supreme Court History*, No. 3, 197, 209 (2005. A la lista de casos identificados por Rivera Ramos, proponemos añadir tres más: *Gandía vs. Pettingill*, 222 U.S. 452 (1912; *People of Porto Rico vs. Tapia*, 245 U.S. 639 (1918; y *People of Porto Rico vs. Muratti*, 245 U.S. 639 (1918. La razón para su inclusión reside en el papel importante que estas tres decisiones juegan en los eventos históricos que informan este trabajo. En la medida en que esas tres decisiones tuvieron trascendencia en la vida de varios de los protagonistas de este relato, su ingerencia puede ser proyectada hacia la totalidad del Pueblo de Puerto Rico. Para una lista más amplia de casos insulares, véase a Bartholomew H. Sparrow, The Insular Cases and the Emergence of American Empire (Kansas, EE.UU: University Press of Kansas, 2006 257-258.

9 T. Alexander Aleinikoff, "Puerto Rico and the Constitution: Conundrums and Prospects", 11 *Constitutional Commentary*, 1 (1994. Notas omitidas.

10 Véase en general a Gerald L. Neuma & Tomiko Brown Nagin, editors, Reconsidering the Insular Cases: The Past and Future of the American Empire (Cambridge, Mass: Signature Book Printing, 2015.

11 209 F.Supp.2d, 539-540 (bastardillas nuestras. En la nota al calce, la número 17, que acompaña a este texto citado, el juez Moore pasa a identificar las decisiones que componen los casos insulares, afirmando al final de la anotación que "[e]sta serie culminó en 1922 con Balzac vs. Porto Rico, 258 U.S. 298, 42 S.Ct. 343, 66 L.Ed. 627 (1922".

12 Tauber, "The Empire Forgotten", 26.

13 II *Dartmouth College Undergraduate Journal Of Law*, No. 1, 57 (Winter 2004.

14 Tauber, "The Empire Forgotten", 32.

15 Kenney, "Reid v. Covert", 57.

16 354 U.S., 13 (bastardillas nuestras; nota omitida.

17 Kenney, "Reid v. Covert", 63.

18 "Extraterritorial Application of the Constitution to Aliens", 355 F.Supp.2d, 453 *et seq*.

19 355 F.Supp.2d, 454 (bastardillas nuestras.

20 355 F.Supp.2d, 456, citando a *Balzac*, 258 U.S., 309 (comillas del tribunal suprimidas.

21 355 F.Supp.2d, 457. A este respecto, Tauber, "The Empire Forgotten", 33, expone además lo siguiente:

Al mismo tiempo que reconocía que los casos insulares no debían expandirse, [el juez Black] se abstuvo de dar el paso final de revocarlos. No obstante, aun con esta visión aguada de los casos insulares, el juez Black no pudo obtener una mayoría de votos. Por ende, resulta dudoso que el hubiese podido obtener un quinto voto a favor del más radical paso de revocar los casos insulares.

22 Sparrow, "The Public Response to Controversial Supreme Court Decisions", 209-210 (nota omitida.

23 The Insular Cases and the Emergence of American Empire, 214-215.

24 Véase "Statement of Richard Thornburgh, Yale University, March 28, 1998 - The National Interest in Self-Determination for Puerto Rico", http://www.puertorico-herald.org/issues/vol2n07/thornburgh-980428-AtYaleUniv.html (accedido 18 de diciembre de 2015.

25 553 U. S., 759.

26 553 U. S., 759.

27 553 U. S., 764.

28 553 U. S., 839.

29 *Íd.*, 70.

30 *Íd.*, 45.

31 *Íd.*, 45.

32 Una definición sobre este concepto nos la ofreció el Tribunal Supremo de Puerto Rico en *Torres Pérez vs. Colón García*, 105 D.P.R. 616, 623-624 (1977), en los siguientes términos:

Conforme a este principio, las experiencias que han contribuido a forjar el carácter y determinar las actitudes del juez de instancia subyacen como premisas inarticuladas que explican sus decisiones. Cada mundo interior de cada juez ha de fallar a su modo, fallos que por esa misma razón pueden ser distintos según el proceso inductivo de cada cual, siendo todos igualmente válidos y respetables.

33 Véase a José Trías Monge, Puerto Rico: The Trials of the Oldest Colony in the World (New Haven, EE.UU: Yale University Press, 1997) 44-51.

34 Gervasio García, "I am the Other: Puerto Rico in the Eyes of North Americans", 87 *The Journal of American History*, No. 1, 39, 44 (June 2000).

35 Rivera Ramos, The Legal Construction of Identity, 21-22 (escolio omitido).

36 García, "I am the Other", 42-43 (bastardillas nuestras).

37 "Where does history come from? Alun Munslow argues that the centrality of narrative to history undermines empirical views of the subject", 25 *History Today* (March 2002).

38 Edward W. Said, Culture and Imperialism (New York, New York; Vintage Books, 1994) 18-19.

39 Said, Culture and Imperialism, 259 (énfasis del autor).

40 Rivera Ramos, The Legal Construction of Identity, 21 (notas omitidas; énfasis del autor omitido; énfasis suplido).

41 "Debemos por tanto leer los grandes textos canónicos, y quizás también todo el archivo cultural moderno y pre-moderno de Europa y América, en un esfuerzo por extraer, extender, dar énfasis y voz a lo que yace silente o marginalmente presente o representado ideológicamente... en esos trabajos."... "En términos prácticos, 'lectura contra-punteada' como yo la llamo significa leer un texto con le entendimiento de lo que implica cuando un autor muestra, por ejemplo, que una colonia de plantación azucarera es vista como primordial en el proceso de mantener un cierto estilo de vida en Inglaterra."... "El punto es que la lectura contra-punteada debe tomar en consideración a ambos procesos, tanto el del imperialismo como el de la resistencia al mismo, lo cual puede lograrse mediante la expansión de nuestra lectura de los textos para incluir lo que por la fuerza resultó excluido[.]"

Said, Culture and Imperialism, 66-67.

42 Said, Culture and Imperialism, 51.

43 [D]ebemos tener la facultad de pensar e interpretar en conjunto experiencias que son discrepantes, cada una con su agenda particular y ritmo de desarrollo, sus propias formaciones internas su coherencia interna y sistema de relaciones externas, todo ello coexistiendo e interactuando con otros.

Said, Culture and Imperialism, 32.

44 Lo cual no significa, por supuesto, que no existiese una importante corriente independentista dentro del movimiento obrero puertorriqueño de principios del siglo XX, aun cuando no lo controlara como tal ni al subsecuente *Partido socialista*. Véase a Ángel Quintero Rivera, Workers' Struggle in Puerto Rico (Translated by Cedric Belfrage) (New York, EE.UU: Monthly Review Press, 1976).

45 Juan Angel Silén, Apuntes para la historia del movimiento obrero puertorriqueño (Río Piedras, Puerto Rico: Norberto González, 1995) 78-79.

46 Guiado solo por un sentimiento de amor a mi pueblo, y a la colectividad obrera que trabaja y lucha ardorosa y constantemente en Puerto Rico, por el implantamiento de leyes basadas en la equidad y justicia que debe reinar en una sociedad nacida para la confraternización y el trabajo, sugirióme la idea de ir recopilando los anteriores datos; y hecho lo cual, dispúseme a darle forma a fin de publicarlos en un folleto, donde puedan los que en el mañana han de escribir la historia del movimiento societario, tomar datos verídicos por ser recogidos de fuentes oficiales.

Jesús María Balsac, Algo sobre apuntes históricos de la Federación Libre en el Departamento de Mayagüez (Mayagüez, Puerto Rico: Imprenta Montalvo, 1906) 55-56.

47 Carmen Centeno Añeses, Modernidad y resistencia: literatura obrera en Puerto Rico (1898-1910) (San Juan, Puerto Rico: Ediciones Callejón, 2005) 23.

48 Munslow, "Where does history come from?".

CAPÍTULO 1
WILLIAM HOWARD TAFT

"Pienso que la demanda por la ciudadanía es justa, y que es ampliamente merecida por la constante lealtad de parte de los habitantes de la Isla. Pero debe recordarse que la demanda debe ser, y en la mente de la mayoría de los puertorriqueños lo está, absolutamente divorciada de cualquier idea de estadidad."

Presidente William Howard Taft[1]

ANTÍPODAS

William Howard Taft, el primogénito de Alphonso y Louisa Maria Torrey Taft, nació en Cincinnati, Ohio, el 15 de septiembre de 1857. Tras el arrivo de su antepasado Robert Taft procedente de Inglaterra en el siglo XVII, los Taft asentaron sus raíces en los estados de Nueva Inglaterra, dedicándose muchos de ellos a la práctica de la abogacía. Alphonso Taft, sin embargo, había optado por establecerse en "la nueva frontera" que el estado de Ohio entonces representaba.[2]

Los Taft progresaron junto al desarrollo y la expansión territorial de los Estados Unidos. También se interesaron por la política y el servicio gubernamental. El abuelo de William, Peter Rawson Taft, fue juez del tribunal de instancia en Vermont. Se desempeñó además en la asamblea legislativa de ese estado. Su padre Alphonso sirvió en el gabinete de Ulisses Grant como secretario de la guerra y procurador general. Fue derrotado para la nominación republicana a la gobernación de Ohio en 1879.[3]

En el siglo XIX, asistir a la Universidad de Yale se había convertido en una tradición para los varones en la familia Taft. William cursó sus estudios de bachillerato en esa institución. Años antes, su padre Alphonso fue uno de los fundadores de la sociedad elitista y secreta *Skull & Bones* en 1833, a la cual William también perteneció, y que lo revalidaría como un "true Old Blue".[4]

Desde joven, William Taft se interesó en la política. Heredó de su padre la ideología conservadora y su religión protestante unitaria. En lugar de continuar estudios de Derecho en Yale, prefirió el ambiente provincial de su nativa Cincinnati. De allí se graduó de abogado en 1880. Pensaba que los jueces eran los símbolos y portavoces de la autoridad legal. Su visión al respecto era fiel reflejo de su ética puritana, típica de Nueva Inglaterra.[5]

Para el nuevo abogado, el camino hacia las esferas de gobierno era franco. A los pocos meses de su graduación ya conseguía que lo nombraran fiscal auxiliar. El historial político y las conexiones familiares – especialmente las de su padre – le facilitaron a William Taft un cómodo ascenso a nuevas posiciones en el sistema público. A los dos años de su primer nombramiento, en 1882, el presidente Chester Arthur le extendió otro como recolector de impuestos. Fue en estos menesteres y mientras litigaba un caso de desaforo, que conoció al abogado Joseph Benson Foraker.[6] Al igual que Taft, Foraker comenzaba en aquellos años a abrirse paso en las esferas gubernamentales. De un puesto en la judicatura estatal, pasó a aspirar a la gobernación de Ohio en 1883. A lo largo de los años la relación de Taft con Foraker discurrió por episodios de empatía, abierta animosidad personal y alianzas de conveniencia en acomodo a las circunstancias políticas del momento.[7]

Tras su derrota en 1883, Foraker logró la gobernación estatal en 1885. Por medio de influencias, el nuevo ejecutivo le extendió a Taft, cuando apenas tenía 29 años, un nombramiento de juez superior, el primero de varios puestos judiciales que la vida generosamente le deparó.[8] Este cargo cimentaría las expectativas, mentalidad y actitudes que el joven magistrado habría de exhibir durante el resto de su vida.

A pesar de no provenir de una descendencia adinerada, la ética laboral, las credenciales profesionales y las conexiones políticas le permitieron a Alphonso Taft levantar a su familia con relativa tranquilidad y holgura en el Cincinnati de finales del siglo XIX. En aquellos días Ohio aún era visto como parte de la frontera de expansión, una región provincial. No obstante, Ohio era también una especie de incubadora presidencial produciendo casi media docena de primeros mandatarios de los Estados Unidos: Ulysses S. Grant; Rutherford B. Hayes; James A. Garfield; Benjamin Harrison; William McKinley. Los Taft – Alphonso y William, en particular – tuvieron la ocasión de aprovechar sus contactos.[9] Aún después de William Taft – quien luego sería el sexto presidente oriundo de Ohio – un séptimo, Warren G. Harding, confirmaría en el futuro la magia de los contactos para facilitar el ascenso a la posición más añorada de todas: la presidencia del Tribunal Supremo de los Estados Unidos.

Desde su juventud, William Taft gustó de la vida social en Cincinnati. Disfrutaba verse rodeado de amistades y familiares, a los cuales obsequiaba con chistes y bromas. Los negros, que no abundaban, sabían mantener su lugar sin molestar a la blanca elite que todavía rememoraba los tiempos de la esclavitud.[10] Pero para Taft existían razones para preocuparse por el futuro de la nación. Tras años de expansionismo hacia el oeste, los Estados Unidos encontraron un límite en el océano Pacífico. Por otro lado, la economía del país daba muestras de estancamiento, como lo demostraba el acelerado aumento de ejecución de hipotecas sobre las grandes granjas agrícolas en los estados de las planicies centrales.[11]

William Taft no era precisamente un simpatizante del sindicalismo laboral. Su hostilidad hacia el movimiento obrero desde los inicios de su carrera laboral, no hizo sino reflejar la filosofía imperante entre los de su clase. Para el joven juez resultó evidente la necesidad de lidiar con la situación sindical que afligía entonces a la nación. Se ocupó de atender más casos gremiales que cualquier otro magistrado. Se apreciaba además en sus fallos un claro prejuicio contra el gobierno municipal de Cincinnati, al punto de decidir adrede en su contra. No era un talento en la redacción, a pesar de que le gustaba escribir. Su estilo era metódico, pero no brillante. Su inseguridad le llevaba invariablemente a citar innumerables precedentes judiciales para sustentar sus decisiones.[12]

El joven juez Taft, sin embargo, contemplaba ya en esa época temprana un objetivo más preciado que reprimir la presunta amenaza laboral. Corría el año 1889 y una vacante acababa de surgir en el Tribunal Supremo de los Estados Unidos. La oportunidad de ocuparla, pese a su juventud, parecía estar a la mano. Movió sus contactos y el gobernador Foraker cabildeó a su favor.[13] Cabe pues advertir y subrayar que Taft no alcanzaría las importantes posiciones que ocupó dentro del gobierno de los Estados Unidos por sus talentos como jurista, o tan siquiera como político. Era notorio que no poseía la brillantez y la experiencia legal que una plaza en el Tribunal Supremo demandaba, por lo que solo sus conexiones políticas en épocas tan tempranas de su vida explican su audaz y ambiciosa movida.[14] Un ejemplo claro de ello lo constituye su nombramiento a temprana edad para el puesto de procurador general de los Estados Unidos – donde conocería a Theodore Roosevelt[15] – a manera de consolación tras un primer fallido intento, desde su puesto de juez estatal en Ohio, por alcanzar una silla en el Tribunal Supremo de los Estados Unidos. Conforme a David H. Burton,

> el nombramiento de Taft como procurador general descansó esencialmente en consideraciones políticas, y no en su dominio del Derecho constitucional. El gobernador de Ohio, Joseph P. Foraker, un cabildero político como pocos, recomendó a Taft para el Tribunal Supremo cuando otro hombre de Ohio declinó la oferta. El presidente Harrison, consciente de la limitada experiencia judicial de Taft, acordó nombrarlo procurador general, lo que de por sí sugiere que esa oficina no era todavía una de gran prominencia.[16]

Por ende, el ascenso de William H. Taft a las estratas más altas del gobierno federal de los Estados Unidos, desde su relativamente humilde cuna en el Cincinnati del siglo XIX, puede alegarse y en no pequeña medida, que respondió a una buena dosis de suerte y las nada menospreciables conexiones políticas que tanto el como su familia fueron cultivando dentro del *Partido republicano* estadounidense. Tal y como el propio

Taft escribiera, "[c]omo cualquier hombre bien entrenado procedente de Ohio, siempre mantuve mi plato en la posición correcta cuando los puestos caían".[17] A decir de uno de sus biógrafos,

> [e]l destino, como siempre, impulsó a Taft hacia posiciones cada vez más altas. Tal vez el fue el único hombre en la historia política americana que, con absoluta corrección, pueda ser descrito como una criatura del destino.[18]

Tras una poco distinguida carrera como procurador, Taft consiguió un puesto más apetecible: juez del tribunal federal de circuito de apelaciones. A partir de 1892 el juez pasaría ocho tranquilos años alejado de la política activa. Al menos en apariencia, pues seguía obsesionado con la idea de alcanzar el Tribunal Supremo. Su nuevo puesto le permitió hacer amistad con varios jueces de dicho foro. En 1895 la viuda del juez Jackson incluso abogó por el ante el presidente Grover Cleveland para que fuera el sustituto.[19]

El ascenso de William Taft a la judicatura apelativa federal coincidió con un creciente clima de sospecha y desasosiego en la sociedad estadounidense. El sindicalismo y el anarquismo habían hecho su entrada al mercado de ideas, trayendo consigo el surgimiento de nuevas luchas de poder y tensión en el tejido social. El juez Taft mostró a lo largo de su carrera judicial la mentalidad hostil de su clase ante los reclamos laborales. De manera consecuente, decidió disputas laborales a favor de los patronos, al punto de considerársele anti-laboral.[20] Para el, la propiedad privada era elemento sagrado de la sociedad y por lo tanto merecedora de absoluta protección. Conforme a su visión, los movimientos sindicalistas y anarquistas representaban una amenaza al sistema de propiedad privada que requería, cuanto menos, la continua fiscalización gubernamental. En ocasión de ser invitado en 1895 a pronunciar el discurso principal durante una juramentación ante la *Asociación americana de abogados*, tuvo la oportunidad de exponer su ideología social:

> ¿Cómo podemos detener el movimiento dirigido a destruir los derechos de propiedad privada? Mediante la propagación e imposición de la verdad de que todo trabajador y todo hombre de moderados recursos posee tanto interés en preservar la inviolabilidad de la propiedad corporativa como la suya propia[.] Los amigos y creyentes en nuestra moderna civilización con su garantía a favor de la propiedad privada, como el mejor mecanismo para el engrandecimiento de la raza, deben hacer que su visión y su voz sean escuchadas por encima del estridente tronar de la anarquía, el socialismo, el populismo, y la demagogia general tan extendida hoy en día.[21]

Para el juez federal Taft, el sindicalismo era una amenaza que tenía que ser controlada, incluso mediante la violencia y la muerte como solía escribirle a su familia, en cartas que consecuentemente reflejaban su sentir ante el pujante movimiento sindical:

> Será necesario que los militares maten a algunos de la turba para que los problemas se controlen.
>
> ***
>
> Hubo noticias anoche de que las tropas federales mataron a treinta hombres. Aunque sea algo sangriento, todo el mundo espera que sea verdad.
>
> ***

> La situación en Chicago no ha mejorado. Ellos solo han matado a seis de la turba. Eso es apenas suficiente para crear una impresión.[22]

Como miembro del *Partido republicano*, la opinión del juez Taft sobre la convención del *Partido demócrata* de 1896 no era muy distinta: "anarquista, socialista, libertaria y sumisa a los populistas".[23]

Taft era fiel defensor del principio del precedente judicial. El estimaba que ello representaba fidelidad favorable para el capital corporativo, lo que se evidenciaba consistentemente en sus decisiones judiciales. Así lo reafirmó en su discurso de 1895 ante la *Asociación americana de abogados*:

> En el final, cuando las imputaciones de favoritismo corporativo contra los tribunales federales son despojadas de su retórica y epítetos, y los actos específicos sobre los cuales se basan las imputaciones son revisados, surge que las acciones de los tribunales no eran irrazonables, pero que además descansaron en precedentes establecidos y reconocidos décadas atrás, y que la verdadera razón para las quejas es que la jurisdicción constitucional y estatal de los tribunales federales es de tal naturaleza, que es con frecuencia invocada para evitar algunas de las evidentes injusticias, con justificable hostilidad hacia los métodos corruptos de muchas legislaturas y jurados y otros así proclives de atentar contra los reclamantes.[24]

Los biógrafos de Taft coinciden en que distaba mucho de ser un abogado brillante. Sus méritos como jurista se caracterizaron por su apego incondicional a la doctrina del precedente judicial:

> Taft idolatraba la ley; no se le puede comprender sin entender esa realidad. La falacia en su filosofía radica, por supuesto, en el hecho de que no existe tal cosa como "la ley". Se trata de un cúmulo de opiniones, formuladas por los hombres con el correr de los siglos, y constantemente es alterada. Lo que Taft en realidad hizo fue reverenciar la ley, como el la entendía, o como jueces con los cuales coincidía la habían interpretado.[25]

Por consiguiente, la filosofía jurídica de Taft permaneció siempre entroncada en el conservadurismo propio de la época y la protección a ultranza del derecho a la propiedad. Conforme a Burton,

> Taft permaneció como un absolutista en su filosofía jurídica. El pudo haberse familiarizado con las nuevas corrientes de pensamiento científico mientras estuvo en Yale, pero sus estudios en la escuela de Derecho en Cincinnati discurrieron por senderos conservadores.[26]
>
> Lo que emerge de sus escritos, al igual que de sus opiniones judiciales, es una fuerte inclinación a la protección de los derechos de propiedad como la base de las civilizaciones superiores al mismo tiempo que dejaba espacio para el ulterior desarrollo de los derechos sindicales en una socio-economía capitalista.[27]

Quizás lo anterior explique por qué Taft, no obstante su apego al precedente judicial, sea al fin y a la postre considerado como "el jurista pragmático cuyos escritos jurídicos no eran particularmente inclinados hacia los fundamentos legales".[28] "Para Taft, claramente, la diferencia entre el conservadurismo y el radicalismo era la distinción entre el bien y el mal, entre lo conocido y lo desconocido, entre lo sano y lo malsano".[29]

Para este juez, el localismo y los intereses regionales dentro de la república representaban un gran enemigo para el bienestar del sistema corporativo-capitalista y, en el final, para la república misma. Los tribunales federales, según su visión, deberían actuar como guardianes en defensa de las grandes empresas, en su lucha por evitar sucumbir ante los emergentes movimientos sindicales que pretendían una redistribución de las riquezas. Cabe notar que Taft no era insensible a las críticas que se hacían contra el sistema judicial – y contra el – de favoritismo hacia los grandes intereses en su feudo con el movimiento laboral.[30] En 1893 pronunció un discurso ante la *Asociación americana de abogados* en Detroit, en el que justificó las razones por las cuáles los tribunales actuaban contra las uniones obreras, pero no contra los patronos:

> La eficiencia de las cortes en prevenir gran parte de las amenazas de daño hechas por el público y por estorbos privados, que es usualmente el objetivo de los líderes de esos movimientos huelgarios, ha producido la acusación, que es muy cierta, de que la acción judicial ha sido mucho más eficiente en prevenir los excesos laborales que los males corporativos y la codicia. Si fuese posible con un golpe rápido de una orden judicial evitar la conspiración contra los intereses públicos y privados que dimana de la corrupción de una legislatura, los tribunales federales y de otras competencias no estarían menos inclinadas en usar ese remedio que lo que están para evitar daños por las uniones obreras. Pero yo he tenido la oportunidad de señalar que las maldades corporativas se encuentran prácticamente fuera del alcance de los tribunales, especialmente de los de los

> Estados Unidos. Los parásitos corporativos y saqueadores de la virtud pública no operan abiertamente sino de forma encubierta; sus objetivos se logran por lo general antes de que se conozca su existencia, y los rastros de sus malvadas acciones son destruidos y puestos fuera del alcance de ser evidenciados. Por otra parte, las acciones ilegales cometidas por los sindicatos se hacen abiertamente, mediante el desafío a los derechos de propiedad y violaciones al orden público, actos que los tribunales están bien equipados para castigar y prevenir.[31]

Los tiempos del juez Taft en la corte de apelaciones estaban por culminar, según lo evidenciaban varios eventos importantes. Uno de ellos consistió en un ofrecimiento del consejo regente de la universidad de Yale para que asumiera la presidencia de la institución. Taft, sin embargo, afirmó ser poco merecedor de dicho puesto, por sentir que su nivel educativo y preparatorio no era adecuado.[32] Realmente había estado laborando en el estrado apelativo con la mira puesta en el Tribunal Supremo de los Estados Unidos: esa seguiría siendo su máxima ambición.[33] Su nominación y ascenso a la presidencia de los Estados Unidos, al igual que su nombramiento como juez presidente, se debieron a sus conexiones políticas con los presidentes Theodore Roosevelt y William Harding, respectivamente.[34]

En pos de sus ambiciones, Taft le prestó poca atención a la adquisición por los Estados Unidos de los remanentes del imperio español tras la conclusión de la guerra de 1898.[35] En todo caso, su corazón estaba con la *Liga anti-imperialista*, y así lo afirmaba en reuniones con amistades y conocidos. Sostenía entonces que las Islas Filipinas deberían independizarse porque "los beneficios de anexar esas islas son mucho menores que los males que nos acarrearía".[36] Conforme a uno de sus biógrafos,

> [e]l juez Taft se alineó con los anti-imperialistas. Aunque no participó en los debates en torno a la adquisición o no, favorecía concederle la independencia a los filipinos. Sostenía que nuestro gobierno no podía controlar con efectividad las islas, y que el único resultado de la adquisición sería un aumento de nuestras responsabilidades. El sentía que los Estados Unidos ya confrontaban demasiados problemas de importancia como resultado de la guerra española, problemas tanto sociales como económicos que reclamaban nuestra atención, y creía que los beneficios como frutos de la anexión no serían comparables a los detrimentos. Pero, considerando que se trataba de un asunto claramente en manos de las dependencias políticas del gobierno, dedicó muy poco estudio al problema filipino, estando mucho más ocupado con asuntos legales.[37]

Taft no era el único miembro de la profesión legal que tenía algo que decir sobre las Filipinas. Desde antes del inicio de la guerra, la firma de letrados Ralston & Siddons había comenzado a representar en los Estados Unidos los intereses de la naciente república filipina. Su principal abogado en esta gestión lo era Jackson Harvey Ralston. Aunque nacido en California a finales del siglo XIX, Ralston residía en el tranquilo pueblo de Hyattsville, Maryland, el cual ayudó a fundar. Su pasión era el Derecho internacional, y el establecimiento de un sistema unitario de tasación para los Estados Unidos. Pero sobre todo, Jackson Ralston era un abogado laboral. Superando grandes obstáculos,[38] se consagró en ese campo cuando en 1911 y 1914 logró que el Tribunal Supremo de los

Estados Unidos dejara sin efecto sendas condenas de desacato contra Samuel Gompers y otros líderes sindicales.[39]

Jackson Ralston fue un personaje multifacético. En su larga vida, desde 1857 a 1946, fue letrado postulante y magistrado. En 1911, en ocasión de una investigación del Congreso en torno a imputaciones sobre malos manejos y apropiación ilícita por oficiales estadounidenses de tierras pertenecientes a la Iglesia Católica en las Filipinas, Ralston compareció en representación de la *Liga anti-imperialista*, formulando una dura crítica y abogando por el respeto y la soberanía del pueblo filipino:

> Muchos de los más prominentes oficiales estadounidenses en las Islas Filipinas han demostrado tal incompetencia intelectual y torpeza moral que merecen ser despedidos sumariamente.
> El gobierno filipino, sin autoridad para ello, ha promovido la ejecución y el arrendamiento de terrenos públicos y eclesiásticos a favor de ciudadanos y corporaciones americanas. El secretario de justicia debería ser facultado con los poderes necesarios para anular esos instrumentos.
> Debería ser un delito para los oficiales filipinos el que directa o indirectamente adquieran o alquilen las tierras de los filipinos.
> Debe crearse la legislación necesaria que absolutamente impida la explotación americana de las Filipinas mientras ejerzamos jurisdicción sobre ellas.
> Si bien hemos enumerado aquellas cosas que parecen ser las más urgentes, no debemos por un momento olvidar el infinito egoísmo de los estadounidenses al asumir que ellos, que todavía están aprendiendo a gobernarse a sí mismos, son competentes para gobernar un pueblo con otro idioma, costumbres, tradiciones, ideales y modo de pensar. En lugar

> de continuar desplegando nuestra necesaria incompetencia, deberíamos permitir a los filipinos que por sí mismos, aprendiendo de sus propios errores, desarrollen aquel sistema de gobierno y aquella civilización que demuestren estar más acorde con sus aspiraciones.[40]

Ralston ganó prominencia en los círculos de poder en Washington, donde fundó la firma legal con su nombre. Su representación del naciente gobierno de la república filipina, sin embargo, no se limitaba a sus intereses profesionales. El era miembro del capítulo de Washington de la *Liga anti-imperialista* y había convertido su propia oficina en sede de esa entidad a nivel nacional.[41] Fue así como Ralston comenzó un intenso cabildeo en la capital federal a favor del reconocimiento de la república filipina. Sus gestiones se vieron empañadas por el inicio de la guerra de 1898 y el surgimiento de rumores en la prensa de que los miembros de la liga carecían de patriotismo ante el llamado a las armas. Peor aún, se propagó el rumor de que Felipe Agoncillo, dirigente de la delegación filipina en Washington, había sido un principal instigador del conflicto bélico.[42]

Jackson Ralston no solo era un prestigioso e influyente abogado en Washington; gozaba de la confianza del líder sindical Samuel Gompers. Como advertido, era un experto en relaciones internacionales y en disputas entre territorios incorporados y el gobierno federal. Su firma Ralston & Siddons llegó a representar en 1904 al líder chino Sun Yat Sen, en un proceso de deportación en su contra.[43] Ralston era un propulsor del arbitraje internacional como medio de dilucidar disputas y prevenir los conflictos entre las naciones. Su postura con respecto al tema de la mediación coincidía con la de William Howard Taft.

Tras el súbito estallido de la guerra de 1898, Ralston ordenó la publicación de un parte de prensa anunciando que su firma legal había renunciado de inmediato a continuar representando al gobierno filipino. Aprovehó además para exponer ante la opinión pública su visión en torno a la situación en las Islas Filipinas:

> Ante el surgimiento de un conflicto entre tropas estadounidenses y las fuerzas del general Aguinaldo, un deber superior al que un abogado le debe a su cliente nos obliga a renunciar a continuar sirviendo a los representantes de la república filipina, como hacemos en el día de hoy.
> Ha sido nuestro objetivo, en el curso de nuestro empleo, el de mostrar a la gente de este país las verdaderas condiciones existentes en las islas – condiciones que, en nuestra humilde opinión, harán extremadamente difícil el exitoso control de esta república extranjera, y hará precaria la confianza que sus habitantes puedan albergar sobre un gobierno que ellos no desean.[44]

LA GRAN OPORTUNIDAD

La guerra de 1898 también alteraría el derrotero de William H. Taft. No obstante sus convicciones, su vida tomaría un giro decisivo mientras se dirigía a Cincinnati en el otoño de 1898. A bordo del tren conoció al general del ejército H.C. Corbin, otro nativo de Ohio quien quedó impresionado con el. El general Corbin era uno de los asesores del presidente William McKinley en el manejo de los territorios insulares en proceso de adquisición de España. McKinley se encontraba en aquellos días considerando la creación de una segunda comisión de las Filipinas. La primera no había sido exitosa en articular y poner en vigor medidas para hacer gobernable el archipiélago. Existía un vigoroso movimiento subversivo pro-independencia y los militares estadounidenses se resistían a obedecer los dictados desde Washington. Sin que Taft lo supiese, el general Corbin lo recomendó al presidente para dirigir la segunda comisión de las Filipinas.[45]

Mientras Taft esperaba su nombramiento al Tribunal Supremo, el presidente McKinley le cursó una comunicación para que de inmediato se personara a Washington para proponerle que presidiera la comisión. Taft no estaba entusiasmado. El secretario de la guerra Elihu Root se encargó de persuadirlo con la promesa de que la aceptación del puesto lo ayudaría posteriormente en su carrera judicial.[46] Lo confrontó además con las siguientes palabras:

> Yo sé que su aspiración está en el Tribunal Supremo. Pero esta encomienda hará de usted un magistrado aún más completo. Ante usted se presentan dos caminos. Uno es sencillo y cómodo en la carrera judicial. El otro es mucho más arduo, pero lleno de oportunidades y con la satisfacción de haber atendido el reclamo de la nación que le necesita. Esta encomienda en las Filipinas le proveerá una experiencia invaluable en el desarrollo de un gobierno y el estudio de las leyes necesarias para la gente, y tal experiencia solo puede servir para hacer de usted un más completo y mejor juez, si fuese usted llamado a servir su país en dicha capacidad.[47]

Ante la disyuntiva, a Taft no le quedó otra alternativa que acceder. Aparte de todos los argumentos usados para persuadirlo, el le debía varios favores al *Partido republicano* que no podía ignorar. Sin embargo, su condición principal para aceptar el cargo fue que el sería el presidente de la comisión, lo que no era negociable.[48] El nombramiento de Taft para presidir la llamada comisión de las Filipinas no estuvo fundamentado en sus conocimientos geográficos o culturales de otros pueblos, dado que para aquel entonces compartía la ignorancia del estadounidense promedio sobre tales extremos.[49]

Aceptada la encomienda, Taft y Root se dieron a la tarea de redactar las instrucciones a la comisión. Incluyeron una reserva de poder a los efectos de que ellos dos tendrían la facultad de aprobar o rechazar las propuestas de los otros cuatro comisionados.[50] Taft estaba particularmente orgulloso de las instrucciones. No existía una oferta de independencia para los filipinos y los Estados Unidos serían el árbitro final del destino de ese país. La normativa recalcaba que los nativos recibirían el reconocimiento de las garantías de la Carta de Derechos, con excepción de los juicios por Jurado y la posesión de armas. Como muestra de la generosidad norteamericana, los filipinos podrían ocupar los puestos del gobierno local para los que estuviesen cualificados. Bajo estas premisas y tras el nombramiento de los restantes comisionados, Taft emprendió el largo camino que finalmente le conduciría a la exótica posesión adquirida por los Estados Unidos en el oriente asiático.[51]

El 3 de junio de 1900 el buque estadounidense Hancock ancló en la bahía de Manila con los miembros de la comisión y demás componentes de la delegación. Un grupo de *americanistas* locales les prodigó su saludo. Para Taft, lo más significativo fue las enormes diferencias culturales que – de manera impactante

– recibió ante sus primeros contactos con la población del archipiélago.[52] Además y desde un principio, como fuera previsto por el propio Taft, se percibió una resistencia en los militares estadounidenses a ceder funciones a la comisión. Existía – argumentaron – una fuerte oposición a la ocupación en algunas regiones de las Filipinas, cuyo exterminio requería mantener un control militar en las operaciones de guerra; no uno civil. Pero, la comisión terminó imponiendo su criterio, si bien ello estuvo lejos de apaciguar las tensiones entre ambos poderes.[53]

No obstante tratarse de una comisión compuestas por varios miembros, era claro desde el principio que el juez Taft era quien estaba al mando de la situación. Para granjear simpatía entre la población llana, dispuso la abolición de prohibiciones establecidas por los militares a ciertas costumbres, tales como las peleas de gallos. También dictó directrices para que se les enseñara a apreciar la música.[54] Con respecto a los filipinos, el comisionado le escribió al secretario Root en agosto de 1900 que "[e]sta gente es emocional y sentimental, por lo que acciones de este tipo les tocarán más de cerca que las reformas administrativas de mucha mayor importancia".[55]

La comisión se entregó de inmediato a la realización de las reformas administrativas que para sus componentes eran de mayor importancia, repartiéndose la tarea de rehacer por completo el ordenamiento jurídico filipino. Para facilitar esta gestión, se establecieron alianzas con las clases dominantes. Como muestra de generosidad, se autorizó asimismo la libertad de expresión, pero con una limitación: *no* se podría hablar a favor de la independencia filipina. Otras costumbres filipinas contrarias a los principios estadounidenses tendrían igualmente que ceder. Dada la cantidad de dialectos que hablaba la población – el español lo conocía solo una minoría – la comisión estableció el inglés como idioma oficial y sentó las bases para su enseñanza pública.[56]

Para Taft, la misión en las Filipinas no se limitaba a gestar un nuevo gobierno y "educar" a una población distinta y tenida por inferior. La ética laboral de los filipinos resultaba chocante para el presidente de la comisión, quien en una carta al juez John Harlan del Tribunal Supremo, puso al tanto de sus impresiones más viscerales:

> Esta gente son una raza peculiar. Son amables, se presentan simpáticos, pero no son trabajadores. El gran problema de las Islas Filipinas es el laboral. Son ricos más allá de todo sueño de avaricia en todo lo que la naturaleza les ofrece, pero el capital no encontrará suficientes trabajadores dedicados como para justificar una gran inversión económica, y permitir la entrada aquí de los chinos o no es uno de los asuntos más serios. El dueño de una gran plantación, o un productor o dueño de una planta azucarera, puede conseguir quinientos o mil hombres, y asegurar un contrato con ellos por un mes de trabajo. Ellos no darán un paso a menos que no se les pague dos semanas por adelantado. Ellos podrían trabajar tres o cuatro días de la floja manera en que se trabaja en este país, y entonces más de la mitad de ellos renunciarán con el dinero adelantado en sus bolsillos. Tienen un temperamento artístico; son musicales; son supersticiosos y la gente más ingenua del planeta.
>
> Ellos necesitarán entre cincuenta y cien años de entrenamiento antes de que siquiera sepan lo que es el concepto de libertad anglo-sajón. Entre los educados, la

> mayoría son abogados constitucionales con profundidad, quienes pueden discutir con elocuencia y sustancia sobre asuntos de Derecho americano constitucional y manejan los conceptos con informalidad, pero no poseen el más liviano entendimiento de las cuestiones políticas. Cómo se promulgan los impuestos, cómo se recolectan o de qué fuentes. Su concepto de la libertad es del tipo de libertad que concede licencia absoluta al que habla, y a la persona que difiere le cuesta la prisión o la pérdida de una extremidad o la cabeza. La posibilidad de un gobierno mayoritario en que la minoría posea derechos inviolables es un concepto difícil de hacerles entender.[57]

La fe de Taft en cuanto a la capacidad de auto-gobierno de los filipinos tampoco era muy distinta con respecto a la masa poblacional que no había contado con el privilegio de una educación, según escribió al secretario Root en el verano de 1900:

> La población de las islas está constituida por una amplia masa de gente ignorante y supersticiosa, temperamental, algo cruel, cariñosa con su familia y muy ligada a la Iglesia Católica. Son fácilmente influenciados por los discursos de los mestizos que crean la apariencia de ser conocedores del Derecho y la democracia. Por lo general carecen de carácter moral, son proclives a cualquier consideración y resulta difícil hacer de ellos un gobierno honesto. Tendremos que hacer lo mejor que podamos. Son políticos natos; tan ambiciosos como Satanás y tan celosos como sea posible de las pertenencias ajenas.
>
> Uno de los grandes males en esta comunidad, de cuyo alcance no me había percatado hasta ahora, es el efecto del juego de apuestas entre esta gente y la absoluta necesidad de restringir las oportunidades de juego mediante una rígida

> aplicación de la ley. La manía es tan grande que los hombres apostarán la castidad de sus hijas y a sus esposas, y finalmente, sometidos por los excesos de este vicio, no tendrán otro remedio que robar y saquear al público.[58]

Taft se entregó a la tarea de esculpir el nuevo gobierno de las Filipinas. Entre otros aspectos, desarrolló una avanzada de relaciones públicas para culpar a la campaña anti-imperialista y a los demócratas por la prolongación de la insurrección en el archipiélago. Por otro lado, Taft procuró ganarse la confianza de sus nuevos súbditos.[59] Era consciente además de que en otras posesiones adquiridas como botín de la guerra, en particular Puerto Rico, el gobierno de los Estados Unidos ya se encontraba desarrollando un modelo de régimen. Taft le volvió a escribir a Root el 21 de agosto de 1900 que

> [p]or sobre todo, debemos establecer un gobierno centralizado como el que existe en Puerto Rico bajo el cual se garantizan sustancialmente todos los derechos reconocidos en la Carta de Derechos de la Constitución, para garantizarlos al pueblo de las Filipinas de tal forma que reciban felicidad, prosperidad, educación e ilustración política.[60]

La comisión de las Filipinas asumió poderes legislativos el 1º de septiembre de 1900 y promulgó amplias medidas propias de la creación de un nuevo gobierno, más que reformar el existente. Los poderes del comisionado Taft habían alcanzado facultades plenarias que bordeaban la dictadura. Los políticos filipinos hicieron saber su inconformidad con el rumbo que tomaban los asuntos.[61]

El nuevo sistema judicial tendría que funcionar conforme a los dictados de Taft. Una solicitud de los abogados estadounidenses para que los procesos judiciales se condujesen en inglés fue rechazada, al igual que la idea de establecer la institución del Jurado.[62] El esquema de gobierno tomó la forma del modelo estadounidense. Se creó un Tribunal Supremo y gobiernos municipales y regionales que operaban a la usanza norteamericana. La Iglesia Católica sería servida por sacerdotes estadounidenses y, como se anticipaba, se impuso la enseñanza en inglés en las escuelas.[63]

Mientras laboraba en su experimento gubernamental, Taft combatía los sentimientos de independencia que pudiesen existir entre la población. Continuamente formulaba expresiones de menosprecio hacia los insurrectos filipinos, a quienes acusaba de hablar mucho de independencia pero no saber nada de ella.[64]

Mientras tanto, la reelección de William McKinley a la presidencia trajo a la vicepresidencia a Theodore Roosevelt, el buen amigo de Taft. Se entendía en 1901 que la labor de la comisión de las Filipinas estaba próxima a culminar, por lo que se tornaba necesario pensar en candidatos para ocupar las plazas de gobierno. Roosevelt sostenía que Taft reunía las cualidades para ser el primer gobernador del archipiélago. Para el, al igual que para el resto de la clase política en Washington, era harto conocida la ambición de Taft por una silla en el Tribunal Supremo. Esa realidad, unida a la idea de que Taft estaba cualificado para el puesto y de que su ideología era cónsona con la del gobierno de turno, llevó al vicepresidente Roosevelt a sugerir con entusiasmo el nombramiento de su amigo para ocupar tan lejana posición, dándolo a saber en un artículo que publicó en 1901:

> Un año atrás, un hombre con grandes conocimientos tanto de la vida pública estadounidense como de sus hombres públicos señaló que el primer gobernador de las Filipinas debe combinar las cualidades que conforman un presidente de los Estados Unidos de primera clase, con las cualidades que harían de un juez presidente de los Estados Unidos de primera clase, y que el único hombre que él conocía que poseía todas esas cualidades lo era el juez William H. Taft. Su señalamiento era totalmente correcto. Pocas misiones más difíciles han gravitado sobre otros hombres del país en nuestro siglo y cuarto de vida pública, que lidiar con la situación filipina en estos días; y es de dudarse que entre los hombres que hoy viven otro pueda encontrarse tan bien preparado como el juez Taft para esta increíblemente difícil encomienda.[65]

El presidente le ofreció y Taft aceptó la designación como primer gobernador civil de las Islas Filipinas. Antes de ello, la administración de McKinley decidió que convendría al futuro gobernador regresar a Washington a rendir cuentas al Congreso sobre la situación del archipiélago. En su informe, Taft delineó su visión sobre la eventual adquisición de poderes por el liderato político filipino:

> Considero que lo ideal es establecer un gobierno diseñado de acuerdo a las posibilidades actuales del pueblo, que gradualmente cambie, confiriendo paulatinamente más y más poder al pueblo para autogobernarse, educándolo por ende en el auto-gobierno, hasta que su conocimiento del gobierno, su conocimiento de la libertad, sea tal que acciones ulteriores puedan tomarse, ya sea para concederles

> la estadidad o hacerle un gobierno cuasi-independiente como Canadá o Australia o, si así lo desean, la independencia.[66]

La inesperada muerte de McKinley encontró a Taft en el fragor de la gobernación de las Filipinas. Entre otros aspectos, fue necesario entrar en una ardua negociación con la Iglesia Católica para adquirir las tierras que esta aún poseía en el archipiélago. La existencia de un movimiento armado de resistencia también preocupaba mucho. Sus antecesores militares no habían logrado suprimir el movimiento sedicioso filipino que se fraguaba en las montañas del interior, que además entorpecía el proceso de educación a la población sumisa y por ende amenazaba el gran proyecto pedagógico que Taft le había propuesto al Congreso. El gobernador no gustaba de la crueldad, pero admitía que era una necesidad en el trato del ejército estadounidense hacia los rebeldes filipinos.[67]

A pesar de sus expresiones ante el Congreso, lo cierto era que Taft estaba convencido de que la independencia era una imposibilidad en los años por venir. Las cosas tendrían que hacerse a su manera. A finales del año 1900 intervino en la política filipina ayudando a la fundación del *Partido federal,* favorecedor de la anexión a los Estados Unidos. El favoritismo del gobernador hacia su criatura política sirvió, sin embargo, de fermento para el crecimiento del movimiento en favor de la independencia.[68]

La judicatura filipina no corrió mejor suerte. Taft consideraba poco confiables y corruptos a los jueces filipinos y solicitó a Washington el envío de magistrados estadounidenses para sustituirlos. De nada valieron las continuas protestas en la prensa en contra de la sustitución de jueces; las cosas se harían como el gobernador dictaba.[69]

La atención de Taft no estaba concentrada solamente en las Filipinas. Tenía conocimiento de que una serie de pleitos se encontraban en camino al Tribunal Supremo de los Estados Unidos, provenientes mayormente de Puerto Rico. Como abogado y juez que era, sabía que lo que se decidiese para un territorio afectaría la situación de los otros, incluyendo el que a el le tocaba gobernar. El residir al otro extremo del océano Pacífico podía ser una dificultad, pero no un impedimento para que el gobernador de las Filipinas diese a conocer, en una carta a un amigo en marzo de 1901, su parecer sobre cómo resolver estas controversias legales que se apreciaban en el horizonte, a los efectos de que "[s]olamente unos locos, fanáticos u hombres que no desean crear las mejores condiciones podrían proponer lastimar a los filipinos, mediante la aplicación forzosa a las islas de principios de gobierno que son incompatibles con su nivel de desarrollo".[70]

Taft no confiaba en que los alegatos de los abogados fueran suficientes. Como conservaba amistades entre los jueces del Tribunal Supremo de los Estados Unidos, tomó la determinación de cursarle una misiva al juez John Harlan, advirtiéndole las consecuencias de las decisiones que se iban a emitir en los casos insulares.[71]

EL ADVERSARIO SINDICAL

Desde sus inicios, la *Liga anti-imperialista* se había nutrido de sectores dispares de la clase dominante estadounidense. Uno de ellos lo fue Samuel Gompers, quien fungía como líder de la *American Federation of Labor* (en adelante identificada por sus siglas, "AFL"). Su trayectoria con respecto a Puerto Rico evidenciaba sin embargo una postura en principio ambivalente que eventualmente se decantó por un decidido apoyo a la anexión de la Isla a los Estados Unidos. Gompers había mantenido contactos con revolucionarios cubanos y puertorriqueños durante la década de 1890,[72] y era uno de los pocos líderes laborales que se había unido desde finales de 1898 al movimiento contra la adquisición de tierras extrañas, coincidiendo en ello con los ex-presidentes Grover Cleveland y Benjamin Harrison. Su entusiasmo y militancia le valieron una de las vicepresidencias de la liga.[73]

Siendo evidente que los propósitos de ese movimiento no rendirían frutos, Gompers optó por emprender viaje hacia algunas de las posesiones insulares recién adquiridas. Había comenzado a justificar la idea de que los Estados Unidos adquiriesen colonias. Lo importante para el, en lo sucesivo, sería que sus trabajadores reclamasen y obtuviesen los mismos derechos laborales que sus contrapartes en el continente. Su primer contacto con las nuevas posesiones le llevó a Cuba en 1900. Lo que allí pudo ver, sin embargo, no le llamó la atención, como tampoco lo haría conocer las condiciones de las poblaciones en Hawaii y las Filipinas.[74] No obstante, no tardó en desarrollar una simpatía particular por la situación de Puerto Rico, al punto de aceptar ya en 1902 que la Isla sería una posesión permanente de los Estados Unidos.[75] Para el, toda organización sindical establecida con sus auspicios fuera de los Estados Unidos continentales tenía que ser de corte anexionista, según lo demuestra no tan solo el caso de Puerto Rico, sino también el de las Islas Filipinas. Las uniones sindicales auspiciadas por Gompers en el archipiélago asiático estaban diseñadas para suplantar a las nacionales, de claro corte independentista. En este sentido, el líder sindical recibió el apoyo de Taft.[76]

La proximidad geográfica de Puerto Rico y más que todo, la información que recibía de que poseía un bien desarrollado movimiento sindical, motivaron al líder obrero a dedicarle especial atención. Receloso de los intereses tabaqueros y cañeros, Gompers acusó al Congreso estadounidense en 1900 de aliarse con ellos para imponer una tarifa de importación a Puerto Rico.[77]

En el entretanto, Santiago Iglesias Pantín regresaba en 1901 desde los Estados Unidos a Puerto Rico. Tras haber sido encarcelado por el régimen español en los albores de la guerra de 1898, el gobierno militar estadounidense ordenó su liberación y le reclutó como intérprete.[78] Junto a otros líderes sindicales, comenzó abiertamente a fundar centros de educación obrera a lo largo y ancho de la Isla, para que los trabajadores se instruyeran sobre sus derechos como grupo. Se percibía una efervescencia en el ambiente ante la expectativa de que el cese del gobierno militar diese paso a un régimen civil que condujera a la futura conversión de Puerto Rico en un estado.[79] Fueron estas inquietudes – junto al hecho de que se había familiarizado con el idioma inglés – lo que lo llevó a probar su suerte en los Estados Unidos y forjar alianzas allá.[80]

En su cabildeo con los grupos sindicales en Nueva York, Iglesias fue conociendo el activismo de la AFL y de su presidente Samuel Gompers. Su amigo Theodore F. Cuno lo conminó a contactarlo.[81] El encuentro con Gompers lo llevó a comprometerse a no recurrir a la lucha revolucionaria, a cambio del apoyo económico necesario para organizar a los trabajadores puertorriqueños.[82] El liderato obrero local tuvo que escoger jugar con las reglas del gobierno insular, so pena de perder y abandonar la lucha.[83] Dadas las visiones que Gompers e Iglesias poseían en cuanto a vincular la condición política de Puerto Rico con sus metas sindicales, no es de extrañar la prédica anti-independentista que el liderato sindical-socialista diseminaría, especialmente en la década de 1910 a 1920, bajo el axioma de que la independencia solo significaría el control por los patronos del gobierno de la Isla, sin la supervisión de los Estados Unidos.[84]

Se ha señalado que, por su origen peninsular, Iglesias poseía una singular ventaja para llevar a las masas obreras la prédica de resistencia y desafío contra las autoridades insulares.[85] Ello no obstante, se le atribuyó además la reputación de ser el más leal de los líderes locales a los Estados Unidos.[86] Además, la AFL le brindó un enorme apoyo económico a la insular *Federación libre de trabajadores* (en lo sucesivo denominada por sus siglas, "FLT") y le pagaba un salario al propio Iglesias, lo cual le dio una autonomía sin parangón con respecto al resto del liderato obrero.[87]

Su amistad y estrecha colaboración con Samuel Gompers le valió a Iglesias un rápido ascenso entre el liderato del Puerto Rico de la época, especialmente a partir de su nombramiento como organizador general para Cuba y Puerto Rico de la AFL.[88] Con el apadrinamiento de Gompers, Iglesias pudo establecer ante la jefatura estadounidense en la Isla sus credenciales de dirigente obrero reformista y no revolucionario.[89] Esta "metamorfosis personal e ideológica del radicalismo al oportunismo, desde sus rudimentarios principios anarco-sindicalistas a la filosofía comercial-sindical de Samuel Gompers y la AFL",[90] es lo que explica que Iglesias permutase a principios del siglo XX su ciudadanía española por la estadounidense.[91]

Mediante una carta fechada 14 de octubre de 1901, Gompers le comunicó al gobernador William H. Hunt que Iglesias había sido designado el representante de la AFL en Puerto Rico.[92] Augurándole que la misión de Iglesias sería apolítica y no partidista, el presidente de la AFL le manifestó que

> [e]n la medida en que el Pueblo de Puerto Rico está ahora tan cercano a nosotros y que poseemos intereses y misiones en común, se considera que debe hacerse un esfuerzo para organizar los trabajadores asalariados de la Isla, a base de la filosofía y bases progresistas del sindicalismo, en la misma manera que ello se formó y se hace en los Estados Unidos.[93]

Gompers cerró esa misiva manifestando su esperanza de que el trabajo de Iglesias no sería interrumpido por el gobierno federal ni el de Puerto Rico.[94] El ambiente festivo que Iglesias y otros líderes obreros deben haber experimentado, sin embargo, no duró. Al propio Iglesias no le tomó mucho tiempo confirmar el ánimo del nuevo gobernador civil, tras este ordenar su encarcelación y la de otros dirigentes a base de una antigua pero aún vigente ley española que declaraba delito el reclamo de mejoras salariales para los trabajadores.[95]

A su desembarco en el puerto de San Juan en 1901 – como ciudadano estadounidense y flamante representante de la AFL en Puerto Rico – Iglesias fue puesto bajo arresto por policías insulares, quienes le informaron que se le encarcelaba por no haber comparecido ante el tribunal y haber evadido la jurisdicción, en violación de la referida ley española que castigaba el reclamo de mejoras salariales.[96] Condenado a tres años de presidio – a pesar de las protestas de Gompers ante el presidente Roosevelt – solo una decisión del Tribunal Supremo de Puerto Rico en 1902 lo libró de cumplir la condena completa.[97] Iglesias forjó entonces una alianza con el recién creado *Partido federal*.[98]

DE GOBERNADOR COLONIAL A SECRETARIO DE LA GUERRA

Para el otoño del año de 1902, se dibujaban en los círculos de poder en Washington nuevas estrategias a largo plazo. El presidente Theodore Roosevelt decidió que Taft ya había cumplido su encomienda en Filipinas. Los asuntos laborales y los casos insulares que consecuentemente seguían arribando ante el Tribunal Supremo, entre otros eventos, lo convencieron de que necesitaba en el tribunal jueces afines a su ideología y a su visión de mundo. El presidente le cursó al gobernador una carta para ofrecerle el nombramiento de juez asociado del Tribunal Supremo.[99] El gobernador no compartió su entusiasmo. Por el contrario, Taft aludió a la situación de inestabilidad en las Filipinas como razón primordial para permanecer en su puesto. Su familia inmediata continuaba alentándolo a sacar provecho de su prestigio en Washington y de los favores que ahora le debía el *Partido republicano*.[100]

Roosevelt, sin embargo, no se daría fácilmente por vencido. Contactó a Henry Taft, el hermano del gobernador, para que intercediera ante el y le convenciera de tomar el puesto en el Tribunal Supremo. Henry le relató en una extensa carta las razones por las cuales entendía que ahora el presidente quería colocarlo en ese foro:

> El dice que necesita que lo consideres a el y sus dificultades y que el requiere tu asesoría aquí. Evidentemente el contempla procurar tu asesoría en asuntos de política pública de vez en cuando, más allá de tus deberes judiciales, pero está principalmente deseoso de asegurar tu presencia en el tribunal, no solo para lidiar con todos los asuntos insulares sino, también, con aquellos relacionados al sindicalismo y los monopolios. El evidentemente cree haberse asegurado con el hombre correcto en Holmes y ahora te procura porque, como me aseguró a mí, tú abordarás todos los asuntos industriales sin temor a las consecuencias sobre tu persona, ya sean provenientes de los J.P. Morgans o de los líderes obreros. El cree que tú ya has resuelto los asuntos principales en las Filipinas, y solo hace falta alguien como el general Wright para continuar sobre la fundación que construiste. Yo creo que el se ha visto cara a cara con los problemas obreros y monopolísticos desde que tuvo aquella conversación contigo en febrero de 1902, y el no considera ya tan importante, como en aquel entonces que tú permanezcas en las Filipinas.[101]

Pero Taft no cedió en su determinación de llegar a la cima del poder por sus propios caminos. Resignado ante la negativa del gobernador de las Filipinas, Roosevelt optó por nombrar a William Day para llenar la vacante en el Supremo.[102] Entretanto, Taft logró a finales de 1902 su más cara ambición en su misión en el lejano oriente: la aprobación de un régimen civil de gobierno para el archipiélago que, en sus propias palabras, "marca el comienzo de una era de prosperidad y felicidad para el pueblo filipino".[103] Taft, sin embargo, no permanecería en su puesto mucho más tiempo. Roosevelt volvió a llamarlo a Washington a principios de 1903, pues tenía para el una nueva encomienda que involucraba el manejo de los asuntos de las posesiones insulares.

Ya de vuelta en la capital federal, una mañana le hizo llamar para darle la nueva de que otra silla para un juez asociado estaba disponible en el Tribunal Supremo.[104] Taft volvió a declinar la generosa oferta, pues el presidente le había asignado en esos días una encomienda atractiva, aunque casi tan difícil como conducir una guerra: la de dirigir la construcción de un canal en el istmo de la nueva república de Panamá. Esa misión, unida a las ambiciones presidenciales y al hecho de que el puesto de juez presidente no estaba vacante, mantuvieron a William Taft firmemente anclado en su nueva y prominente posición dentro del Ejecutivo: secretario del departamento de la guerra.[105]

REFERENCIAS

1 "Fourth Annual Message, December 3rd, 1912", http://www.presidency.ucsb.edu/ws/index.php?pid=29553, accedido el 20 de junio de 2006.

2 Duffy, Herbert S., William Howard Taft, (New York, New York: Minton, Balch, 1930) 4.

3 Pringle, Henry F., The Life and Times of William Howard Taft: A Biography, Vol. 1 (New York, New York: Farrar & Rinehart, 1939) 51.

4 Pringle, The Life and Times of William Howard Taft, 39-40.

5 Burton, David H., Taft, Holmes, and the 1920s Court: An Appraisal (Madison, NJ: Fairleigh Dickinson University Press, 1998) 27.

6 Duffy, William Howard Taft, 8-9.

7 Pringle, The Life and Times of William Howard Taft, 65-66

8 Pringle, The Life and Times of William Howard Taft, 95-96; Duffy, William Howard Taft, 14.

9 Pringle, The Life and Times of William Howard Taft, 41-42.

10 Pringle, The Life and Times of William Howard Taft, 47.

11 Pringle, The Life and Times of William Howard Taft, 97-98.

12 Pringle, The Life and Times of William Howard Taft, 102.

13 Pringle, The Life and Times of William Howard Taft, 106.

14 Pringle, The Life and Times of William Howard Taft, 107; Burton, Taft, Holmes, and the 1920s Court, 44.

15 Duffy, William Howard Taft, 27.

16 Burton, Taft, Holmes, and the 1920s Court, 44.

17 Pringle, The Life and Times of William Howard Taft, 57.

18 Pringle, The Life and Times of William Howard Taft, 107.

19 Pringle, The Life and Times of William Howard Taft, 122-125, 148.

20 Burton, Taft, Holmes, and the 1920s Court, 46; Pringle, The Life and Times of William Howard Taft, 126-127.

21 Burton, Taft, Holmes, and the 1920s Court, 52.

22 Pringle, The Life and Times of William Howard Taft, 128.

23 Pringle, The Life and Times of William Howard Taft, 151.

24 Duffy, William Howard Taft, 46.

25 Pringle, The Life and Times of William Howard Taft, 129.

26 Burton, Taft, Holmes, and the 1920s Court, 43.

27 Burton, Taft, Holmes, and the 1920s Court, 41.

28 Burton, Taft, Holmes, and the 1920s Court, 22.

29 Pringle, The Life and Times of William Howard Taft, 967.

30 Burton, Taft, Holmes, and the 1920s Court, 40-41.

31 Duffy, William Howard Taft, 47-48.

32 Duffy, William Howard Taft, 54-55.

33 Pringle, The Life and Times of William Howard Taft, 264-265.

34 Duffy, William Howard Taft, 203, 310; Burton, Holmes, and the 1920s Court, 113-114.

35 Pringle, The Life and Times of William Howard Taft, 154.

36 Duffy, William Howard Taft, 66; Pringle, The Life and Times of William Howard Taft, 157.

37 Duffy, William Howard Taft, 66.

38 William C. Dennis, "In Memoriam: Jackson H. Ralston 1857-1946", 40 *The American Journal of International Law*, No. 1, 182 (January 1946).

39 Dennis, "In Memoriam: Jackson H. Ralston 1857-1946"; *Gompers vs. Bucks Stove & range Co.*, 221 U.S. 418 (1911); *Gompers vs. U.S.*, 233 U.S. 604 (1914).

40 Jackson H. Ralston's, Frederick L. Simmons' & William E. Richardson's remarks before the Committee of Insular Affairs of the House of Representatives, re: "The Friar Lands Inquiry" (Brief on behalf of the Anti-Imperialist League: February, 1911) 48-49.

41 Ralston's remarks.

42 Ralston's remarks.

43 Documento en línea, "Talk: Dr. Sun Yat Sen", http://www.sgwiki.com/wiki/Talk:Dr._Sun_Yat_Sen, accedido el 20 de febrero de 2007.

44 "Talk: Dr. Sun Yat Sen".

45 Duffy, William Howard Taft, 71-72.

46 Pringle, The Life and Times of William Howard Taft, 162.

47 Duffy, William Howard Taft, 73-74; Pringle, The Life and Times of William

Howard Taft, 160-161.

48 Pringle, The Life and Times of William Howard Taft, 161-162; Burton, Holmes, and the 1920s Court, 69.

49 Pringle, The Life and Times of William Howard Taft, 122, 157.

50 Pringle, The Life and Times of William Howard Taft, 183.

51 Pringle, The Life and Times of William Howard Taft, 182-183.

52 Pringle, The Life and Times of William Howard Taft, 88.

53 Pringle, The Life and Times of William Howard Taft, 89-92.

54 Pringle, The Life and Times of William Howard Taft, 176.

55 Pringle, The Life and Times of William Howard Taft, 176.

56 PrinPringle, The Life and Times of William Howard Taftgle, The Life and Times of William Howard Taft, 184; Burton, Holmes, and the 1920s Court, 70.

57 Duffy, William Howard Taft, 94-95.

58 Pringle, The Life and Times of William Howard Taft, 173-174.

59 Duffy, William Howard Taft, 96-100; Pringle, The Life and Times of William Howard Taft, 189.

60 Duffy, William Howard Taft, 102; Pringle, The Life and Times of William Howard Taft, 194.

61 Pringle, The Life and Times of William Howard Taft, 165, 195.

62 Duffy, William Howard Taft, 112-113.

63 Duffy, William Howard Taft, 116; Pringle, The Life and Times of William Howard Taft, 223.

64 Duffy, William Howard Taft, 123.

65 Duffy, William Howard Taft, 134; Pringle, The Life and Times of William Howard Taft, 200.

66 Duffy, William Howard Taft, 141.

67 Pringle, The Life and Times of William Howard Taft, 219, 225-231.

68 Pringle, The Life and Times of William Howard Taft, 205-206; Duffy, William Howard Taft, 114.

69 Duffy, William Howard Taft, 110-112; Pringle, The Life and Times of William Howard Taft, 206.

70 Pringle, The Life and Times of William Howard Taft, 207.

71 Pringle, The Life and Times of William Howard Taft, 208.

72 Joseph Bedford, "Samuel Gompers and the Caribbean: The AFL, Cuba, and Puerto Rico: 1898-1906", 6 *Labor's Heritage*, No. 4, 5 (1995).

73 Mandel, Bernard, Samuel Gompers: A Biography (Yellow Springs, OH: Antioch, 1963) 205.

74 Mandel, Samuel Gompers: A Biography, 207.

75 Mandel, Samuel Gompers: A Biography, 207, 209.

76 Mandel, Samuel Gompers: A Biography, 207.

77 Mandel, Samuel Gompers: A Biography, 207-208.

78 Miles Galvin, "The Early Development of the Organized Labor Movement in Puerto Rico", III *Latin American Perspectives*, No. 3 (Summer, 1976) 21.

79 Samuel Gompers, Seventy Years of Life and Labor: An Authobiography (New York, NY: E. P. Dutton, 1925) 142; Joseph Bedford, "Samuel Gompers and the Caribbean", 10; Rubén Dávila Santiago, El derribo de las murallas: orígenes intelectuales del socialismo en Puerto Rico (Río Piedras, Puerto Rico: Editorial Cultural, 1988) 18.

80 Carlos Sanabria, "Samuel Gompers and the American Federation of Labor in Puerto Rico", XVII *Centro Journal*, No. 1, 141, 145 (Spring 2005).

81 Gervasio García & Angel Quintero Rivera, Desafío y solidaridad: breve historia del movimiento obrero puertorriqueño (Río Piedras, Puerto Rico: Ediciones Huracán, 1997) 36; Mandel, Samuel Gompers, 208; Gompers, Seventy Years of Life and Labor, 142.

82 Mandel, Samuel Gompers: A Biography, 208; García & Quintero Rivera, Desafío y solidaridad, 36-37.

83 Galvin, "The Early Development of the Organized Labor", 29-30.

84 Galvin, "The Early Development of the Organized Labor", 28.

85 Galvin, "The Early Development of the Organized Labor", 17, 19.

86 Truman R. Clark, "Prohibition in Puerto Rico, 1917-1933", 27 *Journal of Latin American Studies*, No. 1, 77, 83 (Feb. 1995).

87 Galvin, "The Early Development of the Organized Labor", 27.

88 Galvin, "The Early Development of the Organized Labor", 22.

89 Michael González Cruz, "The US Invasion of Puerto Rico: Occupation and Resistance to the Colonial State, 1898 to the Present", 25 *Latin American Perspectives*, No. 5, 7, 13 (Sept. 1998).

90 Galvin, "The Early Development of the Organized Labor", 27.

91 Galvin, "The Early Development of the Organized Labor", 27. Véase además a Mandel, Samuel Gompers: A Biography, 209.

92 Centro de Documentación Obrera Santiago Iglesias Pantín (CDOSIP), legajo 1, carpeta 2.

93 CDOSIP, legajo 1, carpeta 2.

94 CDOSIP, legajo 1, carpeta 2.

95 Mandel, Samuel Gompers: A Biography, 208.

96 Mandel, Samuel Gompers: A Biography, 208.

97 Mandel, Samuel Gompers: A Biography, 209; Bedford, "Samuel Gompers and the Caribbean", 14.

98 García & Quintero Rivera, Desafío y solidaridad, 57.

99 Duffy, William Howard Taft, 153-154; Pringle, The Life and Times of William Howard Taft, 236.

100 Duffy, William Howard Taft, 155-156; Pringle, The Life and Times of William Howard Taft, 218-219, 237-240.

101 Pringle, The Life and Times of William Howard Taft, 242-243 (énfasis suplido).

102 Pringle, The Life and Times of William Howard Taft, 252.

103 Pringle, The Life and Times of William Howard Taft, 233.

104 Pringle, The Life and Times of William Howard Taft, 264-265.

105 Duffy, William Howard Taft, 180-181; Pringle, The Life and Times of William Howard Taft, 265, 313-314.

CAPÍTULO II

EL RETO SOCIALISTA

Desde muy jóvenes, fuimos adictos al estudio del problema social, no sabemos si por inclinación natural o debido a estar aprendiendo un oficio que más tarde nos haría un jornalero tipográfico. Lo cierto es que pocos años después, las ideas de redención económica y moderna empezaron a divulgarse en Puerto Rico, haciendo formalmente nuestro ingreso en las luchas del trabajo organizado en Septiembre del año 1902, fecha en la que habíase constituido hacía pocos meses por Mr. Santiago Iglesias, Organizador de la "American Federation of Labor" y Mr. Eugenio Sánchez López, secretario de la "Federación Libre de los Trabajadores de Puerto Rico", la "Unión Obrera Central del Departamento de Mayagüez".

Jesús María Balsac[1]

EL PROCÓNSUL Y EL SINDICALISMO

Como secretario del departamento de la guerra, William H. Taft asumió crecientes responsabilidades en el manejo de los asuntos en el área del Caribe. Temprano en otoño de 1906 el presidente Roosevelt fue alertado del desarrollo de una crisis política en la república de Cuba, determinándose que era necesario intervenir y que Taft – por su previa experiencia manejando asuntos insulares – era la persona adecuada para la encomienda. El secretario aceptó la misión.[2] Taft no añoraba tratar con los cubanos; en todo caso, detestaba a Cuba. Había recibido información de que la clase política cubana era corrupta, que estaba más pendiente de satisfacer sus intereses tribales que el bienestar de la nación. Su misión, amparada en la llamada enmienda Platt de la Constitución cubana que impulsara en su día Elihu Root, iba dirigida a restablecer el orden en la antilla y proteger los intereses estadounidenses.[3]

Tras un primer intento por mediar entre liberales y moderados, finalmente Taft decidió asumir el control del gobierno de Cuba como administrador temporero. Su desdén por el liderato cubano lo llevó a no atesorar su permanencia. Al nombrarse un gobernador interino estadounidense, regresó a Washington para continuar la labor de la construcción del canal en Panamá.[4] Un comentarista de la época lo llamó "el procónsul de la buena fe para islas inestables; un embajador para tareas difíciles en apartados rincones del planeta".[5]

La nación del istmo tampoco era objeto de aprecio por el secretario del departamento de la guerra. Menospreciaba su pobreza, su clima y la fragilidad de su gobierno y su recién ganada independencia. Su mayor preocupación residía en conseguir la mano de obra necesaria para llevar a cabo la misión. Taft solicitó el reclutamiento de obreros de las Indias Occidentales e incluso consideró traer estadounidenses negros para unirlos a la fuerza laboral. Rechazó, sin embargo, una petición de Samuel Gompers para reclutar trabajadores puertorriqueños, por considerarlos anémicos y enfermizos que propagarían enfermedades en el istmo. En el entretanto, y siguiendo las preferencias de Roosevelt, impuso el criterio de construir un canal con esclusas en territorio panameño.[6]

Tras su estancia como gobernador de las Islas Filipinas, Taft había cambiado de parecer con respecto a la concesión de la independencia. Por otro lado, el expansionismo del creciente imperio japonés – con el cual Taft simpatizaba – justificaba ante sus ojos hacer de las Islas Filipinas una frontera imperial. Roosevelt le asignó la tarea dual de defender la política colonial respecto a las Islas Filipinas, a la misma vez que negociaba con el gobierno japonés las esferas de influencia que asegurasen el control estadounidense sobre el archipiélago.[7] Valiéndose de su historial en el área y de su prestigio en crecimiento, Taft optó por circular una comunicación entre los congresistas en contra de cualquier consideración de independencia:

> Nosotros tenemos un problema definitivo y práctico en las Filipinas, y de nada sirve retardar su resolución con discutir qué vamos a hacer durante los próximos cincuenta o cien años, o con comprometernos de antemano con un curso en particular. Cuando hayamos establecido un gobierno exitoso; cuando hayamos creado una opinión pública independiente – entonces el dilema de cómo proceder puede ser dejado al arbitrio de ambos países; porque si América cumple con su deber, yo no creo que los filipinos quieran romper sus lazos con nosotros.[8]

Se ocupó igualmente de reiterar su parecer en una ponencia ante los miembros del Congreso:

> Yo amo al noble pueblo filipino. Respeto al máximo sus muchas virtudes. Reconozco su bondad, su hospitalidad, su amor por el hogar y las amistades. Admito su valentía como pueblo guerrero y no subestimo para nada sus aspiraciones de convertirse en un pueblo auto-gobernado y en una nación.[9]

En Puerto Rico, las breves alianzas con el *Partido federal* en 1902 y con el *Partido unión* en 1904, no produjeron los frutos que la FLT de Santiago Iglesias esperaba. Existía un descontento general en el liderato obrero por la falta de progreso material y de mejores condiciones de trabajo, además de la sospechosa actitud de sus aliados federales. Como si eso no fuese suficiente grupos de bandoleros, que se vinculaban con el *Partido republicano*, comenzaron a provocar peleas y agresiones contra sus adversarios ideológicos. Tras un nuevo arresto por protestar contra la *New York and Porto Rico Steamship Company*, Iglesias puso al tanto a Samuel Gompers de la situación imperante.[10]

Gompers, por su lado, estaba en proceso de proyectar internacionalmente a la AFL. Como parte del plan, se programaron visitas a México, Cuba y Puerto Rico. En febrero de 1904, procedente de Cuba, Gompers puso pie por vez primera en Puerto Rico. Al llegar el vapor en que viajaba al puerto de San Juan, el líder obrero fue recibido por las autoridades del gobierno insular, los dirigentes de los partidos políticos, Santiago Iglesias y la alta militancia de la FLT, amén de una masa de gente de tez oscura, ojos encendidos y mirada curiosa, vestida de blanco y de pies descalzos.[11]

Acompañado en todo momento por Iglesias y sus correligionarios, Gompers se dedicó a recorrer la Isla completa. Los arrabales, el hambre y la gente tísica lo dejaron espantado. Le complació, por el contrario, las marchas y muestras de homenajes que recibió en San Juan y otras ciudades del País. Iglesias por su parte se ocupó de que esa visita fuese adecuadamente cubierta por la prensa y los fotógrafos. En cada foto que figuraba el dirigente obrero estadounidense, se podía observar la silueta del máximo líder del obrerismo insular vestida de negro impecable y con sombrero.[12] A su llegada a Mayagüez, la comitiva de Gompers recibió una de las bienvenidas más entusiastas. Tras las ceremonias de rigor, Iglesias le presentó a la militancia de la *Unión central obrera* mayagüezana, también conocida como la *Unión obrera federada* de Mayagüez. Era ese grupo quien se había encargado de organizar el recibimiento y entre ellos figuraba Jesús María Balsac.[13]

Jesús María Balsac y Balsac aparenta haber nacido un 24 de junio de 1867.[14] No obstante y conforme al censo poblacional de Puerto Rico que el gobierno de los Estados Unidos condujera en 1910, residía para dicho año en el barrio Salud de Mayagüez y contaba con treinta años de edad, dos menos que su hermana Francisca.[15] Su madre respondía al nombre de Manuela Balsac Jusino de Balsac.[16] La misma fuente denota que Jesús María dominaba el idioma inglés, su oficio o profesión era "cajista",[17] desempeñándose como empleado en una imprenta. Balsac era además autor de varios libros de ensayos que arrojan luz sobre sus ideas de juventud.

Desde su nativo Mayagüez, Balsac se incorporó en las luchas sindicales. De muy joven, aprendió el oficio de la tipografía,[18] lo cual explica tanto su vocación por las letras como su identificación con las clases trabajadoras y su acceso a los medios de comunicación propios de la época. Parece evidente además que Balsac participaba activamente en las luchas del movimiento laboral desde antes de hacer su ingreso formal al sindicalismo organizado en septiembre de 1902. En algún momento durante los años de la administración de Theodore Roosevelt, Balsac visitó los Estados Unidos y Canadá, donde vivió por más de un año entre ambos países.[19] No dominaba entonces el idioma inglés, por lo que un joven de origen canario le sirvió de intérprete.[20] Entre lo que presenció, lo que aparentemente más le impresionó fue el desfile en conmemoración del día del trabajo en Nueva York, para cuya existencia brindó la siguiente explicación:

> El "Labor Day" surgió como una necesidad, como un acto de justicia al que todo lo produce y no puede hacer uso de las mismas cosas que ha creado, debido al sistema social imperonte [sic]; y que servirá para demostrar a los egoístas y enucos [sic] del progreso que no en vano se lucha por las causas humanas.[21]

A lo cual además añadió que,

> [l]a "libertad" nos faltaba, no nos pertenecía; esa era la tristeza que nos embargaba... El hombre libre de otros tiempos, las circunstancias lo convertían en esclavo.[22]

Era pues evidente que Balsac visualizaba la libertad como el fin último de la lucha sindical, una condición que entendió existía en los Estados Unidos pero no en Puerto Rico. Ejemplificando una importante corriente del pensamiento sindical típico de la época, Balsac no ubicaba ese ideal de libertad en los terrenos de la independencia del País, sino en su anexión a la Federación norteamericana. Ello incluía, por supuesto, la integración del movimiento sindical puertorriqueño al estadounidense, esto es, "[q]ueremos que la organización obrera de Puerto Rico tenga pleno reconocimiento, asociándola á las filas del movimiento obrero americano en todas sus fases".[23] Junto con otros – Juan Bautista Rivera, Abraham Peña, Esteban González, José María Miró, Nicolás

Medina y Julio Aybar – Balsac había dedicado sus energías a la prédica socialista, organizando movimientos enfrentados a las autoridades insulares. El radio de acción de la *Unión central obrera* mayagüezana se extendía hasta Ponce en el sur y Arecibo en el norte, donde Balsac y sus compañeros predicaban las virtudes del sindicalismo y propiciaban el uso del paro huelgario como arma de justicia social.[24]

El prestigio y el respeto de Balsac entre las huestes socialistas era bien ganado. En 1900, lo encontramos ya sumergido en los albores del activismo sindical. Para ese año, en unión a otros escritores, publicó el libro Revolución,[25] repleto de ensayos propios y ajenos a favor del activismo laboral y de pensamientos radicales. Contando con un prefacio por Julio Aybar, Balsac fue el autor de dos de esos ensayos, titulados "Ideal obrero" y "¿Quiénes son los burgueses?"[26] En "Ideal obrero", mostró el tipo de expresión militante y combativa que años más tarde le costaría su libertad. Afirmó entonces que "[l]a causa del pueblo, que es la causa de la redención de la humanidad esclava y que hace palpitar los corazones de los obreros libertarios, declara guerra sin cuartel á todos los errores y privilegios e instituciones que sirven de obstáculo al progreso".[27] La guerra que predicaba no era la física, sino "por medio de la palabra hablada o escrita; arma que no mata y sí hiere y convence".[28] Su militancia se extendía ya desde ese momento, a menospreciar los partidos políticos creados por la élite de la época:

> El problema nuestro no es el que defienden los partidos actuales y sí el del trabajador. Por él tenemos que luchar a fin de conseguir el mejoramiento de nuestro hogar, base de la patria de todo trabajador. La patria no es apoderarse de la

> dirección de un país para vivir de él; es algo muy grande, muy hermoso: la comodidad en el hogar, la moralidad en la sociedad, la confraternidad entre los pueblos del globo terráqueo, en una palabra sea dicha: la patria es el universo.[29]

Igualmente evidente en su pensamiento fue la convicción de que la educación de las masas obreras era el camino a seguir para la redención laboral, según lo evidencian los siguientes pasajes de sus ensayos "Ideal obrero" y "¿Quiénes son los burgueses?":

> A buscar luz en los libros que ilustran; á beber en la fuente del saber; ahí tenéis las obras de los Jesús de la época. Tolstoy, el Mesías de hoy, en sus producciones predica la sublime idea de transformar la humanidad en otra que lleve una vida de amor y trabajo.[30]
>
> ***
>
> Es obligación de los obreros consecuentes, despertar la conciencia de sus compañeros menos capacitados y analfabetos a fin de interesarlos en el gran movimiento revolucionario que el proletariado universal lleva avante, sin fijarse en los escollos que a su paso encuentra.[31]

Para el año 1902 la atención de Balsac se concentraba en la *Unión obrera central* de Mayagüez. Su estrecha relación con Santiago Iglesias Pantín puede ya trazarse desde esa época. Entre sus gestiones, figuró la colecta de una derrama de $10.10 ($240 al valor actual) para afiliar la *Unión obrera central* a la AFL.[32] Ese mismo año, Balsac formó parte de una comisión junto con Abraham Peña y Juan Bautista Rivera para "investigar" unas imputaciones que el periódico ponceño *The Porto Rico Eagle* formulara contra Iglesias y Eugenio Sánchez

López.[33] El propósito evidente de la comisión – como cabría esperar de un grupo compuesto por miembros de la élite dirigente del sindicalismo de Mayagüez – era en realidad proteger la figura del liderato máximo de la FLT, muy en especial a Iglesias.

De hecho, la comisión rindió un informe exculpatorio, catalogando de invención las imputaciones del periódico; producto de políticos del área y el revanchismo de la señora Dominica González, quien fuera compañera sentimental de Iglesias. Por su carácter anecdótico y para ejemplificar el papel que en ocasiones desempeñaba Balsac – y la consecuente lealtad en reciprocidad de Iglesias – veamos el siguiente párrafo del informe exculpatorio, en lo que a la señora González concernía:

> La primera, o sea Dominica González, fue la compañera de Santiago Iglesias por espacio de trece o catorce años, y en virtud de la separación que hubo entre los dos, se revuelve contra él y le lanza cuantos insultos le parecen bien, y le denuncia ante la opinión pública, se declara su enemiga, y se dispone a luchar contra él para vengarse del hecho de haberse separado de su lado, para unirse por medio del matrimonio con una mujer más joven; de nuevos encantos para él.[34]

Un examen del testimonio biográfico de Jesús María Balsac revela que ya para la década de 1900 iba escalando posiciones de altura en el liderato sindicalista, al punto de mostrar el tipo de lenguaje confrontacional que eventualmente provocaría la ira de las autoridades coloniales, siempre en defensa de la clase trabajadora que se enfrentaba a lo que el denominada como una *clase poderosa*:

> Representantes de esta clase poderosa son el Estado, la Policía, el Ejército, las Religiones. Todos obedecen a las indicaciones de los dueños de la propiedad, al capital organizado.[35]

Su relación con los gobernadores estadounidenses de la época fue tensa. Así por ejemplo, el 10 de octubre de 1903 junto con sus compañeros Miró, Peña, Medina y Aybar, suscribió una carta que enviaron al gobernador William H. Hunt, en la cual manifestaban su malestar por su gestión al frente de la administración insular. Terminaba la misiva con una admonición a los efectos de que "[t]odo lo cual nos ha convencido de que vuestro Gobierno ha sido fatal y deplorable, y de que la Isla no prosperará mientras no venga aquí otro gobernante más capacitado y lleno de buenos deseos en bien de esta Isla".[36]

Balsac se prestó para colaborar con otros escritores sindicales de la época. El resultado fue el libro Páginas del obrero: colección de artículos escritos para conmemorar el 1º de mayo,[37] un trabajo colectivo en el que Balsac publicó un breve ensayo titulado, precisamente, "¡1° de Mayo!", que dedica a la escritora Paca Escabí de Peña. Allí, Balsac reitera su menosprecio por la clase dirigente del País, a los efectos de que "Puerto Rico, pueblo sufrido, explotado, vejado por una aristocracia estúpida y de acuerdo con un Poder, sino tan tiránico y despótico como algunos de Europa y América, tirano al fin, también se prepara a la conquista de su bienestar económico, político y social".[38] El ensayo denota además el interés de Balsac por los derechos de la mujer, especialmente la obrera.[39] Esta obra también evidencia que era apreciado y admirado por sus compañeros de lucha, al punto de que ya para 1904 figuraba como secretario de lo interior de la *Unión obrera federada* de Mayagüez, al momento de recibir la visita de Samuel Gompers.

En 1906 Balsac publicó su libro *Algo sobre apuntes históricos de la federación libre en el departamento de Mayagüez*.[40] Se trataba de una colección de ensayos y crónicas, que van desde lo anecdótico, pasando por las gestiones sindicales e incluso lo auto-biográfico. El libro cuenta con un prefacio suscrito por Abraham Peña, quien años más tarde sería su abogado ante el Tribunal Supremo de Puerto Rico. Es así como llegamos a Unión y fuerza de 1910, de la autoría exclusiva de Balsac y con abundante información de naturaleza biográfica. Con esa obra se encargó de proclamar el credo y los objetivos del movimiento socialista:

> La Federación Libre y sus uniones, única institución genuinamente obrera, del país, ha ejercido una poderosa influencia, rompiendo el prejuicio de razas, inclinando la opinión hacia la armonía e igualdad de derechos entre las clases sociales. Ha combatido y perseguido el empleo de niños menores, porque así eleva la condición de los futuros trabajadores. Sus protestas han hecho retirar autoridades, jueces y policías injustos y tiranos. Está resistiendo al abuso de algunas cortes en que los jueces se creen emperadores. Ha mantenido la crítica inteligente en contra de los oficiales públicos inmorales. La unión del Trabajo es la escuela de los Obreros, en la cual se aprende a ser hombre de ideas y luchadores en beneficio de su clase y de la humanidad. Por medio de ella el trabajador es considerado y adquiere poco a poco lo que legítimamente le pertenece como factor principal, puede decirse, de los medios de producción.[41]

Ya para el año 1918, su tarjeta de inscripción para el servicio militar lo ubica residiendo en el barrio San Felipe de Arecibo, identificándose como periodista.[42] Allí pasó a ser parte de la alta dirección del *Partido obrero insular* arecibeño y posteriormente, vicepresidente del comité local del recién fundado *Partido socialista* en 1915.[43] Arecibo se había colocado a la vanguardia del movimiento socialista. Su gran población obrera, unida a la ubicación geográfica, habían convertido a la ciudad en el epicentro desde el cual Balsac y los componentes del *Partido obrero insular* laboraban con particular ahínco para lograr las metas político-sindicales que la FLT propulsaba.[44]

En lo concerniente a Samuel Gompers, el no extenderle a los puertorriqueños la ciudadanía estadounidense era la raíz de sus males. Si los Estados Unidos no iban a dejar ir a Puerto Rico, solo el lazo de la ciudadanía podría prevenir el abuso y la desgarradora miseria que había presenciado entre las masas trabajadoras. A su modo de ver, los obreros puertorriqueños no podían seguir en una situación de inferioridad que rayaba en la esclavitud.[45] Impactado por la experiencia, Gompers pronunció un elocuente discurso en el banquete de despedida que la FLT le ofreció el 14 de marzo de 1904:

> Quiero que tengan en cuenta que el pueblo de los Estados Unidos es justo y generoso, quiero que entiendan que el gobierno de los Estados Unidos está basado en los eternos principios de justicia y trato justo entre los hombres. La Declaración de Independencia y la Constitución de los Estados Unidos todavía viven en los corazones y mentes de mis conciudadanos, y pueden estar seguros de que pronto llegará el momento en que ustedes dejarán de ser tratados como hijastros, siendo reconocidos entonces como

> miembros con plenos derechos dentro de la familia de la república americana.[46]

A su regreso a suelo estadounidense, Gompers no perdió tiempo en abogar no solo por la concesión de la ciudadanía a los puertorriqueños, sino también como intimó en su discurso en San Juan, para que Puerto Rico pasara a ser un estado de la Federación. Su relación con Iglesias había quedado fortalecida con la visita a Puerto Rico. En más de una ocasión Gompers le aconsejó que moderara sus acciones, particularmente que no polemizara con el gobernador.[47]

Gompers no podía escapar a la tentación de contemplar la privilegiada localización geográfica de la Isla de Puerto Rico. Una base naval – fuente de empleo para los nativos – era una opción ideal que el líder obrero se encargó de proponer prontamente. No obstante, no podía evitar recelar del estamento militar. Para el, el arbitraje internacional era el camino a seguir, por encima de la guerra. Temía, sobre todo, que se usara el ejército para reprimir los actos huelgarios.[48] Pero sus propuestas tendrían que esperar, tras el surgimiento de una nueva escalada de violencia en Puerto Rico durante la primera gran huelga de 1905. La *Unión central obrera* de Mayagüez, encabezada por Balsac, Juan Bautista Rivera, Abraham Peña y Esteban González se dirigió a Ponce para alimentar la protesta. En junio de ese mismo año Balsac había sido seleccionado secretario de comunicaciones en el tercer congreso de la FLT. Santiago Iglesias fue elegido presidente, Julio Aybar vicepresidente y Abraham Peña, secretario de actas.[49]

En agosto de 1905 y ante la violencia desatada contra los trabajadores en paro, Balsac le cursó una carta al gobernador Hunt, protestando enérgicamente por los atropellos cometidos contra los obreros en huelga en San Juan. La misiva en cuestión fue contestada por A.H. Fragir, secretario del nuevo gobernador Beeckman Winthrop, reprochándole a Balsac el estar defendiendo lo que catalogó como "alborotadores de la paz". A dicha comunicación Balsac respondió afirmando que se refería al pueblo inocente apaleado por la Policía y no a los alborotadores. Aprovechó además la ocasión para señalar que

> [a]sí mismo nuestra protesta alcanza hasta aquellos jefes de la Policía que ordenaron a sus subalternos a hacer el servicio con carabinas y revólveres ostensiblemente, y dando lugar a que se desarrollaran los sucesos que lamentamos, y que el pueblo de los Estados Unidos crea que el de Puerto Rico es turbulento y no está preparado para el Self-Government.[50]

Gompers empezó a recibir informes inquietantes de violencia y represión contra los obreros puertorriqueños.[51] Iglesias y sus seguidores, molestos ante los escasos frutos de la alianza de la FLT con el *Partido unión,* habían decidido confrontar directamente al gobierno con un alzamiento huelgario en las zonas cañeras. La represión del gobernador Winthrop fue severa. Molesto por la información que recibía, Gompers hizo saber su protesta no solo al presidente Roosevelt sino también mediante una carta al propio gobernador:

> De seguro es la esperanza de todos nosotros, que los principios e ideales americanos sean inculcados en las mentes y corazones del pueblo de Puerto Rico, y le expreso que nada se logrará, ni se fomentará ni preservará el afecto por las instituciones y la bandera de nuestro país a menos

> que ellos aprendan por experiencia que los derechos y las garantías americanas significan algo más que meras declaraciones para cada cuatro de julio.[52]

Para Gompers Puerto Rico seguía siendo a la altura de 1905, "una gran fábrica de explotación de mano de obra barata para el beneficio de las grandes corporaciones en los Estados Unidos".[53] El gobernador por su parte justificó sus acciones ante Taft. Escribió que los obreros se estaban dejando influenciar por líderes de mal carácter y tendencias anarquistas más que sindicales. Taft le dio su respaldo al gobernador por vía de una misiva en la cual le felicitaba y le conminaba a tomar aquellas medidas que garantizaran la paz laboral, en pos del progreso y la felicidad del pueblo puertorriqueño.[54]

CRECIMIENTO Y LUCHA

Para el año de 1906 la filial sindical de Arecibo se había constituido en la más militante y mejor organizada del País. Teniéndola en mente, el liderato de la FLT se aprestaba para un nuevo alzamiento huelgario. Cundía entre los trabajadores la noción de que la huelga de 1905 había resultado esencialmente en un fracaso. Esta vez sin embargo, se contaba con mayor experiencia y el entusiasmo de la sucursal arecibeña para la lucha que se avecinaba.[55]

En efecto el año de 1906 vio el nacimiento de otra huelga cañera. Contrario a las expectativas de los organizadores, no se extendió a toda la Isla. Solo la zona norte, muy especialmente Arecibo con 5,000 activistas respondió al llamado de paro.[56] Nuevamente, el gobierno insular actuó con rapidez y eficiencia para reprimir el movimiento. No solo era necesario vigilar el liderato obrero radicado en San Juan sino que además debía mantenerse el ojo puesto en lo que estaba pasando en Arecibo, cuya combatividad y militancia era motivo de preocupación para el ideal de paz laboral.[57]

Mientras, la AFL dio el paso en 1907 a instancias de la FLT para impulsar la concesión a los puertorriqueños de la ciudadanía estadounidense, amén del reconocimiento de derechos al amparo de la Constitución federal, la eliminación del trabajo infantil y la implantación de un gobierno territorial. Los delegados de la FLT, no obstante, no querían un gobierno territorial, argumentando que sería controlado por los patronos.[58] Por otro lado, Samuel Gompers manifestó su oposición a la concesión de la independencia a Puerto Rico por entender que sería un obstáculo a la organización laboral. Reconocía que el independentismo era una tendencia creciente en la Isla desde la fundación del *Partido unión*, por razones que comprendía perfectamente.[59]

Ante la cercanía de las elecciones presidenciales de 1908, Theodore Roosevelt sabía que tenía que seleccionar a su sucesor. Solo dos hombres figuraban en su lista final: el ex-secretario de la guerra Elihu Root y William Howard Taft. El presidente le comunicó a Taft que le respaldaría para la presidencia.[60] Su obtención de la candidatura por el *Partido republicano*, sin embargo, no estaba asegurada. Su antiguo mentor Joseph Foraker – ahora senador por Ohio – se le oponía. Otros – como el propietario de periódicos de Ohio y futuro presidente Warren G. Harding – terminaron apoyándolo.[61] Una vez lograda la nominación por su partido, Taft tuvo entonces que confrontar la oposición de Samuel Gompers, quien no le perdonaba su activismo judicial en pro de la supremacía patronal. Aun así el dirigente de la AFL resolvió acudir a la asamblea del *Partido republicano* para presentar las demandas del sindicalismo. Allí se generaron nuevos roces con Taft por su defensa del principio de la propiedad privada.[62]

Gompers poseía buenas razones para oponerse a una presidencia bajo Taft. No solo el secretario del departamento de la guerra exhibía un claro historial anti-sindical, sino que era decididamente anti-socialista. Una carta privada que en aquella época Taft enviara a un amigo mostraba claramente su postura:

> Yo soy parte del gabinete del presidente Roosevelt. Yo creo fielmente en los postulados que han venido a ser conocidos como las doctrinas Roosevelt. Esas doctrinas, en términos sucintos, consisten en que las garantías constitucionales deben favorecer la vida, la libertad y la propiedad y deben ser sagradamente protegidas; que la garantía con respecto a la propiedad privada sería devaluada por un movimiento hacia el socialismo; que ese movimiento ha ganado fuerza gracias a la ilegal acumulación de riquezas y poder, y gracias a su esfuerzo por suprimir la competencia y centralizar el control financiero en unas pocas manos; que tales métodos son contrarios a la ley y que uno de los ejemplos más comunes de ellos lo es el discrimen por las corporaciones ferroviarias a favor de los grandes intereses que controlan enormes embarques de mercancías; que no fue hasta que el Sr. Roosevelt obtuvo el control, que leyes adoptadas con el fin de minimizar esos problemas del mal uso de la riqueza agregada dejaron de ser letra muerta; que el Sr. Roosevelt tuvo la valentía, la energía y la habilidad de advertir al pueblo sobre la necesidad de hacer cumplir esas leyes, que el agarró a las grandes corporaciones por el cuello, por así

> decirlo, que estuvieron generando ganancias violando la ley, y el ha inspirado temor divino en los corazones de sus directores y puso fin a la noción de que era común y corriente el ignorar la existencia de las leyes de los Estados Unidos.[63]

A pesar de la ventaja que le representaba su puesto como secretario del gabinete, le resultó difícil a Taft lograr finalmente la presidencia. Además de los continuos roces con Theodore Roosevelt por su estilo de hacer campaña, obtuvo la presidencia con menos votos que los logrados por su antecesor. Gompers – aparte de endosar al candidato demócrata William Jennings Bryan – hizo campaña personalmente contra Taft, a quien acusó de anti-obrero. Para el candidato presidencial republicano el antagonismo de Gompers se había convertido en el asunto más importante de la contienda electoral de 1908. Para Gompers, el *Partido republicano* se había convertido en un fracaso.[64]

Mientras tanto, los miembros del gabinete de Roosevelt comenzaron a preocuparse, al enterarse de que no todos gozaban de la confianza del presidente entrante, quien anunció además una inclinación por el nombramiento de abogados corporativos. Al presidente saliente no le agradó la idea de que su protegido comenzara a despedir a funcionarios que tan bien le habían servido.[65] Estos roces ominosos no impidieron que una fría mañana de marzo de 1909 se llevara a cabo la pomposa ceremonia que hizo a William Howard Taft el vigesimoséptimo presidente de los Estados Unidos. El nuevo mandatario aprovechó su discurso inaugural para resaltar las virtudes del régimen sobre Puerto Rico y las Islas Filipinas:

> La admisión de inmigrantes asiáticos que no pueden ser mezclados con nuestra población ha sido el objeto de cláusulas prohibitorias en nuestros tratados y estatutos o en estrictas regulaciones administrativas logradas por negociaciones diplomáticas. Honestamente espero que podamos continuar minimizando los potenciales males dimanantes de esa inmigración sin necesidad de fricciones y mediante mutuas concesiones entre gobiernos que se respeten. Mientras tanto, debemos tomar todas las precauciones para prevenir o, en la alternativa, castigar las muestras de racismo en nuestro pueblo contra los extranjeros de toda nacionalidad que en virtud de un tratado hayan obtenido el derecho a efectuar negocios legales aquí y ser protegidos contra ataques ilegales y violencia.
> El gobierno de nuestras dependencias en Puerto Rico y las Filipinas progresa tan bien como puede ser deseado. La prosperidad de Puerto Rico continúa. Las condiciones económicas en las Filipinas no son todo lo que hubiésemos deseado que fuesen, pero con la aprobación de la nueva tarifa autorizando el libre comercio entre los Estados Unidos y el archipiélago, con aquellas limitaciones en el tabaco y el azúcar que prevengan daños a los intereses domésticos, podemos contar con una mejoría en las condiciones comerciales en las Filipinas y con el desarrollo de un comercio mutuamente beneficioso entre este país y las islas. Mientras tanto, nuestro gobierno en cada dependencia está respetando las tradiciones de libertad civil y el creciente control popular que es de esperarse bajo los auspicios estadounidenses. El trabajo que estamos haciendo allí se convierte en un crédito para nuestra nación.[66]

El ascenso de Taft a la presidencia – como ocurriría años más tarde con la del Tribunal Supremo – supuso el establecimiento de un precedente administrativo al recaer la máxima posición en ambas instancia sobre un hombre que – contrario a sus antecesores – había experimentado un amplio contacto con pueblos que eran cultural y racialmente distintos al suyo. Los años como procónsul y secretario del departamento de la guerra lo habían llevado a visitar regiones del planeta de las cuales sus antecesores solo leyeron o escucharon hablar.[67]

Cumpliendo lo prometido en su mensaje inaugural, el presidente logró la aprobación de una ley de libre comercio con las Filipinas. En 1909, sometió un proyecto al Congreso para la aceptación de Nuevo México y Arizona como estados. Durante su mandato, además nombró seis jueces al Tribunal Supremo – más que ningún presidente.[68] "Esa corte es la principal salvaguarda de las instituciones de libertad civil creadas por la Constitución" – afirmó.[69] No se le escapaba la ironía de nombrar durante su mandato a un nuevo juez presidente. "No existe nada que hubiese ambicionado más que ser juez presidente del Tribunal Supremo de los Estados Unidos", solía comentar a sus allegados.[70]

El año de 1909 trajo al nuevo presidente noticias de pugnas entre el gobernador de Puerto Rico y la Cámara de Delegados insular. Un tranque entre ambos poderes condujo a la cámara a no aprobar el presupuesto para operar el gobierno territorial.[71] Taft accedió a recibir una delegación del *Partido unión* de Puerto Rico para escuchar sus argumentos. No obstante, la continuidad de la polémica colmó su paciencia, por lo cual instruyó al Congreso a aprobar una enmienda a la ley Foraker de 1900 para que automáticamente entrara en vigor el presupuesto del año anterior, cuando la Cámara de Delegados se negase a aprobar el propuesto por el gobernador.[72]

En un memorial dirigido a los congresistas el presidente hizo saber su frustración por el incidente y afirmó que era evidente que los puertorriqueños olvidaban la generosidad de los Estados Unidos. Expresó también que se habían apresurado demasiado para su propio bien, al reconocerles poderes políticos a los puertorriqueños, por lo que la facultad de aprobar presupuestos debía ser restringida a quienes probaban ser demasiado irresponsables para disfrutarlo. Taft exigió además expresamente que Puerto Rico quedara en lo subsiguiente bajo la tutela del negociado de asuntos insulares del departamento de la guerra, del cual había sido secretario.[73]

Este episodio parece haber resultado lo suficientemente embarazoso como para motivar a Taft a ignorar a Puerto Rico en su primer mensaje del estado de la Unión de 1909. Al año siguiente sin embargo, consideró que las cosas habían mejorado como para acreditarse los progresos que su administración alcanzó. Pero no estaba dispuesto a reconocerle a los puertorriqueños un mayor grado de auto-gobierno sino todo lo contrario:

> Este año ha sido de prosperidad y progreso en Puerto Rico. Ciertos cambios políticos fueron incluidos en el proyecto de ley "Para proveer un gobierno civil a Puerto Rico y para otros fines", que aprobó la Cámara de Representantes el 15 de junio de 1910 en la última sesión del Congreso, y ahora espera por la acción del Senado.
> La disposición en el proyecto de ley para un senado parcialmente elegido, y el aumento progresivo del número de sus miembros electos, es de dudosa sabiduría, y la composición del Senado según contemplada en el proyecto cuando fue presentado por la Cámara, parece ser mejor para atender las condiciones existentes en Puerto Rico. Esta es

> una medida importante, y recomiendo su pronta consideración y aprobación.[74]

EXHUBERANTES TONALIDADES DE LA EXPRESIÓN MERIDIONAL

El abogado estadounidense N. B. K. Pettingill llegó a Puerto Rico poco después de la invasión, tras haber trabajado por años en el área criminal en el estado de Florida. Como parte de su mudanza, Pettingill se agenció un nombramiento de fiscal de los Estados Unidos, pagado con fondos del Pueblo de Puerto Rico. Dicha designación no le impedía continuar representando a clientes privados en casos civiles de partición de herencia, cancelaciones de hipotecas y reclamaciones de compensación por accidentes laborales.[75] Denotando su indignación con este tipo de arreglo, en 1910 el doctor Manuel Zeno Gandía comenzó a publicar una serie de editoriales en *La correspondencia de Puerto Rico*, en los cuales acusaba a Pettingill de inmoralidad pública:

> No sabemos si lo que este Sr. Pettingill hace es legal o no conforme a las leyes de los Estados Unidos. Pero si lo es, no debería serlo. Lo que este personaje hace, demandar al gobierno de la Isla mientras percibe un salario "federal" que esta misma Isla sufraga, es una monstruosa y repulsiva inmoralidad. Es un escándalo que refleja a la perfección la clase de gobierno que los Estados Unidos ha creado sobre nosotros. Individuos de la calaña de ese señor no merecen ejercer la honrosa profesión de abogado en nuestra Isla, mucho menos percibir un salario que es el fruto del sudor de los igualmente honrosos trabajadores de esta misma Isla.[76]

Las críticas de Zeno Gandía irritaron sobremanera al abogado, quien le remitió un telegrama a Luis Muñoz Rivera advirtiéndole que si no paraba este asunto lo demandaría a el, a su periódico y al autor de los artículos.[77] Zeno Gandía no cesó de escribir y Pettingill terminó cumpliendo su amenaza. Presentó una demanda ante la corte federal contra Zeno Gandía, imputándole daños a su reputación. El juez federal falló a su favor y condenó al médico a satisfacer una compensación. Inconforme, Zeno Gandía elevó el asunto ante el Tribunal Supremo de los Estados Unidos.

El caso fue referido al juez asociado Oliver Wendell Holmes. Un 9 de enero de 1912 en su opinión para el Tribunal expresó lo siguiente:

> Los alegados libelos consisten en una serie de artículos publicados en el diario puertorriqueño La correspondencia. Estos artículos afirmaban que el demandante, Pettingill, siendo un abogado de los Estados Unidos para Puerto Rico, ejercía también una práctica privada, e incluso actuó como abogado en representación de personas que demandaban al gobierno de Puerto Rico. Parece ser que, si el demandante hubiese sido un oficial del gobierno local, habría tenido por prohibida esa práctica por la ley local, y los artículos expresan la noción de que si esa práctica no fuera prohibida por las leyes de los Estados Unidos, debería serlo, especialmente cuando la Isla es la que paga el salario del abogado. La conducta del Sr. Pettingill es descrita en estos extremos como una monstruosa inmoralidad, un escándalo, etcétera, etcétera.
>
> Pettingill era un funcionario público cuyo curso de acción en relación con su oficina es de serio interés para los ciudadanos de Puerto Rico, y cualquier cosa relacionada con esa acción era un asunto legítimamente sujeto a expresiones y comentarios.

> No podemos percibir cómo, reconociéndole espacio razonable a *las un tanto más exuberantes tonalidades de la expresión meridional,* pueda decirse como cuestión de Derecho que los comentarios se pasaron de la raya. Pero lo que realmente perjudicó al demandante Pettingill no fueron los comentarios, sino los hechos. Los testigos del demandante declararon que el pueblo de Puerto Rico consideraba inmorales los actos imputados, y el estatuto referido demuestra que tal era su concepción del deber público. Era por ende particularmente necesario instruir al Jurado que en lo que concierne a la publicación de hechos censurados por la comunidad, el demandante no puede recobrar, sin importar cuán técnicamente legal su conducta pueda haber sido. Se revoca la sentencia.[78]

Ese mismo año en el mes de mayo el Congreso estaba considerando la otorgación de la ciudadanía estadounidense a los puertorriqueños. Henry Stimson, secretario de la guerra, abogó a favor ante el Senado, por motivos estrictamente sentimentales:

> Ellos han considerado desde el principio que nuestra relación será una permanente, y por ello se han concentrado en este aspecto en particular, su deseo por la ciudadanía y el hecho de que no se la hemos concedido, como *la marca de inferioridad que una nación puede imponer sobre otra.* En otras palabras, mientras que *resulta difícil señalar con el dedo algún cambio práctico que la concesión de la ciudadanía pueda conllevar en la relación con este país,* en términos sentimentales es de vital importancia para remover lo que se ha convertido en una profunda fuente de irritación.[79]

En efecto, la postura oficial de la administración Taft consistía en que la concesión de la ciudadanía no alteraba de manera alguna la relación de los Estados Unidos con Puerto Rico. Se trata más bien de un mecanismo para calmar la "irritación" por el sentimiento de inferioridad que se le atribuía a los puertorriqueños en aquel entonces. Por su parte, Samuel Gompers hizo claras las razones por las cuales la AFL – y el en lo personal – endosaban la ciudadanía estadounidense:

> Hemos desarrollado un gran interés por su gente. Debo decir que aparte de la gente de mi propio país no creo que exista otra gente en la faz del planeta por la cual yo sienta un mayor cariño y deseo de ayudar que el que siento por la gente de Puerto Rico. Y lo siguiente es un hecho: pregúntenle a cualquier oficial del gobierno federal actual o de pasadas administraciones y todos les atestiguarán de que no existe un factor más importante en Puerto Rico a favor de la americanización de los sentimientos de la gente de Puerto Rico que la AFL y el movimiento obrero organizado en la Isla.[80]
>
> [L]a AFL aprobó en su asamblea de 1900 una resolución unánime urgiendo a nuestro gobierno a concederle la ciudadanía a la gente de Puerto Rico. En cada convención anual de nuestra federación a partir de entonces no solo se ha reiterado esa demanda de manera enfática, sino que además se ha efectuado con energía, y actualmente continúa haciéndose, una campaña para lograrlo.[81]

Para aquellos días Santiago Iglesias aparentemente todavía no dominaba muy bien el idioma inglés por lo que se abstuvo de deponer en persona. Afirmó por escrito lo siguiente:

> Los trabajadores de Puerto Rico desean la americanización de la Isla. Desean que el trabajo sea considerado como algo

> honorable. Desean que se realce el trabajo permitiéndole que sea partícipe en un grado más amplio de las ventajas materiales obtenidas con la conexión americana. Aprovechará muy poco al sindicalismo en Puerto Rico, a menos de que de manera gradual obtenga de su conexión americana el mismo tratamiento que se le brinda a los trabajadores en los Estados Unidos. Creemos que la concesión de la ciudadanía americana al Pueblo de Puerto Rico colocará al obrero y al artesano en una mejor posición de progresar ante la introducción de las instituciones americanas. Esta ciudadanía será de por sí una fuente de orgullo para todo obrero en Puerto Rico. Marcará un peldaño adicional de alejamiento de la época en que el obrero en Puerto Rico era poco más que un sirviente.[82]

A pesar del endoso del secretario Stimson, había otra expresión favorable que Iglesias no había podido obtener con antelación a las vistas congresionales de 1912: la del presidente William Howard Taft. Ello motivó a Iglesias a escribirle al presidente el 5 de abril de 1912 para inquirirle al respecto. La respuesta del primer mandatario se produjo el 15 de abril siguiente y fue anejada a la ponencia de Iglesias ante el Senado:

> Estoy a favor de concederle la ciudadanía americana al Pueblo de Puerto Rico. La conexión entre Puerto Rico y los Estados Unidos se ha considerado, desde sus inicios, como una permanente. Puerto Rico vino hacia nosotros con buena voluntad tanto por parte del Pueblo puertorriqueño como del americano, y creo que *tanto en términos sentimentales como de justicia práctica los puertorriqueños deben hacerse ciudadanos*. Al mismo tiempo, pienso que nuestro deber

> hacia la Isla será mejor cumplido, y *los intereses de Puerto Rico mejor servidos, con permitirle la más amplia oportunidad para el desarrollo de sus costumbres y tradiciones locales, que son tan distintas a las nuestras.*
> Esto significa que tan pronto como el instinto y la costumbre de auto-gobierno sea adquirida por la mayoría de la población, pero no antes, la más amplia medida posible de gobierno local y fiscal debería ser otorgada. Se trata de un signo alentador del comprendimiento de lo que debería ser la aspiración política más adecuada para la Isla, además de un reconocimiento de la opinión pública de los Estados Unidos de que *no existe en la mente de ninguno de los dos pueblos la noción de que la concesión de la ciudadanía está asociada de cualquier manera con la estadidad.*[83]

La comunicación de Taft era un mensaje aún más explícito que el del secretario Stimson en el sentido de que el otorgamiento de la ciudadanía carecía de trascendencia, para fines de la relación entre los dos países. Taft resaltó las diferencias culturales entre estadounidenses y puertorriqueños, mismas que deberían fomentarse.

La ponencia de Iglesias incluyó además un folleto de la FLT denunciando lo que la organización llamó la "tiranía" de la Cámara de Delegados de Puerto Rico, entonces controlada por el *Partido unión*. Su importancia estriba en que nos permite ubicar a dos de sus actores principales: a Esteban Padilla como uno de los vice-presidentes de la entidad y representante de las uniones de Arecibo; y a "José Ma Balzac" como representante de las uniones de Mayagüez.[84]

DERRUMBE Y REAFIRMACIÓN

El remanente de la presidencia de Taft transcurrió de la mano de asuntos internacionales y militares. Utilizó el ejército para combatir en Tejas las incursiones mexicanas, apoyó el fortalecimiento de la marina de guerra y le dio impulso a la tarea de completar el canal de Panamá.[85] Utilizó además los foros a su disposición para promover el arbitraje como vehículo para resolver los conflictos entre naciones y prevenir la guerra sin importar las circunstancias. Así lo reflejaron sus escritos de la época:

> Personalmente, no veo razón alguna para que asuntos sobre el honor nacional no deban ser referidos a un tribunal, como los asuntos de propiedad o los asuntos de soberanía nacional. Sé que esto es más radical de lo que la mayoría de los hombres están dispuestos a llegar, pero entre hombres, tenemos que someter nuestras diferencias aun si involucran el honor, ahora, si respetamos la ley, ante el Tribunal, o dejar que permanezcan sin decidirse. No veo por qué asuntos de honor no pueden ser sometidos ante un tribunal supuestamente compuesto por hombres de honor que entienden de asuntos de honor nacional. Si podemos ahora negociar y formular un acuerdo con alguna gran nación para someter a la adjudicación de un tribunal de arbitraje internacional cualquier asunto que no pueda ser resuelto mediante negociaciones, sin importar qué involucre, sea honor, territorio o dinero, debemos haber dado un paso adelante, el establecimiento de un tribunal general de arbitraje para todas las naciones ya no es el mero destello de un cerebro de un entusiasta soñador.[86]

Lo que no lograba mejoría en la administración Taft era la relación con el sector laboral. Su punto de vista respecto a los derechos del trabajador versus el patrono seguía siendo estrictamente legalista. El liderato obrero llamaba a Taft su enemigo, mientras que el presidente no perdía oportunidad de expresarse con respecto a Samuel Gompers en términos sarcásticos.[87] Taft tampoco desperdiciaba la ocasión de exponer su antipatía por la legislación laboral en su correspondencia a amistades y conocidos:

> El obrero y el sindicalista, si los entiendo correctamente, solo piden igualdad frente a la ley. Legislación de clases y privilegios discriminatorios, aunque creados en su beneficio, al final no les beneficiarán a ellos ni a la sociedad.[88]

En el entretanto, fricciones internas en el gabinete produjeron al presidente una creciente enemistad con Theodore Roosevelt.[89] De entre los numerosos roces con su antecesor quizás ninguno fue peor que la aseveración en un escrito del procurador general federal de que, siendo presidente Roosevelt, había sido tomado por tonto por un litigante contra el gobierno. La difusión pública de ese comentario hecho por un mero subalterno significó una humillación pública para Roosevelt y abonó el terreno para la eventual derrota electoral de Taft en noviembre de 1912.[90] Así, el invierno de ese año encontró al presidente saliente Taft en la tarea de redactar lo que sería su último discurso sobre el estado de la Unión. El 3 de diciembre de 1912, Taft endosó la concesión de la ciudadanía estadounidense a los puertorriqueños en los mismos términos que ya en abril de ese año le había adelantado a Iglesias:

> El fracaso hasta ahora de conceder la ciudadanía americana continúa siendo la única fuente de insatisfacción. El proyecto de ley que confirió la ciudadanía ha pasado por la Cámara de

> Representantes y ahora espera por la acción del Senado. Estoy de corazón a favor de la aprobación de la medida. Pienso que la demanda por la ciudadanía es justa, y que es ampliamente merecida por la constante lealtad de parte de los habitantes de la Isla. Pero debe recordarse que la demanda debe ser, y en la mente de la mayoría de los puertorriqueños lo está, absolutamente divorciada de cualquier idea de estadidad. Creo que no existe una opinión pública sustancial en los Estados Unidos ni en Puerto Rico que considere favorablemente la estadidad para la Isla como la forma definitiva de relación entre nosotros. Considero que la meta a alcanzarse es la más ampliamente posible autorización de auto-gobierno legal y fiscal, con la ciudadanía americana como lazo entre nosotros; en otras palabras, una relación análoga a la existente entre la Gran Bretaña y sus colonias auto-gobernadas tales como Canadá y Australia. Esto conduciría al más completo y auto-sostenido desarrollo de Puerto Rico, mientras que al mismo tiempo ello le brindaría los beneficios económicos y políticos de estar bajo la bandera americana.[91]

En las elecciones de 1912 el pueblo estadounidense eligió al primer presidente demócrata del siglo, Woodrow Wilson. Para Taft desalojar la Casa Blanca representaba de cierta manera, un alivio. El carácter contencioso de ese puesto nunca le apeteció, como tampoco la litigación. El se sabía un abogado de pocos recursos intelectuales y energías que, para colmo, hacía años que no postulaba ante los tribunales. Ser un abogado más tras haber detentado por años la cima del poder, no era una perspectiva idílica.[92] Pero Taft necesitaba trabajar. Prácticamente toda su vida productiva había dependido del desempeño de puestos de gobierno, más alguna que otra asistencia monetaria de sus hermanos. Contrario a Joseph

Foraker, Taft no interesaba llevar una práctica corporativa. Pensó en regresar a su nativa Cincinnati sin un proyecto fijo.[93]

Para su fortuna, el ahora ex-mandatario descubrió que su condición como tal podía aún significarle pingües beneficios monetarios y una salida dignificante de la vida pública. Durante una actividad académica en la Universidad de Yale, el presidente de la institución se le acercó para ofrecerle que dictara un curso de derecho constitucional y gubernamental. Taft aceptó la oferta. Su asistente y secretario se encargó además de negociar charlas y conferencias solicitadas por diversas instituciones, por las cuales recibía honorarios entre $150 y $1,000 (entre $3,600 y $24,000, respectivamente, al valor actual) por presentación. Raras veces ofreció una actividad gratuita.[94]

Como todo un ex-presidente, sin embargo, Taft no podía desligarse totalmente de la vida pública. Motivado por personeros del *Partido republicano* llegó a considerar postularse para un escaño en la Cámara de Representantes federal, cosa que no le tomó mucho tiempo descartar. Aun así mantenía un ojo puesto en la administración de Woodrow Wilson y el otro en la lenta decadencia de Theodore Roosevelt.[95] Su formación social le llevaría a criticar severamente al profesor Charles A. Beard de la Universidad de Columbia, quien acababa de publicar un trabajo en el cual analizaba el estado social y financiero de los redactores de la Constitución estadounidense. "¿Estaría Beard más satisfecho si ese inmortal instrumento hubiese sido redactado por cadáveres, demagogos, rabiosos desposeídos y representantes del lúmpen de la población?", llegó a plantear públicamente.[96]

En 1913 la *Asociación americana de abogados* honró a Taft con su elección para presidir el organismo.[97] Ese mismo año, en el mes de noviembre, pronunció un discurso titulado "El signo de los tiempos", ante el *Club de manufactureros eléctricos* en Virginia. Allí sostuvo que debían explorarse las razones de las confusas y caóticas condiciones sociales y políticas que vivía el País. Sostuvo, además, que era necesario admitir los excesos del pasado: la avaricia corporativa, la necesidad de legislación de protección social y el viacrucis del trabajador que lucha contra el patrono poderoso sin la ayuda de una unión; males que a su entender habían sido superados. "Los signos de los tiempos apuntan" – concluyó el ex-presidente en su alocución – "a que la gente no se da cuenta de sus bendiciones y quiere pedir más y más del gobierno, hasta alcanzar el socialismo".[98]

Un punto focal de las críticas del republicano Taft al presidente demócrata Wilson lo sería el haberle entregado su administración a Samuel Gompers, según sostenía en la correspondencia con familiares y amistades:

> El gobierno se ha entregado a Gompers. No sé si tenemos derecho a quejarnos, porque los demócratas han hecho saber su interés en las uniones como una clase favorecida, y estamos recibiendo una dosis de lo que una victoria demócrata lógicamente implica.[99]

Tras largos años de administración republicana, Gompers procuró recoger los frutos de su apoyo a la administración del demócrata Woodrow Wilson. Su siempre hostil relación con William Howard Taft había empeorado desde que este último actuara como secretario del departamento de la guerra en la administración Roosevelt. Para aquella época, Gompers procuraba consolidar su liderato en el sindicalismo, a la vez que forzaba los reclamos de los trabajadores ante las tres ramas de gobierno. Fue en los últimos años del gobierno de Roosevelt que Gompers decidió acrecentar la pugna con el sector empresarial, litigando incesantemente contra la empresa *Buck's Stove & Range Company.*[100]

Las pugnas judiciales contra esa compañía habían recibido amplia cobertura por la prensa estadounidense, dado que el liderato sindical pretendía expandir los derechos de libertad de expresión en favor de los trabajadores y porque en dos ocasiones Gompers fue condenado por desacato a un año de cárcel; sentencias que fueron revocadas.[101] Además, el liderato sindical tenía por objetivo la eliminación del interdicto como mecanismo para reprimir los movimientos huelgarios. Para defender a Gompers, se contrataron los servicios del conocido abogado Alton Parker. Este último, quien fue el candidato presidencial del *Partido demócrata* y derrotado por Theodore Roosevelt en las elecciones de 1904, además había sido presidente de la *Asociación americana de abogados* y juez en el estado de Nueva York.[102] Junto a Parker, Gompers fue representado además por Jackson H. Ralston, en lo que se convirtió en toda una odisea judicial que comenzó en 1907 y terminó en 1911 en el Tribunal Supremo de los Estados Unidos.[103]

Al igual que la FLT en Puerto Rico, la AFL hacía énfasis en las colectas entre sus miembros para sufragar los gastos legales. Así por ejemplo, en su edición de 2 de febrero de 1909 el periódico *The Sacramento Union* reportó que durante una reunión de uniones obreras se efectuó una colecta de $10 (equivalente a unos $250 al valor actual), para auxiliar a

Gompers en una acción legal en su contra. Uno de los asistentes en esa gestión respondía al nombre de John I. Nolan, quien participó en la actividad en calidad de agente de negocios y legislativo de la *Unión 164* de San Francisco.[104] Más adelante en el transcurso de este trabajo, volveremos a saber de el. Baste ahora anunciar que para julio de 1912 Nolan, para entonces secretario del concilio laboral de San Francisco, lanzó su candidatura a congresista federal por el 5° distrito de California, siendo respaldado por la mayoría de la militancia obreras más prominente de esa ciudad. La prensa lo describía para aquel entonces como republicano y progresista.[105]

En medio de toda esta pugna que involucraba tanto a la rama legislativa federal como a la judicial, el entonces secretario Taft acusó al liderato obrero de pretender erigirse en una clase privilegiada. Gompers, por su parte, habría de responderle que lo que el sindicalismo pretendía era devolverle a los trabajadores los derechos de protesta y libertad de expresión que las cortes les habían negado por años. Esta pugna se recrudeció en la campaña electoral de 1908.[107]

Por otro lado, Gompers y Ralston se conocían desde los tiempos de la *Liga anti-imperialista*. A ambos los unía, aparte de su coincidencia en esa entidad, su creencia en el creciente desarrollo del Derecho internacional, el arbitraje como forma de resolver disputas y las luchas laborales. A raíz del repentino cese de la representación del gobierno de las Filipinas, la firma legal de Ralston & Siddons había llevado un par de casos que involucraban la relación entre el gobierno federal y las reservas indígenas.[108] El distinguido abogado también adquirió renombre actuando como árbitro en disputas internacionales que comprometían a los gobiernos de Venezuela, Perú y el Reino Unido.[109] Al momento de ser contactado por Gompers, Ralston acababa de obtener una importante victoria ante el Tribunal Supremo, representando al nuevo estado de Oregón en *Pacific States Telephone vs. Oregon*. Su postura prevaleció de que la responsabilidad de determinar cuándo un estado de la Unión ha cesado de tener un sistema republicano de gobierno le correspondía al Congreso y no a los tribunales.[110]

Fresco de esa victoria, Ralston representó a Gompers contra una solicitud de desacato de la *Buck's Stove & Range Company*. El caso se extendió por varios años y llegó al Tribunal Supremo,[111] prevaleciendo Gompers en 1914.[112] Los jueces asociados Van Devanter y Pitney – ambos nombrados por el ex-presidente Taft – disintieron. Resuelto definitivamente el asunto legal Gompers decidió que 1914 era un año propicio para comprobar la situación laboral en Puerto Rico.

La segunda visita de Gompers le permitió verificar lo que Santiago Iglesias y otros le habían adelantado. La situación de miseria en general y en el campo laboral en particular, no había cambiado. En cierta medida, percibía un empeoramiento.[113] La fanfarria que se suscitó en su primera visita, sin embargo, no estuvo presente esta vez. Solo Santiago Iglesias, la plana mayor de la FLT, un representante del nuevo gobernador Arthur Yager – nombrado por el presidente Wilson – y un puñado de curiosos dijeron presente en esta ocasión. A invitación de Yager, Gompers accedió a visitar La Fortaleza.[114] Seducido por la posibilidad de un futuro en la política, Arthur Yager había cesado en la presidencia de Georgetown College para asumir en 1913 la gobernación de la Isla.[115] La presencia de Samuel Gompers persuadió a Yaeger a invitarlo a La Fortaleza aunque estuviese acompañado por Iglesias y el resto del liderato obrero, tanto continental como insular.[116] Pero la cordialidad de la visita no sería duradera.

REFERENCIAS

1 Unión y fuerza (Mayagüez, Puerto Rico: Tipografía Gente Nueva, 1910) 8.

2 Pringle, The Life and Times of William Howard Taft, 268-270.

3 Pringle, The Life and Times of William Howard Taft, 310.

4 Pringle, The Life and Times of William Howard Taft, 310; Duffy, William Howard Taft, 193; Ralph Eldin Minger, "William H. Taft and the United States Intervention in Cuba in 1906", 41 *The Hispanic American Historical Review*, No. 1, 75 (February 1961).

5 Pringle, The Life and Times of William Howard Taft, 291.

6 Pringle, The Life and Times of William Howard Taft, 291; Duffy, William Howard Taft, 197-198.

7 Pringle, The Life and Times of William Howard Taft, 295, 297, 298-304.

8 Pringle, The Life and Times of William Howard Taft, 291-292.

9 Pringle, The Life and Times of William Howard Taft, 295.

10 Bedford, "Samuel Gompers and the Caribbean", 16.

11 Mandel, Samuel Gompers, 209-210; Bedford "Samuel Gompers and the Caribbean", 8.

12 Bedford, "Samuel Gompers and the Caribbean", 8, 12.

13 Balsac, Algo sobre apuntes históricos, 39-40.

14 Tarjeta de inscripción #3491, registrada 26 de octubre de 1918.

15 Censo Decimotercero de los Estados Unidos: 1910, distrito de enumeración #429, hoja #12. Aunque en ese censo se le identifica como nacido en 1880, otros documentos posteriores aclaran que en realidad nació en junio de 1876. Luego, para el censo de 1910 contaría con treintaicuatro años de edad, en lugar de treinta.

16 Aunque el censo identifica a Manuela Balsac Jusino como jefe de familia y a Francisca y Jesús María como hijos, también se informa que ella tenía en aquel entonces 75 años, lo cual significaría- de ser correcto ese dato -que Manuela Balsac tuvo a sus hijos Francisca y Jesús María a los 43 y 45 años respectivamente, eventualidad que se nos antoja poco probable para aquella época.

17 Conforme al *Diccionario de la Lengua Española*, edición en línea, un cajista es un "[o]ficial de imprenta que, juntando y ordenando las letras, compone lo que se ha de imprimir".

18 Jesús María Balsac, Unión y fuerza (Mayagüez, Puerto Rico: Tipografía Gente Nueva, 1910) 8.

19 Balsac, Unión y fuerza, 15-17.

20 Balsac, Unión y fuerza, 16.

21 Balsac, Unión y fuerza, 26.

22 Balsac, Unión y fuerza, 16.

23 Balsac, Unión y fuerza, 70.

24 Balsac, Algo sobre apuntes históricos de la Federación Libre en el departamento de Mayagüez (Mayagüez, Puerto Rico: Imprenta Montalvo, 1906 44-45.

25 Publicado aparentemente en Mayagüez. El ejemplar que tuvimos la oportunidad de examinar no cuenta con señas de fecha, casa editorial, ni lugar de publicación.

26 Balsac, Revolución, 1 y 35, respectivamente.

27 Balsac, Revolución, 1. Se procurará en las citas respetar la usanza idiomática de la época, incluyendo la acentuación de monosílabos.

28 Balsac, Revolución, 8.

29 Balsac, Revolución, 16.

30 Balsac, Revolución, 17.

31 Balsac, Revolución, 35.

32 Balsac, Algo sobre apuntes históricos de la Federación Libre, 6.

33 Balsac, Algo sobre apuntes históricos de la Federación Libre, 7.

34 Balsac, Algo sobre apuntes históricos de la Federación Libre, 9.

35 Balsac, Algo sobre apuntes históricos de la Federación Libre, 57.

36 Balsac, Algo sobre apuntes históricos de la Federación Libre, 52-53.

37 Jesús María Balsac, Páginas del obrero: colección de artículos escritos para conmemorar el 1o de mayo (Mayagüez, Puerto Rico: Imprenta La protesta, 1904.

38 Balsac, Páginas del obrero, 34-35.

39 Eileen J. Suárez Findlay, Imposing Decency: The Politics of Sexuality and Race in Puerto Rico, 1870-1920 (Durham, EE.UU: Duke University Press, 1999 268. Véanse además las expresiones de Balsac en Unión y fuerza, infra, 20, 32-36, sobre el papel de la mujer, en especial en las luchas sindicales italianas, donde "[l]a más gloriosa historia del socialismo italiano se registra desde que las mujeres ocuparon el centro de acción".

40 Balsac, Algo sobre apuntes históricos de la Federación libre en el Departamento de Mayagüez (Mayagüez, Puerto Rico: Imprenta Montalvo,

1906).

41 Balsac, Unión y fuerza, 41-46.

42 Tarjeta de inscripción #3491, registrada 26 de octubre de 1918.

43 "Pro J. M. Balsac", *Unión obrera*, 9 de mayo de 1918, p. 1.

44 "La huelga en Arecibo", La correspondencia de Puerto Rico, 17 de abril de 1918, p. 3; Silén, Apuntes para la historia, 71-72.

45 Bedford, "Samuel Gompers and the Caribbean", 18.

46 Mandel, Samuel Gompers, 210.

47 Mandel, Samuel Gompers, 210-211.

48 Mandel, Samuel Gompers, 211-212.

49 Balsac, Algo sobre apuntes históricos, 37, 39-40, 44-45, 46.

50 Balsac, Algo sobre apuntes históricos, 52-55.

51 Mandel, Samuel Gompers, 211.

52 Mandel, Samuel Gompers, 211-212.

53 Mandel, Samuel Gompers, 212.

54 Bedford, "Samuel Gompers and the Caribbean", 19-20.

55 García & Quintero Rivera, Desafío y solidaridad, 54.

56 Bedford, "Samuel Gompers and the Caribbean", 22.

57 García & Quintero Rivera, Desafío y solidaridad, 47-48.

58 Mandel, Samuel Gompers, 334.

59 Mandel, Samuel Gompers, 334.

60 Duffy, William Howard Taft, 203.

61 Duffy, William Howard Taft, 205.

62 Duffy, William Howard Taft, 215; Mandel, Samuel Gompers, 291. Pringle,

63 The Life and Times of William Howard Taft, 339.

64 Pringle, The Life and Times of William Howard Taft, 357-360; García & Quintero Rivera, Desafío y solidaridad, 57; Mandel, Samuel Gompers, 292, 296; Gompers, Seventy Years of Life and Labor, 177.

65 Pringle, The Life and Times of William Howard Taft, 381-382, 387; Burton, Holmes, and the 1920s Court, 80-81.

66 Documento en línea, William Howard Taft, "Inaugural Address, Thursday, March 4, 1909", http://www.bartleby.com/124/pres43.html, accedido el 3

de diciembre de 2006.

67 Burton, Holmes, and the 1920s Court, 83.

68 Duffy, William Howard Taft, 241, 252, 267.

69 Duffy, William Howard Taft, 267.

70 Pringle, The Life and Times of William Howard Taft, 535.

71 "Resolución aprobada por la Junta Central del Partido Unión de Puerto Rico el 12 de enero de 1909", en Reece B. Bothwell González, Puerto Rico: cien años de lucha política (Río Piedras, Puerto Rico: Ed. U.P.R., 1979) 300.

72 José Trías Monge, Puerto Rico: The Trials of the Oldest Colony in the World (New Haven, EE.UU: Yale University Press, 1997) 63; Truman R. Calrk, "President Taft and the Puerto Rican Appropriation Crisis of 1909", 26 The Americas, No. 2, 152-170 (October, 1969).

73 Trías Monge, Puerto Rico, 63; Clark, "President Taft", 152-170. Documento

74 en línea, William Howard Taft, "Second Annual Message December 6, 1910", http://www.presidency.ucsb.edu/ws/index.php?pid=29551, accedido el 3 de diciembre de 2006.

75 *García vs. The State of Florida*, 34 Fla. 311 (1894); *De Rodríguez vs. Vivoni*, 201 U.S. 371 (1906); *Gandia vs. Pettingill*, 222 U.S. 452 (1912); Cuebas & Arredondo vs. Cuebas & *Arredondo*, 223 U.S. 376 (1912); *American R. Co. of Porto Rico vs. Didricksen*, 227 U.S. 145 (1913).

76 *Gandía vs. Pettingill*, 222 U.S. 452 (1912).

77 *Gandía vs. Pettingill.*

78 *Gandía vs. Pettingill* (énfasis suplido).

79 Hearing Before The Committee On Pacific Islands And Porto Rico, US Senate (Sixty-Second Congress, Second Session), 4 (énfasis suplido). Se agradece al señor Manuel "Lin" Iglesias por facilitar acceso a esta documentación y a otra relativa a este mismo tópico.

80 Hearing Before The Committee On Pacific Islands And Porto Rico, US Senate (Sixty-Second Congress, Second Session), 19.

81 Hearing Before The Committee On Pacific Islands And Porto Rico, US Senate (Sixty-Second Congress, Second Session), 21.

82 Hearing Before The Committee On Pacific Islands And Porto Rico, US Senate (Sixty-Second Congress, Second Session), 22.

83 Hearing Before The Committee On Pacific Islands And Porto Rico, US Senate (Sixty-Second Congress, Second Session), 25-26 (énfasis suplido).

84 Hearing Before The Committee On Pacific Islands And Porto Rico, US Senate (Sixty-Second Congress, Second Session), 11-12.

85 Duffy, William Howard Taft, 305; Pringle, The Life and Times of William Howard Taft, 526.

86 Burton, Holmes, and the 1920s Court, 83; Pringle, The Life and Times of William Howard Taft, 738-739.

87 Pringle, The Life and Times of William Howard Taft, 619-620.

88 Pringle, The Life and Times of William Howard Taft, 619-620.

89 Pringle, The Life and Times of William Howard Taft, 492.

90 Pringle, The Life and Times of William Howard Taft, 670.

91 Documento en línea, William Howard Taft, "Fourth Annual Message December 3, 1912", http://www.presidency.ucsb.edu/ws/index.php?pid=29553, accedido el 3 de diciembre de 2006 (énfasis suplido).

92 Pringle, The Life and Times of William Howard Taft, 654.

93 Pringle, The Life and Times of William Howard Taft, 847, 849-850.

94 Pringle, The Life and Times of William Howard Taft, 850, 856; Duffy, William Howard Taft, 303.

95 Pringle, The Life and Times of William Howard Taft, 882.

96 Pringle, The Life and Times of William Howard Taft, 860.

97 Duffy, William Howard Taft, 304.

98 Pringle, The Life and Times of William Howard Taft, 860-861.

99 Pringle, The Life and Times of William Howard Taft, 887.

100 Ken I. Kersch, "The Gompers v. Buck's Stove Saga: A Constitutional Case Study in Dialogue, Resistance, and the Freedom of Speech", 31 Journal of Supreme Court History, No. 1, 28, 30 (March 2006).

101 Kersch, "The Gompers v. Buck's Stove Saga", 32.

102 Kersch, "The Gompers v. Buck's Stove Saga", 32; Philip S. Foner, The Policies and Practices of the American Federation of Labor, 1900-1909, vol. 3 (New York, New York: International Publishers, 1973) 306.

103 *Gompers vs. Bucks Stove & Range Co.*, 221 U.S. 418 (1911).

104 *The Sacramento Union*, edición de 2.2.1909, página 7.

105 *The Day Book*, edición de 26.7.1912, página 4.

106 *The Day Book*, edición de 1.7.1913, página 4.

107 Kersch, "The Gompers v. Buck's Stove Saga", 32-33, 34, 36, 40.

108 *Morris vs. Hitchcock*, 194 U.S. 384 (1904); *Wallace vs. Adams*, 204 U.S. 415 (1907).

109 Dennis, "In Memoriam: Jackson H. Ralston 1857-1946".

110 *Pacific States Telephone vs. Oregon*, 223 U.S. 118 (1912).

111 Kersch, "The Gompers v. Buck's Stove Saga", 41; Gompers, *Seventy Years of Life and Labor*, 171.

112 *Gompers vs. U.S.*, 233 U.S. 604 (1914).

113 Mandel, Samuel Gompers, 334.

114 Bedford, "Samuel Gompers and the Caribbean", 25.

115 Reid Potter, "Curator's Corner: Recent Donations Provide A Closer Look at the 28th President", 4 Woodrow Wilson Matters, No. 1 (Winter 2004).

116 Bedford, "Samuel Gompers and the Caribbean", 25.

CAPÍTULO III
EL MITO DE ÍCARO

"Si tenemos deberes específicos que llenar,
debemos tener derechos plenos que reclamar
y disfrutar. No queremos ser una factoría,
para la explotación del capital criollo y extranjero,
sino un pueblo en pleno disfrute de su soberanía,
bajo la bandera de las franjas y las estrellas."
Editorial anónimo[1]

"No hay duda pues, que la semilla de la reacción
fructifica y que la historia se repite.
¡¡MALDITOS SEAIS, IMBÉCILES!!"
Eduardo Conde[2]

LOS SÍNTOMAS DEL CÓLERA

A principios de la década de 1910 Arecibo era la cuarta ciudad del País, pero la primera en militancia obrera y socialista. Había quedado rodeada desde muy temprano tras el cambio de régimen por enormes plantaciones cañeras, cuyos obreros eran fácilmente accesibles para los organizadores de la FLT. Por eso no sorprendió que los candidatos del *Partido obrero insular*, afiliado a la FLT, coparan los puestos electivos en las elecciones de 1914.[3]

A la toma del poder siguieron meses de empeño por poner a caminar la maquinaria municipal conforme a los designios de la FLT. Santiago Iglesias y el resto del liderato constantemente se ocupaban de mantenerse al tanto del progreso del experimento socialista, a la vez que procuraban asistir a sus camaradas. El gobernador Yager, en quien se habían cifrado inicialmente grandes expectativas, era a pasos crecientes sujeto de críticas de parte de diversos sectores de la sociedad, muy en especial del laboral. Aun así, para quienes creían en las virtudes de los Estados Unidos, el problema no residía en el sistema impuesto a Puerto Rico, sino en las personalidades y la carencia de cualidades personales y administrativas de quienes a su nombre ejercían las funciones gubernatoriales.[4]

En 1915, a los pocos meses de encontrarse los socialistas dirigiendo Arecibo, el gobierno de Yager sorprendió al País al imputar en la prensa la existencia de serias irregularidades en la administración municipal. Tras un proceso expedito por el secretario de justicia, en poco tiempo el gobernador anunció su decisión de destituir a todo el liderato municipal, colocando en su lugar a personeros de su confianza. Las críticas y acusaciones de dictadura por parte de la FLT no se hicieron esperar.[5] La pugna entre el sector sindical y el gobierno escalaba hacia alturas insospechadas desde el establecimiento de la soberanía de los Estados Unidos sobre Puerto Rico.

No obstante las destituciones el movimiento sindical de Arecibo se mostraba igual de militante. La victoria en el municipio norteño había servido de inspiración – compensando la desilusión de la alianza con el *Partido unión* – para que el liderato de la FLT pasara a discutir abiertamente la opción de crear su propia agrupación política; una que en verdad atendiese las necesidades de la masa proletaria y abogase por el fin del régimen colonial en favor de otro que garantizara por siempre las conquistas laborales logradas. Así nació el *Partido socialista* con Arecibo como su auspiciador.[6] A las acciones del gobernador y a la desesperante situación laboral, siguieron las grandes huelgas de 1915. Yager adoptó una postura de ascendente intolerancia hacia el alto mando obrero. Eventos de violencia fueron achacados por el gobierno y ciertos sectores de la prensa a la FLT. A base de esas imputaciones se ordenó el arresto de Santiago Iglesias y de sus seguidores.[7]

El 15 de abril de 1914, Gompers le cursó una carta a Iglesias donde le invitó junto al líder obrero Prudencio Rivera Martínez a testificar sobre las condiciones laborales en Puerto Rico ante la *Comisión de relaciones industriales* en Washington. Confiaba en que los datos que la FLT le presentaría a la comisión influyese en las decisiones del gobierno de los Estados Unidos. Recomendó a Iglesias, sin embargo, mantener confidencialidad sobre el contenido de la carta y sobre su misión en los Estados Unidos.[8]

Mientras tanto, el clima laboral en la Isla continuaba deteriorándose. Iglesias se comunicó en varias ocasiones con Gompers para explicarle la difícil situación que se vivía en Puerto Rico y recabar que intercediera ante el presidente Wilson. Así lo hizo el máximo dirigente de la AFL, cuando a partir de marzo de 1916 inició un intercambio de correspondencia con el primer mandatario.[9] La respuesta inicial de Wilson resultó poco alentadora:

> Tengo ante mí su carta de 16 de marzo en referencia a ciertos cablegramas que usted ha recibido de parte del Sr. Santiago Iglesias de Puerto Rico en relación con conflictos laborales allí. Lamento mucho al enterarme de que han ocurrido problemas adicionales y me estoy tomando la libertad de referir su carta al gobernador de Puerto Rico, en quien yo tengo absoluta confianza, para conocer todo lo que me pueda informar acerca del problema.[10]

La escueta expresión de Wilson auguraba dilación y falta de acción. Para colmo, la queja contra Yager era referida al sujeto que precisamente daba pie a ella. Mientras tanto, el año 1916 marcó el nacimiento de una gran huelga cañera. Numerosas plantaciones e industrias en toda la Isla se paralizaron.[11] Así, la FLT seguía la línea de confrontación directa con el gobernador Yager. En otro frente, el Congreso se encontraba nuevamente discutiendo legislación para enmendlr la Ley Foraker y asignarle colectivamente la ciudadanía estadounidense a los puertorriqueños. De nuevo Gompers dijo presente para reiterar que nadie había contribuido más a la americanización de la Isla que la AFL.[12] Aprovechó además la ocasión para leer para el registro del Senado el informe que Santiago Iglesias le había suministrado, detallando que de todos los paros agrícolas el más importante tenía lugar en la región de Arecibo-Barceloneta con 6,000 obreros en huelga y enfrentando la represión.[13] Acusó al gobernador de prohibir las manifestaciones en Arecibo y de haber responsabilizado injustamente a Iglesias por cualquier protesta pública o disturbio.[14]

Resaltando que la situación en Arecibo era una particularmente seria que urgía acción inmediata,[15] Gompers le ofreció a los senadores su visión del Puerto Rico de la época:

> [S]i esta gente en Puerto Rico reciben una oportunidad ellos se salvarán a sí mismos con nosotros. Ellos son intensamente americanos. Déjenme decirles que si ustedes observan – si ustedes investigan encontrarán que los obreros de Puerto Rico son intensamente americanos, y que son el único elemento allí que ha creado el vínculo, el lazo entre la gente de los Estados Unidos y la Isla. Todo otro elemento allí es destructivo o separatista – o sea, pro-independencia. Es el

> movimiento obrero organizado puertorriqueño el que favorece la americanización, y es el único factor, el único grupo, en la Isla que de hecho favorece la americanización.[16]

Por su parte Santiago Iglesias le formuló dos planteamientos medulares a los senadores, siendo el primero su objeción a los límites al derecho al voto, arguyendo que representaba a más del 90% de la población de Puerto Rico.[17] Su postura primordial consistía en que "[s]i Puerto Rico va a ser americano para siempre, debemos ser declarados colectivamente ciudadanos de los Estados Unidos",[18] reiterando en más de una oportunidad que "[e]l más grande e importante aspecto que el proyecto Jones contiene es el que le confiere colectivamente la ciudadanía a los puertorriqueños y la creación de un departamento de agricultura y trabajo".[19] Terminó su exposición con la siguiente alocución:

> La ciudadanía debe conferirse de manera colectiva, porque al presente el Pueblo de Puerto Rico ocupa una posición anómala. Pertenecemos a los Estados Unidos pero no somos ciudadanos de los Estados Unidos. Somos una gente perteneciente a la Isla de Puerto Rico, parte de los Estados Unidos, pero somos un pueblo sin país. La ciudadanía debe conferirse al Pueblo de Puerto Rico, en total contacto, simpatía, y cooperación con el Pueblo de los Estados Unidos. Los poseedores del capital deben ser obligados a pagar su cuota completa para lo que el gobierno necesita para educación pública, sanidad, carreteras y mejoras a la Isla, al igual que asegurar justicia para todos.[20]

Mientras el debate sobre la nueva ley orgánica continuaba, Samuel Gompers recibió documentos adicionales provenientes de Puerto Rico. Tras estudiarlos, a finales de abril de 1916 decidió escribirle de nuevo al presidente Wilson, utilizando en esta ocasión términos enérgicos:

> Acompañado con una carta del representante en Puerto Rico de la AFL, he recibido copia de un informe preparado para el presidente de la Cámara de Delegados de Puerto Rico, por una comisión que fue autorizada a investigar acusaciones de que el gobierno ha suspendido los derechos constitucionales de ciudadanos en Arecibo.
>
> Este informe de la comisión contiene una explicación de su fracaso en preparar un informe completo, pero los trabajadores de Puerto Rico, aquéllos a quienes se les negaron sus derechos, piensan que la verdadera razón del fracaso para hacer un informe completo es una política y no la mera falta de tiempo.
>
> El informe de la comisión es de tal importancia que deseo traerlo a su atención personal. Es una confirmación oficial del reclamo de los obreros de que se les han negado sus derechos constitucionales. Le incluyo una copia del informe.
>
> Ha recaído en mí el deber en varias ocasiones de traer ante su atención acciones ilegales cometidas por algunos oficiales del gobierno de Puerto Rico – negación de justicia a los trabajadores, negación a los mismos de derechos garantizados por la Constitución de los Estados Unidos – garantizados a ellos por toda ley de honor, justicia y decencia.
>
> No debo olvidar mencionar que cuando el 6 de marzo de 1916 sometí una querella contra la acción de agentes gubernamentales que le negaron a los trabajadores los derechos fundamentales como ciudadanos libres, usted señaló en su carta de 20 de marzo que estaba refiriendo mi carta al gobernador de Puerto Rico, en quien usted tiene gran confianza.
>
> Llevo tiempo bajo la impresión, como resultado de mis propias observaciones, que en lo concerniente a la política

> del gobernador que afecta los intereses, el bienestar y los derechos del pueblo de Puerto Rico, el gobernador Yager no es merecedor de la confianza que usted le profesa.
> Soy consciente de las grandes responsabilidades y deberes que pesan sobre usted especialmente en estos tiempos, pero espero que este asunto que ahora traigo ante su atención habrá de recibir también su acción favorable.[21]

Resultaba evidente que Wilson no podía darse el lujo de ignorar al líder de la AFL. Decidió mostrarse "comprensivo" ante los reclamos sindicales en su respuesta de 8 junio de 1916, pero sin proyectar la más mínima reducción de respaldo a la labor que Yager venía realizando en Puerto Rico:

> He tomado mucho tiempo preparando la contestación a su carta de 29 de abril sobre las condiciones en Puerto Rico, porque quería estar seguro que al momento en que la recibí sabía de lo que estaba hablando.
> Por supuesto, no es posible, literalmente hablando, conocer con precisión desde la distancia las condiciones existentes en la Isla, pero pienso que puedo hablarle con seguridad del carácter sano y la dedicación patriótica del gobernador.
> Yo lo conozco a el desde hace muchos años y sé lo sincero y genuino que es. Por supuesto, es posible que el haya cometido errores y haya sido manipulado inconscientemente, pero estoy seguro de su inclinación por la justicia y la equidad.[22]

Gompers no estaba satisfecho. Volvió a dirigirse al presidente, urgiéndole a actuar contra Yager. Acompañó a su más reciente misiva un cablegrama que Iglesias le remitió. En diciembre de 1916 Wilson volvió a mostrarse evasivo:

> Gracias por enviarme una copia de la carta del Sr. Santiago Iglesias, presidente de la Federación Libre de Trabajadores de Puerto Rico. Me siento muy desorientado sobre qué pensar de las condiciones en Puerto Rico y me alegro de contar con toda posible fuente de información.[23]

Por supuesto el presidente no era ajeno a la dinámica prevaleciente en el Puerto Rico de 1916. Decidió, por ende, hacer mención particular de la situación de la Isla en su mensaje de estado de la Unión de diciembre de 1916, como preámbulo a los acontecimientos que se avecinaban:

> El argumento a favor de las enmiendas propuestas a la ley orgánica de Puerto Rico es conciso y concluyente. Las actuales leyes que gobiernan la Isla y regulan sus derechos y privilegios no son justas. Hemos creado expectativas que no han sido satisfechas. Existe inquietud entre los habitantes de la Isla e incluso suspicacia en relación a nuestras intenciones con respecto a ellos que la adopción de la medida propuesta felizmente borrará. No tenemos duda de que queremos hacerlo así en todo particular. Debemos hacerlo de una vez.[24]

En 1916 William Taft tenía motivos para sentirse satisfecho con el rumbo que tomaba su vida. Dos años antes había apoyado exitosamente al empresario de periódicos Warren Harding en su carrera para un escaño en el Congreso. Esas mismas elecciones de 1914 le sirvieron para celebrar la derrota de los candidatos de Roosevelt. Al año siguiente y en vista del estallido de la guerra en Europa, aceptaba la oferta para presidir la *Liga para mantener la paz*.[25] Además denunció públicamente la tendencia dentro del *Partido demócrata* para concederle la independencia a las Islas Filipinas, abandonando así la política que años atrás el había establecido como gobernador del archipiélago:

> La política no había jugado papel alguno en las Filipinas hasta que Wilson llegó al poder. Sería un desastre si se les concede la independencia.[26]

Igual actitud asumió el ex-presidente con respecto a Puerto Rico y las restantes posesiones en el Caribe. Los anti-imperialistas de antaño eran los anti-independencia del presente. En ocasión de pronunciar un discurso en Nueva York ante la *Asociación nacional de educación* el 3 de julio de 1916, Taft reafirmó la necesidad de preservar la relación existente entre los Estados Unidos y los países del Caribe bajo su influencia:

> Poseemos el canal de Panamá en un país que hasta recién pertenecía a una confederación sudamericana. Hemos invertido 400 millones en esa gran obra mundial para unir nuestras costas occidental y oriental con transportación económica, para incrementar la efectividad de nuestra marina y crear un pasaje para el comercio mundial entre los dos grandes océanos.
> Poseemos a Puerto Rico, con un millón de habitantes, y le debemos a esa gente protección doméstica y foránea, de la misma forma que ellos nos deben lealtad a nosotros.
> Hemos garantizado la integridad de Cuba, y nos hemos reservado el derecho de entrar y mantener las garantías de vida, libertad y propiedad y reprimir las insurrecciones en esa isla. Desde que devolvimos la isla a sus habitantes hemos tenido que regresar una vez para restaurar el orden y la paz. Tenemos en nuestra frontera sureña el estorbo internacional

> de México, y nadie puede predecir las implicaciones que surgirán de la anarquía que allí prevalece. Tenemos que mantener la Doctrina Monroe.[27]

Por sobre todo, el norte de Taft en los años venideros tendría dos objetivos cardinales. A corto plazo, propiciar una derrota demócrata y el entierro político de Theodore Roosevelt en las elecciones de 1916. A largo plazo, preservar la preponderancia de la ideología conservadora en el Tribunal Supremo y lograr su futura nominación para regentearlo personalmente. Al ex-mandatario la nominación de Louis Brandeis como juez asociado le brindó la oportunidad para adelantar sus objetivos y exhibir, una vez más, la mentalidad de la que estaba hecho. Para ello, hizo publicar en la prensa unas expresiones suyas que, según el, eran representativas del parecer de la *gente de calidad* en la sociedad:

> Es una de las heridas más profundas que he sufrido como americano, como amante de la Constitución y como creyente en el conservadurismo progresivo, el que un hombre como Brandeis pueda ser nombrado al Tribunal. El es un bufón, un histérico por sus particulares propósitos, un socialista, un hombre de ciertos ideales de gran tenacidad en sus objetivos, y en mi opinión con mucho deseo de hacer el mal. El señor Brandeis no es una persona cualificada para ser miembro del Tribunal Supremo de los Estados Unidos.[28]

Para enfrentar a Wilson en 1916, Taft convenció e impulsó al juez asociado del Tribunal Supremo, Charles Evan Hughes, como candidato republicano a la presidencia.[29] Según se acercaba la campaña electoral, su desprecio por Wilson comenzaba a rivalizar con el que sentía por Roosevelt. Su participación en la campaña en pro de Hughes le llevó a hacerle saber a sus amistades en el *Partido republicano* de la importancia que para el representaba el evento electoral de ese año:

> Estas son las elecciones más importantes del último medio siglo. Lo más que lamento es ver tanto hombre inteligente votar por Wilson sin darse cuenta de la catástrofe que se cierne sobre el País teniendo el Tribunal Supremo reorganizado por el. Con sus nombramientos está buscando corromper las garantías de la Constitución al seleccionar hombres de ideas radicales.[30]

La derrota de Hughes no supuso la despedida de Taft del escenario público. Solo implicó que la espera sería más larga, con la expectativa de tiempos mejores. Mientras tanto, abandonando su anterior política pacifista y en pro del arbitraje internacional, aceptó en 1917 la nominación del presidente Wilson a la *Junta nacional laboral bélica*, creada para eliminar o reducir las disputas laborales que amenazaban la producción en las industrias de guerra.[31]

TAPIA Y MURATTI: "A + B + C = A + C + B"

Samuel Gompers había endosado cálidamente la concesión de la ciudadanía estadounidense a los puertorriqueños como parte del paquete de medidas necesarias para americanizar a la población y promover la justicia social. Durante las vistas congresionales de 1916 para la aprobación de lo que sería la ley orgánica Jones, el magnate laboral sacó tiempo para hacerle conocer a los congresistas su posición al respecto:

> Apenas existe dentro de mi ámbito de lecturas y observaciones un ejemplo de páginas más negras de

> tragedias, entuertos e injusticias y brutalidades que las páginas de la historia del Pueblo de Puerto Rico desde que advino a ser parte de los Estados Unidos. Me refiero a esto desde los puntos de vista económico, industrial, social, judicial y político. Los derechos que ellos poseían y ejercían bajo el dominio español les han sido negados por el gobierno de los Estados Unidos.[32]

La propuesta ley orgánica recibió el respaldo de Santiago Iglesias y el resto del liderato político puertorriqueño, así como del gobernador Yager. Se veía esa pieza de legislación como el cumplimiento de la promesa que los Estados Unidos le habían hecho a Puerto Rico.[33]

La aprobación de la ley Jones en marzo de 1917 se percibió como un cambio fundamental en la relación, al menos en Puerto Rico. A meses de entrar en vigor, el juez Hamilton del tribunal federal en Puerto Rico estaba considerando la excarcelación de Carlos Tapia, quien fue acusado por un delito grave días después de entrar en vigor el nuevo régimen. Mientras tanto, al Tribunal Supremo de Puerto Rico llegaba el primer recurso apelativo que reclamaba la extensión de todos los derechos de la Constitución federal a otro acusado de delito grave: José Muratti. Este había alegadamente cometido un asesinato, antes de entrar en vigor la nueva ley orgánica. No obstante, su abogado reclamó que la ley actual requería que el procesamiento lo iniciara un Gran Jurado, según estipulado en la quinta enmienda a la Constitución federal, lo que no se había hecho en su caso. Como el tribunal de distrito donde se le juzgaba había denegado su pedido, Muratti acudió de inmediato en alzada ante el Supremo local.[34]

Encontrándose el caso de Muratti sometido para adjudicación, el juez federal Hamilton decidió a favor de Tapia, reconociéndole todos los derechos de la Constitución estadounidense y ordenó su excarcelación. El 17 de julio de 1917 el juez asociado Wolf anunció la decisión del Tribunal Supremo de Puerto Rico, en los términos siguientes:

> La cuestión que verdaderamente pende ante la corte es si la Constitución de los Estados Unidos está hoy en toda su fuerza y vigor en Puerto Rico, y especialmente dicha Enmienda Quinta.
>
> Y la alegación que se hace es que la ciudadanía de tal modo concedida a los habitantes de Puerto Rico, dada la historia de los Estados Unidos y la historia de la Isla, ha convertido este Territorio organizado en Territorio incorporado.
>
> El Gobierno de Puerto Rico por medio de su fiscal general ha sostenido que la cuestión relativa a la incorporación de Puerto Rico depende únicamente de la voluntad del Congreso y que la Ley Jones no solamente no demuestra intención alguna de hacer la incorporación, sino que manifiesta un propósito contrario y que los actos contemporáneos subsiguientes del Congreso se encaminan en el mismo sentido. Alega además que en este caso el auto debe ser anulado porque la Legislatura de Puerto Rico, creada por la ley de marzo 2, no ha tenido la oportunidad de establecer el Gran Jurado.
>
> Se alega que los casos de Downes v. Bidwell, 182 U. S. 244, y el de United States v. Rasmussen, 197 U. S. 516, constituyen autoridades para sostener el criterio de que Puerto Rico no es un territorio incorporado, no obstante el hecho en contrario de que en la Ley Jones se hace la concesión de la ciudadanía colectiva. Hemos examinado estas decisiones con cuidado escrupuloso y no encontramos en ellas nada que sostenga la teoría del Gobierno. Por el contrario creemos

que la tendencia inevitable y fuerza de estas decisiones está necesariamente en favor de que Puerto Rico es ahora parte integrante de los Estados Unidos, como Louisiana, Florida y otros Territorios antes de su admisión como Estados y como Hawaii, el distrito de Columbia y Alaska hoy día. Antes de hacer una consideración de estos casos en que está envuelta la cuestión de la ciudadanía, hay otra cosa que ha de quedar establecida.

La historia de la incorporación de los Territorios de los Estados Unidos ha sido marcada en las Decisiones insulares y en el caso de Rassmussen. También ha sido objeto de una razonada y extensa opinión emitida por el juez Hamilton en el caso de Carlos Tapia resuelto recientemente. Considerados los antecedentes y especialmente el caso de Rassmusen resulta, pues, que aunque algunos de los Jueces de la Corte Suprema han declarado que algo menos es suficiente, todos están contestes en que la adquisición de un territorio, más la ciudadanía, más el gobierno organizado, es incorporación. En Puerto Rico la única diferencia es que la ciudadanía fué la última concesión. Sostener que la incorporación no ha llegado todavía aquí es decir que la adquisición de un Territorio, más el gobierno organizado, más la ciudadanía en el caso de Puerto Rico no es igual a la adquisición de un Territorio más la ciudadanía, más el gobierno organizado, el caso de Alaska, o lo que es lo mismo, negar la verdad algebráica de que a + b + c = a + c + b.

El Congreso puede determinar los derechos políticos de un Territorio aun cuando esté habitado exclusivamente por ciudadanos. Pero la Corte Suprema dijo nuevamente en los casos insulares que el Congreso no había actuado sobre los derechos civiles de los habitantes. No los había hecho ciudadanos. Pero así lo hizo el Congreso en marzo 2 de 1917, y debe presumirse concluyentemente que el Congreso tuvo presente todas las consecuencias de sus actos. La Ley Jones es por sí completa en su forma. Si hubieran sido sustituidos

> los artículos 2, 3, 4 y 5 de la Ley Jones por el artículo 7 de la Ley Foraker, no podemos imaginarnos que la Corte Suprema, en vista de la concesión de la ciudadanía, no hubiera dicho a la fecha de los casos insulares que el Congreso había agotado el poder restante como le había sido conferido o dejado a él por virtud del tratado. Los derechos de los habitantes están completamente definidos por la concesión de la ciudadanía. Son los mismos que aquellos de los ciudadanos de los Estados Unidos pues los habitantes son tales ciudadanos.
> Por estas razones la acusación y todos los procedimientos subsiguientes en el caso, deben ser anulados.
> Con lugar la solicitud y anulada la acusación y todos los procedimientos subsiguientes.[35]

El 22 de enero de 1918 se supo en San Juan que el día anterior el Tribunal Supremo de los Estados Unidos había dictado sendas sentencias revocando tanto al tribunal federal en cuanto a *Tapia*, como al Tribunal Supremo de Puerto Rico en torno a *Muratti*. Ambas decisiones estaban basadas en los casos insulares resueltos más de una década antes, y sin mencionar para nada la nueva ley orgánica que aún no cumplía un año de existencia.[36]

En los medios de prensa se publicaron expresiones de rechazo que – irónicamente – no iban dirigidas al tribunal de Washington, sino al gobierno de Puerto Rico quien, por conducto de su procurador general Kern, apeló ambas sentencias. En aquellos días, Kern había despertado una polémica pública por su campaña en contra de la prostitución. Los periódicos controlados en gran parte por el unionismo y el socialismo la emprendieron con gran dureza contra el, acusándolo de pretender imponer unos valores foráneos. En el fondo, sin embargo, lo que parecía gravitar era el profundo resentimiento contra el fallido resultado en los casos de *Tapia y Muratti*. Se llegó incluso al extremo de formar una comisión que viajó a Washington a exigir la destitución del funcionario. Santiago Iglesias lo afirmó ante la prensa explícitamente:

> Nuestras objeciones al Sr. Kern no se limitan a este asunto de su puritanismo, sino también a sus acciones en el caso de Tapia y en otro similar. El que nuestro propio representante legal ejerza la influencia de su oficina y el dinero del pueblo para revocar la decisión de nuestro Tribunal Supremo y la de la Corte Federal que nos daban el derecho a un Gran Jurado es, en mi opinión, suficiente para procesarlo.[37]

Como en ocasiones anteriores, seguía presente la noción de que el problema no residía en el sistema, sino en los funcionarios que lo administraban. La "culpa" de que la incorporación del territorio a los Estados Unidos no aconteciera no residía en los tribunales, sino en la persona que se encargó de llevar el asunto hasta sus últimas consecuencias. El ya para entonces senador Santiago Iglesias procuró valerse de una moción para que la Asamblea Legislativa emplazase al Senado federal a expresarse sobre las consecuencias jurídicas de la ley orgánica Jones. Sus compañeros legisladores, sin embargo, se negaron a apoyarlo. En respuesta, desde la edición de 1º de marzo de 1918 del periódico *Unión obrera* y bajo el titular "No existen pueblos ni razas superiores ni inferiores", se divulgó un editorial sobre los desconcertantes resultados tanto en el plano judicial como en el legislativo:

> La decisión dada por la Corte Suprema, referente al status del Pueblo de Puerto Rico, que se consideró resuelto con la promulgación del Acta Jones, trae de nuevo esta

importante cuestión al tapete público, que deseamos estudiar y analizar en toda su trascendencia.
Pero la parte más importante en la decisión dada por el más alto Tribunal de la nación, es que no siendo un territorio organizado, los mandatos imperativos de la Constitución no son aplicables a Puerto Rico. Como se ve por la declaración de la Carta Orgánica, promulgada con el fin de definir el status de Puerto Rico, es terminante que el Congreso invistió a todos los ciudadanos residentes en la isla y que no son ciudadanos de ningún país extranjero, con la clámide de la ciudadanía americana o sea la de los Estados Unidos.
La moción del senador Iglesias, solicitando que en vista de la decisión de la Corte Suprema de los Estados Unidos, que coloca a los ciudadanos de Puerto Rico en condiciones inferiores a los de los nacidos en el Continente, se solicitase por el Senado de Puerto Rico, o mejor dicho por la Legislatura, del Congreso una declaración terminante con respecto a los efectos de la ciudadanía contenida en el Acta Jones, está de acuerdo con la labor realizada por la Federación Libre de los Trabajadores de Puerto Rico, q. desde su fundación consignó de manera sincera y decidida, la necesidad de obtener del Congreso de los Estados Unidos la concesión de la ciudadanía americana.
La ciudadanía americana representa para nosotros, que formamos entre las masas del Pueblo de Puerto Rico, y por lo tanto, constituimos la inmensa mayoría, el llegar más tarde a tomar parte en el desarrollo y solución de los magnos problemas nacionales, como una entidad, en el reconocimiento de sus prerrogativas como un pueblo libre, en que cada ciudadano tiene el derecho de ser oído y tomar participación en el gobierno de su Estado, sin tener en cuenta su condición social, origen, procedencia, etc., sino su ilustración, capacidad, para regir los destinos de su pueblo.
Si tenemos deberes específicos que llenar, debemos tener derechos plenos que reclamar y disfrutar. No queremos ser

> una factoría, para la explotación del capital criollo y extranjero, sino un pueblo en pleno disfrute de su soberanía, bajo la bandera de las franjas y las estrellas.[38]

Con la llegada de 1918 la decisión de la cúpula socialista fue continuar presionando en favor de los reclamos laborales mediante la arenga del enfrentamiento con las clases poseedoras. Mientras tanto, en los Estados Unidos Gompers dio un paso adicional en su enfrentamiento con Arthur Yager. Mediante una carta fechada 4 de enero de 1918 le solicitó formalmente al presidente Wilson la sustitución del gobernador.[39] Conforme escribiera el líder sindical,

> [e]l problema importante y urgente de Puerto Rico es proveerle algún grado de mejora y progreso a las vidas de los trabajadores de esa Isla. Su historia pasada ha sido de miseria y desesperanza. Viven en una pobreza y degradación que no puede entenderse por quien no ha visitado la Isla y visto los hogares y las condiciones laborales de los obreros puertorriqueños".

Para reforzar su planteamiento, la misiva en cuestión acompañó dos cartas de Santiago Iglesias, "a quien se le reconoce como uno de los ciudadanos más hábiles y progresistas de la Isla".

En lugar de Wilson, la carta de Gompers fue contestada el 5 de enero de 1918 por el general Frank McIntyre, para aquel entonces director del negociado de asuntos insulares, adscrito al departamento de la guerra federal. En este punto es necesario observar que ese negociado era en esos años el organismo con mayor ingerencia – más que cualquier otra entidad o persona – sobre los asuntos de Puerto Rico.[40] Conforme señala Truman R. Clark,

> [e]ra el Negociado de Asuntos Insulares quien definía y perpetuaba la política de "educar a los nativos en su auto-gobierno" mediante la perenne retención de funciones importantes en manos "continentales". Y, como los comentarios de McIntyre revelan, el NAI no tenía la intención de quedarse sin trabajo preparando a Puerto Rico lo suficiente como para concederle un auto-gobierno real en el futuro previsible. El Negociado de Asuntos Insulares no necesitaba una premisa inarticulada para justificar esta política – la eficiencia, esa gran virtud americana – era motivación suficiente. Después de todo, como un visitante a la Isla señaló en 1921, "los puertorriqueños no dirigen a Puerto Rico tan bien como lo hacemos los americanos".[41]

En su respuesta al presidente de la AFL, McIntyre se limitó a señalar que tomaba conocimiento de la carta y anticipaba que el gobernador Yager se dirigía a Washington para discutir la huelga en Puerto Rico con Gompers.[42] Mientras tanto, el senador Santiago Iglesias recibía telegramas del liderato obrero a lo largo de todo Puerto Rico, ofreciéndole información en torno a las condiciones laborales y los crecientes conflictos con los sectores patronales. Así por ejemplo, en enero de 1918 Esteban Padilla le informaba sobre el salario promedio de los trabajadores en Arecibo;[43] mientras en febrero, Raimundo Fernández Texidor desde Patillas urgía su presencia por denuncias contra la dirección en esa zona;[44] y por otra parte en marzo y desde Ceiba, Domingo Santos daba cuenta de los conflictos con el patrono por el uso de rompehuelgas y la prohibición de manifestaciones por la Policía.[45]

El 15 de marzo de 1918 el periódico *Unión obrera* publicó el editorial "Un Barón del azúcar ante el gobernador Yager", en agria riposta a la alianza de los sectores privilegiados con el gobierno insular y en apoyo a la huelga que se desarrollaba en la región oriental de la Isla:

> Leaders obreros, ayudemos a la redención del campesino, propagando la huelga por todos lados y actuando inteligentemente para que no los exploten más.
> En nuestra mente no debe haber al presente otra preocupación que la del campesino injuriado, que hoy se da cuenta que a los ricos hay que combatirlos en todos los órdenes de la vida hasta que se humanicen.
> ¡HUELGA, HUELGA, HUELGA!, debe ser el grito redentor para toda la isla de Puerto Rico, amparados siempre en el derecho constitucional, aunque se viole por las autoridades.
> Tanto se llenará la copa de las injusticias hasta que se derrame.
> Proletarios, a la lucha hasta vencer a nuestros tiranos, que matan por el hambre a nuestros hijos.[46]

Marzo de 1918 fue de hecho un mes álgido para el movimiento obrero en Puerto Rico. Durante ese período y desde Peñuelas, Armando Ferrer se querellaba de que las autoridades no estaban permitiendo a los sindicalistas el uso de la palabra y que para todo había que pedir permiso;[47] asimismo desde Naguabo, Esteban Hernández y Eloy Franquiz relataban los esfuerzos de la policía por romper la huelga a cualquier precio y la imposición de una ley marcial con revólveres en mano que resultaba en la indignación entre los habitantes;[48] también desde Ceiba, Luisa Capetillo reportó actos de brutalidad policíaca contra los huelguistas.[49] Igualmente, el líder obrero Bolívar Ochart Ortiz prestaba una declaración jurada en la que daba cuenta de haber estado preso en la cárcel de Humacao junto a otros tres compañeros de lucha y que, pese a las gestiones de Iglesias, Rafael Alonso y Samuel Gompers ante el gobernador Yager, no fue indultado sino hasta que la petición fue formulada por "varios representantes del Partido Unionista, del Partido Republicano y algunos capitalistas",[50] con la advertencia en Fajardo de que si no regresaba a su pueblo de origen lo encarcelarían nuevamente.[51]

Para fines de este estudio, es imperativo detenerse por un instante para conocer la persona de Esteban Padilla. Con amplia experiencia en medios informativos, fue uno de los fundadores en 1910 del *Partido obrero insular*, pasando luego a ser el presidente del comité local de Arecibo del *Partido socialista*.[52] Ya para 1904, Padilla había creado tres uniones obreras en Arecibo,[53] donde fungía como secretario de la *Unión de sastres #413* al momento de la primera visita de Samuel Gompers a Puerto Rico.[54] Sus gestiones lo llevaron a ser elegido presidente de la asamblea constituyente del *Partido socialista* celebrada en 1915 en Cayey.[55] En torno a la vida de Esteban Padilla, Carlos Sanabria señala lo siguiente:

> Activos y osados, organizadores laborales voluntarios condujeron muchos paros huelgarios y en ocasiones se enfrentaron a la hostilidad de patronos y policías. En su informe para la AFL en agosto de 1905, un organizador voluntario comentó que "muchos patronos son hostiles al sindicalismo y esto hace nuestra labor una más difícil". Al año siguiente, otro organizador escribió que "el sindicalismo está progresando, pero algunos de los patronos están intentando obstaculizar a los trabajadores con la intensión de destruir la unión". Durante la huelga de trabajadores agrícolas de 1906, las autoridades arrestaron once dirigentes

> sindicales, incluyendo un número de organizadores voluntarios, y los acusaron de atacar a la policía. Los organizadores voluntarios, sin embargo, permanecían incólumes. "Los patronos capitalistas antagonizan cualquier organización de parte de los trabajadores, pero, continuamos hacia adelante, tratando de mejorar las condiciones laborales de los obreros".
>
> Un organizador voluntario muy destacado que ejemplifica el importante papel que estos dirigentes intermedios jugaron lo fue Esteban Padilla. Él fue uno de los primeros organizadores voluntarios designados en Puerto Rico por la AFL. Nacido el 26 de diciembre de 1878, Padilla se desempeñaba como sastre y como fabricante de cigarros. Tras unirse al movimiento sindical, Padilla trabajó con personal de varios periódicos obreros, incluyendo El Porvenir Social, El Pan del Pobre, y La Huelga. Padilla sirvió además como organizador voluntario en 1904 y 1905 y participó en los grandes paros de trabajadores agrícolas de 1905 y 1906. Durante esos paros las autoridades locales lo encarcelaron en más de treinta ocasiones. En 1908, representó a la FLT en la convención anual de la AFL en San Francisco y en 1910 ayudó en la organización del Partido Obrero Insular. Por muchos años corrió como candidato del partido para un escaño en la legislatura local. En 1922, Esteban Padilla sirvió como sub-administrador de la comisión del Trabajo en Puerto Rico. A su muerte el 24 de enero de 1927, tras una larga enfermedad ocasionada por una jornada huelgaria agotadora dentro de la industria tabacalera, miles de trabajadores en luto acudieron a su funeral y rindieron tributo a sus esfuerzos a favor del movimiento obrero organizado en Puerto Rico.[56]

Todavía en marzo de 1918, Padilla le enviaba reportes a Iglesias sobre el desarrollo del conflicto huelgario en Arecibo. Mediante varios telegramas que le remitiese a finales del referido mes, informaba que una "masa enorme de trabajadores" acordó declarar la huelga comenzando el lunes 25 de marzo.[57] A manera de seguimiento, este socialista arecibeño le participó luego al senador que, como resultado del paro la central Cambalache estaba paralizada y la de Caños funcionaba de manera limitada, con más de dos mil obreros en huelga.[58] Por su parte, Iglesias le mandó un cablegrama a la AFL el 27 de marzo de 1918, denunciando la negativa de Yager a negociar, a base de desconocer el estado de huelga. El senador socialista solicitó además ayuda monetaria para combatir la represión del gobierno contra las masas en lucha.[59]

Fue así como el enfrentamiento de los socialistas contra el gobierno colonial de Arthur Yager entró al mes de abril de 1918. Los reportes que Santiago Iglesias recibía casi a diario delatan una atmósfera cargada de amenazas, intimidación, represión y violencia. El 1° de abril de 1918 se recibió un telegrama del abogado laboral José Soto Rivera informando que Jorge Bird, gerente general de la *Fajardo Sugar* lo había amenazado por teléfono con pegarle cuatro tiros si algo le pasaba a su familia; y que le había dado órdenes a su hijo residente en San Juan de pegarle un tiro a Iglesias si algo le pasaba a el.[60] Por su parte, Domingo Santos e Ignacio Monge Rivera denunciaban desde Río Grande que los obreros huelguistas eran atacados por policías en los caminos y provocaban cierres violentos de las asambleas sindicalistas.[61] Desde Guayama, Ramón Torres Colón y Jorge Gautier dieron cuenta de una carta enviada al gobernador exigiendo se respete el derecho a libre expresión ante las acciones de la policía. Reportaron asimismo que habían cinco mil trabajadores en huelga y solicitaron asistencia.[62]

Desde Naguabo, Eloy Franquiz se quejó de que incluso los rompehuelgas eran engañados por los patronos.[63] Mientras José F. González y N. Caballero desde Manatí afirmaban que "[p]rácticamente derechos constitucionales abolidos" y que una manifestación fue disuelta a tiros y macanazos, con saldo de once heridos incluyendo una mujer.[64] En Manatí, Amparo Miranda denunció una disolución a la fuerza de manifestaciones huelguistas por la policía.[65] El 8 de abril de 1918 Prudencio Rivera Martínez fue notificado por el *Bureau of Insular Telegraph* que un telegrama suyo del 7 de abril dirigido desde Ponce al periódico *Justicia* en San Juan, no pudo entregarse "[p]or no permitirlo su texto según informa la oficina central de San Juan".[66] Estos y otros incidentes motivaron a Santiago Iglesias a comunicarse vía cablegramas dirigidos a la AFL para denunciar la supresión por la policía de actividades de protesta e implorar la intervención del presidente Wilson,[67] por un lado, y para informar de la celebración de una gran asamblea sindical en San Juan y denunciar que la represión respondía a una conspiración de los patronos con el comisionado residente en Washington, Félix Córdova Dávila.[68]

El 15 de abril de 1918, los dirigentes sindicales Epifanio Fritz y Ramón Barrios circularon un manifiesto "al País y a las autoridades de Washington", informando que la huelga se había desatado en Fajardo el 4 de abril anterior. Llamaron al gobernador Yager un "moderno tirano", a la vez que denunciaban el arresto y maltratos físicos por la policía a "la conocida agitadora obrera Luisa Capetillo". Denunciaban además el cierre de locales de la FLT y la comisión de actos de violencia contra los manifestantes, declarando finalmente que "[s]i el gobierno que consiente y autoriza estos atropellos es un gobierno democrático, ¡¡maldita sea la democracia!!".[69]

Como cabe suponer, la situación no era distinta en Arecibo. A principios de abril, Estaban Padilla le reiteró a Iglesias que las centrales Caños y Cambalache estaban totalmente paralizadas y que policías encubiertos llegaban al extremo de ofrecerle dinero a paisanos para que fueran a trabajar.[70] El 11 de abril de 1918, Iglesias le informó que una persona de apellido Spelman venía desde los Estados Unidos para inspeccionar las condiciones de trabajo.[71] El 14 de abril de 1918 el comité que dirigía la huelga diseminó una hoja suelta, dirigida "al honor y a los sentimientos nobles y altruistas de los hombres de mi pueblo".[72] Atribuída por la prensa a Esteban Padilla,[73] expresaba en parte lo siguiente:

> Empujados por la mal entendida vanidad de nuestros principales fincadores de caña y de las corporaciones azucareras no queriendo discutir, negándose a considerar las demandas de los obreros de la industria en sus distintas ramas, se vieron éstos precisados a lanzarse a una huelga que deja sentir sus desastrosos efectos en todas las esferas económicas y cuyas consecuencias en el orden moral y en el social pueden ser muy lamentables en el futuro.
>
> Ese grito del señor Padilla, condensación del dolor general que late en la masa obrera y que brota espontáneo y lastimero representa también el hondo sentir del Comité de la Huelga Agrícola y es por eso que trasladamos de "El Baluarte" de ayer sábado 13 el inspirado y juicioso artículo, para darlo a conocer al pueblo hoy en volantes y remitirlo bajo sobres mañana a las personas influyentes y autoridades de la localidad, así como a la prensa toda de la Isla y principales representantes del Gobierno Insular, a ver si encuentra en unas y otros el bienhechor eco a que se hace

> acreedor. La huelga está firme, en espera de que al fin se nos hará justicia.

Al unísono con figuras sindicales como Padilla, Jesús María Balsac se dedicaba a atender un centro de estudios donde día a día recibía a obreros de la caña para indoctrinarlos en el socialismo. Todas las tardes, ya entrando el anochecer, los reunía para hablarles de sus derechos.[74] Balsac se veía a sí mismo como un faro natural del movimiento sindical, cuya educación y bagaje familiar le hacían sentir una obligación moral de dirigir a ese creciente ejército de campesinos transformados en obreros que buscaban una orientación sobre sus nuevos derechos y los métodos de lucha para hacerlos respetar.[75] Así, se dedicó a habilitar antiguos ranchones y deshabitadas estructuras de ladrillos, convirtiéndolos en escuelitas para la concienciación obrera.[76]

El triunfo del *Partido obrero insular* de Arecibo en las elecciones de 1914 y la destitución al año siguiente del liderato obrero por el gobernador Yager, era una especie de metáfora perfecta sobre la situación que padecía la Isla.[77] Ese incidente no era sino el más reciente de los que ocurrieron bajo el gobernador de turno, tras las frecuentes huelgas y los arrestos del liderato obrero para esa época.[78] Casi a diario, en el tribunal de distrito de Arecibo resultaba necesario celebrar juicios criminales por Jurado en relación con el alzamiento laboral.[79] Fue así como, mediante el servicio del correo de Arecibo,[80] en su edición del martes 16 de abril de 1918 el periódico obrero *El baluarte* que dirigía Balsac publicó una nota editorial bajo el seudónimo "EL CABALLERO ANDANTE":

YAGER

Como un aborto del averno, arrojada por las olas ígneas de la infamia, llegó a nuestras playas este prototipo de la ignominia, encarnación diabólica del despotismo. Por largos años ha sido nuestro gobernador y durante esos años nuestro tirano. Cuan aguda saeta la que hiere nuestro corazón, cuando contemplamos a nuestro pueblo sometido al yugo de una opresión que solo se explica por el egoísmo de los falsos patriotas y que solo se funda en la fuerza inconsciente del poder controlado. Hunt gobernó entre las tempestades de la pasión de un pueblo sórdido. Permitió abusos y sancionó crímenes; pero respetó el derecho. Este ha hecho más. Este tiene a Borinquen hundida en el pantano de la esclavitud social. Ha puesto el pié sobre la cerviz del pueblo y le hace tragar el cieno liberticida del pantano. Aquel era un disociador. Este es un dictador. Los que recuerdan los acontecimientos luctuosos de 1904; los que llevan incólume en el alma el recuerdo de las aciagas tempestades políticas de la patria; los que fueron azotados por las huestes de Hunt, olvidan el dolor de los ultrajes pasados y se quedan absortos en la contemplación de las barbaridades presentes, de la misma manera que olvida el timorato el recuerdo de los fantasmas nocturnos al nacer el día. ¡Quien no mira con horror las hazañas de este hombre que tomó el poder, para baldón y afrenta de la democracia y que es la mano que engrasa la máquina infernal de la tiranía, la mano sacrílega que desgarra las páginas de la Constitución y rasga sin piedad la túnica blanca de la Justicia tan bella como Diana bajo la sombra liberal de la bandera americana y tan desdichada como Nioba bajo la férula de este Kaiser americano!

Somos hombres de vergüenza y ¡Vive Dios! no hemos de callar ante la burla sangrienta de este filibustero endemoniado conculcador del derecho, calumniador del

> pueblo cómplice de Child, de Látimer, de Carpenter, de Maxwell, de Bird y amparo de esa innúmera turba de xilófagos sociales que se alimenta de la sabia de este pueblo. La gran nación americana debe sentirse satisfecha con nuestra campaña de higienización moral contra esta puñada de estiércol que nos arroja Wilson desde el Capitolio, que hace un descrédito fatal y ominoso al, honor nacional. Esa figura malhadada, abominable y sombría, ese hombre aborrecido por el pueblo, es el apaga luz de toda idea luminosa que se abre paso y que fulgura en las níveas manos de esta virgen del mar Caribe; es el odioso sepulturero del público, el asesino de la democracia el perseguidor del pueblo, el verdugo insensato del sentimiento yanqui y del amor a la nación que siente este pueblo desgraciado. Es un atentado a la dignidad nacional, un sarcasmo que como lluvia de puñales caen de punta sobre la frente de la democracia americana, un vejamen insoportable a la moral del liberalismo sajón... Todos los tiranos tuvieron su corona. Yo voy a regalarle una a esta hiena cargada de maldiciones. Es una aureola que le hace abominable. Es la repugnante aureola de la hipocresía. Sí, este un gobernante hipócrita. Sus hechos contrarios a sus palabras. Mientras dice que mantendrá el derecho a la huelga, encarcela a los líderes y mata a los campesinos. Ese hombre infausto, raquítico de criterio para ser un gobernante, será una mancha en la historia... EL CABALLERO ANDANTE.[81]

En la edición del martes 23 de abril, "EL CABALLERO ANDANTE" volvió a figurar en *El baluarte*:

LA VOZ DEL PUEBLO

Desde el fondo oscuro de sus tugurios miserables; mansiones de dolor y tristeza, el pueblo obrero borincano, lleno de angustia y de dolor exclama sin cesar: ¡Bandido, asesino, tirano, déspota! Reináis como un Bonaparte; actuáis como un Nerón, mandáis como un Marat. Pisoteáis el derecho, ahogáis el pensamiento, suprimís la tribuna y la prensa, y mantenéis el abuso en provecho de los hombres sin conciencia porque tenéis de vuestra parte a los soldados y a los cañones; a la policía y a las macanas; a los jueces y fiscales, porque sois un coloso mientras nosotros somos un átomo. Eso se llama abuso, atropello, injusticia, crimen, violencia, masacre, fuerza... Eso no se llama libertad ni democracia. Has vulnerado las leyes, ultrajado la Justicia, pisoteado el honor. Todo lo habéis destruido, hasta la esperanza de una vindicación. Eso es tiranía. Tu abuso es insoportable. Oye nuestra protesta y nuestro conjuro... Escucha nuestra blasfemia y nuestra maldición ya que no quisiste escuchar nuestras justísimas quejas. Ese es tu castigo: nuestra execración. No te abrimos el pecho porque creemos no encontrar corazón en él. Eres cuerpo humano con vida sin vísceras ni sentimiento; ¡Traidor! Has abusado de nuestra paciencia y mansedumbre, pero oíd; oíd: impío. Nosotros los vagabundos, los infelices, los proscritos de la patria del bien que erran sin pasaporte, sin nombre, sin personalidad ni hogar, muertos de hambre y de dolor. Nosotros, los vencidos sobre los que prevaleció el capitalismo vil y corruptor los que día tras día regamos los campos con el sudor amargo y lágrimas copiosas; los que ulceramos el pulmón junto a la mesa del taller y los que dejamos trozos de nuestra carne, palpitante entre las máquinas; la turba de siempre; la plebe imbécil; los perseguidores, los masacradores; no hemos de permitir por más tiempo tus despojos, tus abusos, tus infamias...

> Nosotros, para que la libertad renazca y la ignominia muera y que en nuestra frente brille el honor; para aplastar los privilegios y las castas; para que fulguren los rayos del derecho, para libertar los mártires de los presidios infames; para devolver el hijo al padre y a la mujer el marido y dar amparo a los niños abandonados por vuestra culpa; para hacer que este siglo y este pueblo salga pronto de la abyección, declaramos; ¡oidlo bien usurpador! Declaramos que el sacrificio es nada ante el vejamen de tu poderío insensato y ofrendamos nuestras vidas en el ara santa de la libertad y la democracia que tu, equivocado engendro de una raza libertaria, has salpicado con la sangre de nuestros cráneos.
>
> Ya estamos cansados del bandolerismo sangriento de tus lacayos y preferimos que la muerte nos lance al fondo de las tumbas a encharcarnos en el inmundo cenagal de la servidumbre que habéis hosado en el suelo fecundo de esta bendita tierra que no se abre para tragaros, porque envenenaría sus senos virginales y en vez de flores produciría zarzas y espinas.
>
> Sois tan abominable que nuestra tierra se niega a darte sepultura. EL CABALLERO ANDANTE.[82]

Las consecuencias de estas expresiones no se hicieron esperar, como lo indica la información que los días 23 y 24 de abril de 1918 el periódico *El águila* diseminó:

> El gobernador remitió al Attorney y éste al fiscal de distrito de Arecibo, la traducción de un artículo, que con la firma de "Caballero Andante", apareció en "El Baluarte", periódico que se edita en la ciudad del Norte, y que según un diario capitaleño contiene graves insultos contra la primera autoridad civil.
>
> El fiscal tiene el asunto y probablemente tomará acción.[83]

Balsac partió hacia San Juan el 26 de abril, en compañía de Esteban Padilla y Nicomedes Rivera. De camino, hicieron una parada de cortesía en las oficinas del periódico *Unión obrera*, donde fueron recibidos con muestras de afecto y solidaridad por su personal, incluyendo a su director y amigo Julio Aybar.[84] El 29 de abril de 1918, fue recibida la noticia de que Luisa Capetillo era condenada a pagar una multa de $70 ($1,222 al valor presente), o sufrir dos meses de cárcel, por haber incitado a la huelga en Ceiba.[85] En aparente coincidencia con los movimientos del gobierno, los diarios *La correspondencia de Puerto Rico*, *La democracia* y *El águila*, entre otros, arreciaron una campaña en la cual se acusaba al naciente *Partido socialista* de desestabilizar el orden civil e incitar a la rebelión. Ya el 18 de abril, desde *La democracia*, Mariano Abril cuestionaba los cimientos mismos del discurso socialista:

> ¿Existe en este momento una agitación obrera en el país? Afirmo que no, como tampoco existe un partido socialista, aunque el "camarada" Iglesias se empeñe en llamar así a esos braseros analfabetas que le dieron sus votos. Para que exista un partido es necesario un programa, y eso del "socialismo" es asunto tan complejo que no está al alcance de masas ignorantes.
>
> La vida se encarece cada día más: nadie puede negarlo; pero se encarece para todos. Según datos publicados los jornaleros en las plantaciones de cañas ganan hoy un jornal mayor de un dollar, salario que no tuvieron en otras épocas de mayor prosperidad industrial. Y el jornalero acepta la situación y va al trabajo. No hay, pues, motivo para esas huelgas que a todo trance se quieren organizar. Esos agitadores que van por los pueblos excitando a las masas, no son trabajadores: se les paga para eso. Sirven al altar, porque del altar viven. Según se ha dicho esas huelgas responden, no a un fin económico, sino a un propósito político.[86]

El periódico *Unión obrera* respondió el 29 de abril, criticando "la prédica de odios" desatada por la prensa adversaria:

> La historia se repite. Ayer el partido reaccionario conservador, delataba a los valerosos puertorriqueños como enemigos de la nación, hoy los reaccionarios puertorriqueños delatan a los socialistas como incendiarios y destructores, creyéndose que de este modo sirven mejor a los intereses de los capitalistas.[87]

Ya en mayo de 1918, la confrontación de la FLT y el partido socialista con el gobernador Yager era abierta y sin cuartel. El senador Iglesias se trasladó a Washington para gestionar la destitución de Yager.[88] Fechado 5 de mayo de 1918, Iglesias le sometió un memorando a Gompers solicitándole la formulación de cargos contra Yager en Washington, por desatender su deber de cooperar con las llamadas "políticas bélicas nacionales". Le imputó además al gobernador que, consciente o inconscientemente, había usado el poder de su oficina para interferir con los esfuerzos constructivos de los trabajadores puertorriqueños para mejorar su condición de vida. Afirmó finalmente que la situación laboral había forzado a los trabajadores puertorriqueños al borde de una revolución.[89]

Mientras tanto, el comité local socialista de Arecibo creó la *Junta de defensa pro-Balsac,* con Esteban Padilla como presidente y J. Santos Rodríguez como secretario tesorero.[90] En una pequeña nota publicada el 7 de mayo de 1918 en *Unión obrera* se informó que en "La colectiva" de Puerta de Tierra, José María Román, Eusebio Colón y Francisco Cabán habían recaudado la suma de $48.05 ($758 al valor presente) para la defensa.[91] El 9 de mayo, Padilla y Santos Rodríguez dieron a la luz un informe en *Unión obrera* en torno a la situación de Balsac, los progresos alcanzados y los objetivos perseguidos. Dieron además parte de haberse reunido en San Juan con el abogado José de Jesús Tizol, entonces senador por San Juan del *Partido unión* y a quien habían encomendado la defensa de su camarada:

> Tanto el señor Tizol como nosotros entendemos que este asunto debe llevarse en apelación ante la metrópoli si fuere necesario (es casi seguro que lo será) que *debe hacerse de él un caso ejemplar que acabe de una vez y para siempre de definir cuál es la posición del productor puertorriqueño en relación con los derechos públicos y de ciudadanía que dicen garantizarnos la constitución y bandera americana*, garantías desmentidas hasta hoy en Puerto Rico por las actuaciones injustas y parcialísimas del gobierno local. Para ello se requieren recursos bastantes, algunos centenares de dólares y actuar con diligencia y entusiasmo, pues no sería extraño que las primeras vistas de dichos juicios se celebrara el día 20 o antes del mes de Mayo, motivos por los cuales apelamos a la solidaridad de todos los obreros y obreras conscientes del país, que aspiren a una mayor libertad económica, social y pública.
>
> Razones son estas suficientes para justificar el que nos dirijamos con la presente a las Secciones Locales Socialistas de la isla para interesarlas en favor del camarada Balsac, suplicándoles endosen el caso a los correligionarios de las localidades respectivas y que patrocinen y dirijan en todo cuanto les sea posible la celebración de colectas en fábricas y talleres en favor del camarada y amigo dos veces procesado. Así esperan que se hará, por la Junta de Defensa Pro-Balsac y por el movimiento obrero en general de Arecibo, vuestros camaradas y amigos, Esteban Padilla, Presidente, J. Santos Rodríguez, Secretario Tesorero.[92]

El 11 de mayo de 1918 – apenas dos días después de proclamarse los objetivos perseguidos con el caso Balsac – *Unión obrera* presentó un editorial titulado "El pleito de Puerto Rico ante el Pueblo Americano", mediante el cual formuló una vez más el reclamo de los trabajadores puertorriqueños en pro del cumplimiento de las promesas de justicia que en su día formulara la metrópoli:

> Los propósitos de la Federación Libre y del Partido Socialista, al querer barrer de la isla a los varones del capital ausente, y aún de la riqueza que emigra del país en un 70 % son los más humanos y civilizadores para una Colonia.
> Somos AMERICANOS, tal y como Yager y McIntyre han recomendado, esto es, americanos para crear riquezas y morir de miseria; para servir a la patria y dar nuestros hijos y nuestra sangre en contra de la autocracia, pero los tigres capitalistas devoran nuestra isla sin piedad y destruyen todo ideal todo afecto y hacen de la democracia la más inocua de las oligarquías en Pto-Rico.[93]

El 13 de mayo de 1918 se informó en la prensa que Samuel Gompers solicitaría la destitución de Yager como gobernador por haber abandonado a los trabajadores puertorriqueños.[94] Mientras tanto las colectas continuaban para sufragar la defensa. José María Román, a cargo del *Comité pro-defensa de Balsac* en Puerta de Tierra informó el 20 de mayo en *Unión obrera* que se recolectaron $71.93 (equivalente a $1,134 al valor presente) y que "[e]ste informe es para conocimiento general de todos los camaradas, y para que en la isla hagan otro tanto nuestros compañeros en bien de la defensa del valiente periodista obrero, Jesús Ma. Balsac".[95]

El 23 de mayo se anticipó de nuevo al pueblo que Samuel Gompers se proponía solicitar formalmente la destitución del gobernador Yager.[96] Esta acción fue anunciada finalmente al día siguiente, 24 de mayo, imputándosele negligencia, parcialidad, e incumplimiento con el deber. Las páginas de *Unión obrera* recogieron la carta con los cargos dirigida al presidente Wilson, que incluía también un llamado a que se resolviera la situación política de Puerto Rico:

> Los trabajadores agrícolas que están ahora en huelga en las plantaciones de azúcar de Puerto Rico, han sido privados de la justicia política, legal e industrial. El gobierno de Estados Unidos que está actualmente en guerra contra los principios de la autocracia y la negación del derecho humano, no puede aparecer por más tiempo responsable de una condición en un territorio sobre el cual tiene jurisdicción, que está totalmente en desacuerdo con los ideales e instituciones por las cuales nuestro gobierno y nuestra nación se han declarado.
>
> La situación de Puerto Rico que está induciendo y dirigiendo al pueblo trabajador a los linderos de una revolución, se está utilizando para el descrédito de nuestra república en los países de habla española. La historia de la injusticia en Puerto Rico ha sido ya conducida al pueblo de habla española de la América del Norte y del Sur, y aún hasta Europa. El pueblo de esos países amerita las declaraciones de nuestro gobierno y nuestro pueblo por los resultados que sean capaces de obtener.[97]

En el otro frente de confrontación que era el control de la alcaldía de Arecibo, la pugna con el gobernador no daba signos de fatiga. El 21 de mayo de 1918 el comité local del *partido socialista* le cursó una misiva a Yager, suscrita por su presidente Estaban Padilla y Ramón Pérez y Pérez como secretario.[98] Reclamaron que ante la renuncia del alcalde Manuel Viñas Camaño, el gobernador debía designar su sucesor de una terna de miembros del *Partido socialista,* por haber sido la agrupación con más votos en las elecciones recientes.[99] Con la misma fecha y bajo la firma de Padilla, el comité le escribió además a Santiago Iglesias, rindiendo cuenta de la carta a Yager del mismo día y solicitando su apoyo para enfrentar al gobernador.[100] Junto a la misiva el líder socialista arecibeño le acompañó al senador, de parte de Balsac, ejemplares de los periódicos *El baluarte* y *El regionalista,* ambos del 20 de mayo de 1918, con la convicción profética de que ello "te dará una idea de cuánta porquería se sierne en la altura contra nosotros y de todo lo que estamos dispuestos a realizar esta vez si se usurpan nuestros derechos".[101]

En la misma edición de 24 de mayo de 1918 *Unión obrera* lanzó un grito de alerta ante la vacante en la alcaldía de Arecibo. Se hizo un recuento de los hechos que condujeron al *Partido obrero insular* al triunfo en 1914 y por qué le correspondía a su sucesor *Partido socialista* llenar la vacante. Se emplazó al gobernador Yager a deponer su actitud hacia el socialismo, a base de que "[n]uestro gobernador, que está en entredicho, debe comenzar su rectificación, realizando un acto de Justicia, y reconociendo al partido que en buena lid obtuvo el poder municipal en Arecibo".[102] El siempre combativo Esteban Padilla fue aún más lejos al suscribir, como presidente del comité local socialista de Arecibo y junto al secretario de la colectividad Ramón Pérez y Pérez, una exhortación a los comités socialistas del resto del País a unir esfuerzos para prevenir el nombramiento de un alcalde unionista. Padilla acusó al gobernador de buscar el apoyo del *Partido unión* ante las querellas presentadas en su contra en la metrópoli:

> Los unionistas de la localidad hacen gran ostentación y muy ruidoso alarde de que será nombrado un alcalde unionista y que el gobernador procederá así a cambio de que sea endosada su actitud contra los obreros, suspendiendo los derechos públicos en la huelga pasada, masacrando y atropellando al campesino huelguista y negándose a forzar un arbitraje entre patronos y obreros con el risible, ridículo y falsísimo pretexto de que no había huelga, por los Comités Locales del Partido Unión de Puerto Rico en la Isla y que a la vez éstos, le ayudarán en todas formas a defenderse de los cargos presentados contra él, en Washington, por Gompers e Iglesias a nombre del pueblo productor puertorriqueño.[103]

Estos esfuerzos por presionar al gobernador resultaron en vano. Mediante una carta fechada 20 de mayo de 1918, el presidente Wilson le participó a Samuel Gompers que, basado en un memorando del general Frank McIntyre, los cargos contra Arthur Yager carecían de méritos, pero que aun así invitaba al líder de la AFL a reunirse con el secretario de la guerra Baker y el propio McIntyre para buscar un entendido mutuo.[104] Tres días después, Gompers le confirmó su interés al respecto, pero solicitando que Santiago Iglesias estuviese presente en la reunión.[105]

A finales de mayo en *Unión obrera* se anunció que la colecta de fondos pro-Balsac había alcanzado la suma de $80.74 ($1,380 al valor presente).[106] Al amanecer del 31 de mayo de 1918, *Unión obrera* publicó una nueva réplica al gobernador, suscrita esta vez por el abogado laboral Abraham Peña Romero. Consistía de un memorando que, en defensa del derecho del *Partido socialista,* como sucesor del *Partido obrero insular,* el abogado había entregado al gobernador el 24 de mayo anterior para respaldar la terna de candidatos sometida para la alcaldía de Arecibo. Incluía, además, una carta abierta al gobernador, suscrita por Esteban Padilla, en la cual se reclamaba la alcaldía arecibeña:

> Nuestro alegado derecho a cubrir la vacante de Alcalde, con uno de nuestros hombres, es claro y patente. Está en la conciencia de las masas del pueblo obrero de Arecibo, que tanto ha luchado y se ha sacrificado por conquistar ese derecho. Y esperamos que Ud. lo reconozca así, y le haga justicia a este pueblo que está ansioso de ejercitar su derecho.[107]

Ese mismo día 31 de mayo de 1918 a las 3 de la tarde, el fiscal José R. Aponte presentó dos denuncias contra Balsac por violación a los artículos 243 y 244 del Código Penal que tipificaban el delito de libelo:

> En Arecibo, Puerto Rico, capital del distrito Judicial del mismo nombre, el acusado Jesús M. Balsac, en época anterior a la presentación de esta acusación, o sea el 16 de abril de 1918, siendo allí y entonces Editor, director y Administrador de un periódico diario que se titula "El Baluarte", que tiene su oficina de publicación en la calle Lealtad y Puente de Hierro No. 7 de Arecibo, P.R., y que se publica y circula en el referido distrito Judicial de Arecibo, ilegal, voluntaria y maliciosamente allí y entonces publicó e hizo y procuró que se compusiese, editase y publicase en el número 69 de dicho periódico "El Baluarte", un libelo, infamatorio, falso, escandaloso y malicioso en forma de un artículo publicado con el título "Yager" conteniendo falsas, escandalosas, maliciosas y difamatorias materias, palabras e

> imputaciones, refiriéndose al Hon. gobernador de Puerto-Rico, Arturo Yager.
> En Arecibo, P.R., capital del distrito Judicial del mismo nombre, el acusado Jesús M. Balsac, director y Administrador de un periódico diario que se titula "El Baluarte" y que se publica y circula en el referido distrito Judicial de Arecibo, ilegal, voluntaria y maliciosamente allí y entonces publicó e hizo y procuró que se compusiese, editase y publicase el 23 de abril de 1918, dentro del referido distrito Judicial de Arecibo, P.R., y en el antedicho periódico, un libelo, infamatorio, falso, escandaloso y malicioso en forma de un artículo publicado con el título "La Voz del Pueblo" conteniendo falsas, escandalosas, maliciosas y difamatorias materias, palabras e imputaciones, refiriéndose al Hon. gobernador de Puerto-Rico, Arturo Yager.[108]

Llamado el caso en el tribunal de Arecibo, el fiscal Aponte procedió a dar lectura a las denuncias, tras lo cual el magistrado le preguntó a Balsac si tenía un abogado, a lo cual respondió que se trataba del licenciado José de Jesús Tizol. Su caso quedó señalado para juicio el 27 de junio de 1918.[109] Seis días después el gobernador Yager nombró a un unionista como alcalde de Arecibo.[110] A su vez, desde una columna titulada "Sueltos al aire", el periódico *Unión obrera* continuó brindándole apoyo a Balsac:

> No te apures, director de "El Baluarte": no sabes cómo saldrán tus denuncias. El cielo está nublado: el diablo está en el mar.
> De todos modos, el fiscal de Arecibo está en carácter, velando por el prestigio del gobernador que está acusado de hacer informes inexactos, y de algo más.[111]

El respaldo del presidente Wilson al gobernador Yager no calmó la tensa situación que rodeada al segundo. Tanto la FLT de Puerto Rico como la AFL en los Estados Unidos continuaron presionando su destitución. Durante el mes de junio de 1918, la FLT presentó cargos contra Yager, sosteniendo que "los intereses azucareros, de los que se dice estar controlados principalmente por capital alemán están dominando los asuntos de Puerto Rico".[112] Por su parte y durante la 38ª convención anual de la AFL en St. Paul, Minnesota, en junio de 1918, se aprobó la resolución número 50 presentada por Samuel Gompers, mediante la cual se formularon igualmente cargos contra el gobernador de Puerto Rico. Como parte de la resolución, se expresó además

> [q]ue en tanto el pueblo de Puerto Rico ha sido dotado con una forma civil de gobierno en armonía con nuestra forma de gobierno territorial, y siendo una raza de personas obedientes a la ley y pacífica esta convención, a través de sus oficiales, requiere del presidente de los Estados Unidos que transfiera los asuntos gubernamentales de esa Isla del negociado de asuntos insulares a un departamento civil que en nuestra opinión sea el departamento de lo interior, por ser un departamento que siempre ha estado a cargo de la supervisión de todas nuestras formas de gobierno territoriales".[113]

En efecto, la AFL estaba no solo pidiendo la remoción del gobernador de turno, sino también pasos concretos para que Puerto Rico pasara de ser un territorio subordinado al departamento de la guerra, a uno incorporado bajo el ala de las autoridades civiles federales. El movimiento sindical continental reafirmaba así su objetivo de lograr la incorporación de Puerto Rico y su eventual aceptación como estado federado. Mientras tanto en Puerto Rico y a pesar de la evidente atmósfera de agitación y acoso que contra los socialistas tenía lugar, optaron por actuar conforme a las reglas judiciales pues era cónsono con las directrices de la AFL.[114]

Las comunicaciones entre estas agrupaciones sindicales se estaban viendo afectadas por las acciones tomadas por el gobierno. Con fecha de 3 de julio de 1918 Gompers le remitió un cablegrama a Prudencio Rivera Martínez inquiriendo por cartas y dinero enviados a Santiago Iglesias que nunca llegaron, y por comunicaciones a otros destinatarios en Puerto Rico y de las que tampoco se sabía su destino. Le informó además que la *Junta nacional laboral bélica* estaba considerando las condiciones en Puerto Rico y se proponía nombrar una comisión.[115]

Mientras y en defensa de Balsac, el 26 de junio de 1918 el licenciado De Jesús Tizol logró que el juicio fuese transferido para el 29 de junio por compromisos judiciales previos. Del 29 de junio, el juicio fue pospuesto para el 10 de julio por la misma razón. En esta fecha el juicio tampoco pudo comenzar porque Balsac se encontraba enfermo, por lo que se trasladó entonces el proceso para el 29 de julio de 1918.[116] Ese día a las 9:40 de la mañana dio comienzo el procesamiento por libelo contra Jesús María Balsac, presidido por el juez Enrique Lloreda Casabo.[117]

Gracias a las minutas que con amplios detalles recogieron las incidencias del juicio contra Balsac en Arecibo – al punto de casi constituir una transcripción de los procedimientos[118] – podemos reconstruir con precisión los eventos que allí transpiraron. Solo hizo falta colocar unos hilos conductores para recrear lo acontecido en el tribunal de Arecibo ese 29 de julio de 1918 en horas de la mañana:

- *De pie todos. La corte de distrito de Arecibo, presidida por el honorable juez Enrique Lloreda Casabo inicia sus trabajos en la mañana de hoy 29 de julio de 1918. Pueden sentarse y mantener silencio en sala.*
- *Llámese el caso en calendario.*
- *Criminal números 880 y 881, El Pueblo de Puerto Rico versus Jesús M. Balsac, acusado, sobre difamación criminal.*
- *Buenos días, se dirige ante este honorable tribunal el fiscal José M. Aponte y estamos preparados.*
- *Buenos días fiscal. ¿Está su prueba presente en sala?*
- *Lo está, su señoría.*
- *Buenos días, se dirige a la honorable corte el licenciado José de Jesús Tizol, en representación del señor Balsac.*
- *Buenos días licenciado. ¿Está preparado para ver el juicio?*
- *Bueno, su señoría, para ello tendríamos que conocer primero si el marshall de esta honorable corte citó a los testigos que se le informaron.*
- *¿Marshall?*
- *Sí su señoría, el licenciado nos pidió que citáramos al secretario del honorable gobernador, pero no fue posible por encontrarse en Jájome, según se nos informó. Los señores Shanton y Roberts tampoco pudieron ser citados por encontrarse por la Isla. Tampoco se pudo citar al comisionado de lo interior porque no hubo tiempo para hacerlo, según nos informó el marshall de San Juan.*
- *Gracias marshall. Adelante licenciado.*
- *Gracias, su señoría. Su señoría, este abogado necesita además otros testigos de defensa que no están presentes. Le solicitaríamos también a la honorable corte se nos conceda la oportunidad de presentar en una hora una moción por escrito sobre ello y solicitar la posposición del juicio.*

Además, su señoría, solicitamos de la honorable corte se le reconozca al señor acusado que su juicio sea visto ante un Jurado, lo cual es otra razón para solicitar la posposición del procedimiento.

- *Señor fiscal.*
- *Su señoría. Este ministerio fiscal se opone a la solicitud de juicio por Jurado, su señoría. La Corte Suprema de Puerto Rico estableció claramente en Pueblo versus Adorno que esta corte posee jurisdicción para ver los casos de misdemeanor y que en los casos de misdemeanor no hay derecho a juicio por Jurado.*
- *Escuchadas a las partes, la corte desestima el planteamiento de derecho a juicio por Jurado invocado por el acusado señor Balsac, dado que nuestro Derecho no lo contempla en este tipo de caso.*
- *Tenemos reparo, su señoría. Es la posición del acusado que este procedimiento es inconstitucional por no reconocer un derecho que es consustancial a todo ciudadano americano.*
- *Licenciado, aun asumiendo que ese derecho le asistiera a su cliente en un caso misdemeanor, debió así plantearlo en la lectura de las denuncias. Al no hacerlo renunció conforme se estableció por la Corte Suprema en Ex-Parte Torres del 4 D.P.R. El juicio por Jurado solo se concede en los casos de felony y ese beneficio no se ha extendido a casos por libelo u otros tipos de misdemeanors. Véase a Pueblo versus Bird, 5 D.P.R. 589. Habiendo resuelto este asunto, la corte recesará por una hora para que el licenciado prepare su moción de suspensión. Receso por una hora.*[119]

Reanudada la sesión en la corte una hora más tarde, el licenciado De Jesús Tizol sometió su solicitud de suspensión del juicio. El juez Lloreda Casabo la leyó y quedó informado de los testigos cuya presencia el abogado de Balsac reclamaba y el contenido del testimonio que se proponía presentar con cada uno de ellos. Entre ellos, figuraban Geo Shanton, jefe de la policía insular; Guillermo Esteves, comisionado del interior;

José Muñoz Rivera, secretario del Senado de Puerto Rico; y los líderes obreros Epifanio Fritz, Ramón Barrios y Santiago Iglesias Pantín. Con respecto a Iglesias, la defensa de Balsac puso por escrito al tribunal al tanto de los acontecimientos relacionados que sucedían en los Estados Unidos:

> Santiago Iglesias – como puede verse está conectado este testigo con casi todas las declaraciones anteriores, y además podría informarnos sobre los cargos presentados contra el gobernador Yager por él ante el presidente Wilson por conducto de Mr. Gompers, presidente de la American Federation of Labor. Así también como testigo presencial de la actitud tomada por esta Institución en su última Convención en la que estuvo presente dicho Sr. Iglesias y de donde salió además de una resolución pidiendo la destitución del gobernador Yager, una resolución pidiendo la separación de Puerto-Rico del Bureau de Asuntos insulares para ser anexado al Departamento del Interior, y conseguir una comisión que investigue las condiciones generales del país, la cual ha sido nombrada recientemente, y cuya resolución entendemos debiera ser esperada antes de la celebración de este juicio.[120]

Examinada la moción de la defensa, los procedimientos en corte abierta fueron reanudados, recreándose a continuación:

- *La corte ha examinado con detenimiento el escrito presentado por la defensa. Ante de adjudicar, exprese el fiscal su posición.*
- *Nos oponemos terminantemente, su señoría. Lo que vendrían a testificar el jefe de administración y el jefe de la policía no se refiere al libelo cometido contra el honorable gobernador. Las acciones que ellos toman en el cumplimiento de sus respectivos deberes es parte de las medidas de public police y no guarda relación con el delito de libelo imputado al*

acusado Jesús M. Balsac. En lo que respecta a los otros testigos que quiere ahora traer la defensa, los señores Epifanio Fiz, Ramón Barrio, Santiago Iglesias, Henry W. Dooley, lo que ellos puedan declarar son solo sus opiniones personales de cada uno de esos testigos y no pueden usarse para justificar un libelo. El ministerio fiscal dirige su caso hacia el libelo en sí y que dicho acto fue ejecutado por el acusado. Por último, su señoría, llamamos la atención a que este caso ha sido ya suspendido cuatro veces antes de hoy. Eso lo sabe perfectamente el abogado del acusado Balsac porque ha sido el quien siempre ha gestionado las suspensiones. Además, la defensa ha tenido más que suficiente tiempo para entregarle a esta honorable corte la lista de sus testigos para que estos fueran citados oportunamente.

- *Si su señoría me permite.*
- *Adelante licenciado.*
- *Queremos hacer consignar además los fundamentos en que se sustenta la solicitud de suspensión. El primero es que los artículos que se imputan como libelosos son unas comunicaciones privilegiadas. El segundo, que en los mismos no se toca para nada la reputación personal ni el carácter privado del gobernador señor Yager. El tercero, que siendo el libelo un menoscabo en la reputación de la persona, nos proponemos probar que la reputación del gobernador no fue afectada de forma alguna por las publicaciones, ya que el gobernador ya ha sido atacado políticamente por todos los partidos políticos constituidos en Puerto Rico. Es debido a la naturaleza de estas defensas que contar con la presencia de los testigos requeridos resulta indispensable, su señoría. Sometido.*
- *Muy bien. Se decreta receso hasta las dos de la tarde, cuando la corte anunciará su decisión.*[121]

REFERENCIAS

1 "No existen pueblos ni razas superiores ni inferiores", *Unión obrera*, 1ro de marzo de 1918, p. 1.

2 "La historia se repite: La semilla de la reacción siempre fructificando", *Unión obrera*, 8 de mayo de 1918, p. 3.

3 García & Quintero Rivera, Desafío y solidaridad, 81; Silén, Apuntes para la historia, 73-74.

4 García & Quintero Rivera, Desafío y solidaridad, 92.

5 García & Quintero Rivera, Desafío y solidaridad, 81; Silén, Apuntes para la historia, 73-74.

6 García & Quintero Rivera, Desafío y solidaridad, 81; Silén, Apuntes para la historia, 73-74.

7 Mandel, Samuel Gompers, 335.

8 Carta de Gompers a Iglesias de 15.4.1915, CDOSIP, legajo 20, carpeta 23.

9 Mandel, Samuel Gompers, 335.

10 Carta del presidente Wilson a Samuel Gompers, 20 de marzo de 1916 (The George Meany Memorial Archives, Office of the President: Samuel Gompers and Woodraw Wilson Corresp., RG1-013, Box 1, Folder 3).

11 García & Quintero Rivera, Desafío y solidaridad, 61.

12 Hearing Before The Committee On Pacific Islands And Porto Rico, US Senate (Sixty-Fourth Congress, First Session), 113. Deseo consignar mi más sincero agradecimiento al señor Manuel "Lin" Iglesias Beléndez, tanto por ponerme al tanto de esta valiosa fuente, como por brindarme generoso acceso a la misma.

13 Hearing Before The Committee On Pacific Islands And Porto Rico, US Senate (Sixty-Fourth Congress, First Session), 118.

14 Hearing Before The Committee On Pacific Islands And Porto Rico, US Senate (Sixty-Fourth Congress, First Session), 118.

15 Hearing Before The Committee On Pacific Islands And Porto Rico, US Senate (Sixty-Fourth Congress, First Session), 118.

16 Hearing Before The Committee On Pacific Islands And Porto Rico, US Senate (Sixty-Fourth Congress, First Session), 122. La preocupación mayor de algunos miembros del Senado, como James K. Vardaman, de Mississippi, era cuál era la proporción de gente negra entre los nativos. Íd., 123-124.

17 Hearing Before The Committee On Pacific Islands And Porto Rico, US Senate (Sixty-Fourth Congress, First Session), 136.

18 Hearing Before The Committee On Pacific Islands And Porto Rico, US Senate (Sixty-Fourth Congress, First Session), 138.

19 Hearing Before The Committee On Pacific Islands And Porto Rico, US Senate (Sixty-Fourth Congress, First Session), 147.

20 Hearing Before The Committee On Pacific Islands And Porto Rico, US Senate (Sixty-Fourth Congress, First Session), 147.

21 Carta de Samuel Gompers al presidente Wilson, 29 de abril de 1916, en Peter J. Albert & Grace Palladino, eds., The Samuel Gompers Papers, Volume 9: The American Federation of Labor at the Heigh of Progressivism, 1913-17 (Chicago, EE.UU: University of Illinois Press) 410-411.

22 Carta del presidente Wilson a Samuel Gompers, 8 de junio de 1916 (The George Meany Memorial Archives, Office of the President: Samuel Gompers and Woodraw Wilson Corresp., RG1-013, Box 1, Folder 3).

23 Carta del presidente Wilson a Samuel Gompers, 11 de diciembre de 1916 (The George Meany Memorial Archives, Office of the President: Samuel Gompers and Woodraw Wilson Corresp., RG1-013, Box 1, Folder 3).

24 Documento en línea, Woodrow Wilson, "State of the Union Address, December 6, 1916", http://teachingamericanhistory.org/library/index.asp?document=1329, accedido el 15 de septiembre de 2006.

25 Pringle, The Life and Times of William Howard Taft, 888-889, 930; Duffy, William Howard Taft, 306.

26 Pringle, The Life and Times of William Howard Taft, 865-866.

27 Theodore Marburg & Horace E. Flack, eds., Taft Papers on League of Nations (New York, EE.UU: Macmillan, 1920) 72-73 (énfasis suplido).

28 Burton, Holmes, and the 1920s Court, 127.

29 Pringle, The Life and Times of William Howard Taft, 885.

30 Pringle, The Life and Times of William Howard Taft, 898-899.

31 Burton, Holmes, and the 1920s Court, 90; Duffy, William Howard Taft, 308.

32 Mandel, Samuel Gompers, 335.

33 Mandel, Samuel Gompers, 336.

34 *Muratti vs. Foote*, 25 D.P.R. 568 (1917).

35 *Muratti vs. Foote*, 569, 571, 572, 573, 581, 583 y 584.

36 *Porto Rico vs. Tapia*, 245 U. S. 639 (1918); *Porto Rico vs. Muratti,* 245 U. S. 639 (1918).

37 Véase en Laura Briggs, Reproducing Empire: Race, Sex, Science, and U.S.

Imperialism in Puerto Rico (Berkeley, EE.UU: University of California Press, 2002) 72-73.

38 "No existen pueblos ni razas superiores ni inferiores", *Unión obrera*, 1ro de marzo de 1918, p. 1.

39 Carta de Gompers al presidente Wilson de 4.1.1918, CDOSIP, legajo 20, carpeta 23.

40 Truman R. Clark, "Educating the Natives in Self-Government": *Puerto Rico and the United States, 1900-1933, Pacific Historical Review*, Vol. 42, No. 2 (Mayo, 1973) 220, 231.

41 Clark, "Educating the Natives in Self-Government", 233 (notas omitidas).

42 Carta de McIntyre a Gompers de 5.1.1918, CDOSIP, legajo 20, carpeta 23.

43 Telegrama de Esteban Padilla desde Arecibo a Santiago Iglesias de 31.1.1918, CDOSIP, legajo 20, carpeta 6.

44 Telegrama de Raimundo Fernández Texidor desde Patillas a Santiago Iglesias de 7.2.1918, CDOSIP, legajo 20, carpeta 6.

45 Telegrama de Domingo Santos desde Ceiba a Santiago Iglesias de 3.3.1918, CDOSIP, legajo 20, carpeta 21.

46 "Un Barón del azúcar ante el gobernador Yager", *Unión obrera*, 15 de marzo de 1918, p. 1.

47 Telegrama de Armando Ferrer a Santiago Iglesias de 20.3.1918, CDOSIP, legajo 20, carpeta 6.

48 Telegrama de Esteban Hernández a Santiago Iglesias de 28.3.1918 y de Eloy Franquiz a Iglesias el 30.3.1918, CDOSIP, legajo 20, carpeta 21.

49 Telegrama de Luisa Capetillo a Santiago Iglesias de 30.3.1918, CDOSIP, legajo 20, carpeta 21.

50 Estas personas no figuran identificadas en la comunicación.

51 Declaración jurada de Bolívar Ochart Ortiz de 30.3.1918, CDOSIP, legajo 20, carpeta 21.

52 "La huelga en Arecibo", *La correspondencia de Puerto Rico*, 17 de abril de 1918, p. 3; "¡Partido Socialista!", *Unión obrera*, 24 de mayo de 1918, p. 1; Carlos Sanabria, "Samuel Gompers and the American Federation", 156; Silén, Apuntes para la historia, 64.

53 Silén, Apuntes para la historia, 64.

54 Samuel Gompers, Justicia para Puerto Rico (San Juan, Puerto Rico: 1904) 26.

55 Silén, Apuntes para la historia, 72

56 Carlos Sanabria, "Samuel Gompers and the American Federation", 156

(notas omitidas).

57 Telegrama de Esteban Padilla a Santiago Iglesias de 21.3.1918, CDOSIP, legajo 20, carpeta 14.

58 Telegrama de Esteban Padilla a Santiago Iglesias de 26.3.1918, CDOSIP, legajo 20, carpeta 2.

59 Cablegrama de Santiago Iglesias a la AFL de 27.3.1918, CDOSIP, legajo 20, carpeta 6.

60 Telegrama del licenciado Jesús Soto a Santiago Iglesias de 1.4.1918, CDOSIP, legajo 20, carpeta 21.

61 Telegrama de Domingo Santos e Ignacio Monge Rivera desde Río Grande a Santiago Iglesias de 1.4.1918, CDOSIP, legajo 20, carpeta 21.

62 Telegrama de Ramón Torres Colón y Jorge Gautier desde Guayama a Santiago Iglesias de 2.4.1918, CDOSIP, legajo 20, carpeta 21.

63 Telegrama de Eloy Franquiz desde Naguabo a Santiago Iglesias de 2.4.1918, CDOSIP, legajo 20, carpeta 21.

64 Telegrama de José F. González y N. Caballero desde Manatí a Santiago Iglesias de 5.4.1918, CDOSIP, legajo 20, carpeta 21.

65 Telegrama de Amparo Miranda desde Manatí a Santiago Iglesias de 8.4.1918, CDOSIP, legajo 20, carpeta 6.

66 Notificación del Bureau of Insular Telegraph a Prudencio Rivera Martínez de 8.4.1918, CDOSIP, legajo 20, carpeta 21.

67 Cablegrama de Santiago Iglesias a la AFL de 5.4.1918, CDOSIP, legajo 20, carpeta 21.

68 Cablegrama de Santiago Iglesias a la AFL de 6.4.1918, CDOSIP, legajo 20, carpeta 21.

69 Manifiesto "al País y a las autoridades de Washington", por Epifanio Fritz y Ramón Barrios de 15.4.1918, CDOSIP, legajo 20, carpeta 4.

70 Telegrama de Esteban Padilla a Santiago Iglesias de 2.4.1918, CDOSIP, legajo 20, carpeta 21.

71 Telegrama de Santiago Iglesias a Esteban Padilla de 11.4.1918, CDOSIP, legajo 20, carpeta 21.

72 Hoja suelta publicada por el comité de huelga en Arecibo el 14.4.1918, CDOSIP, legajo 23, carpeta 39.

73 "La huelga en Arecibo", *La correspondencia de Puerto Rico*, 17 de abril de 1918, p. 3. El estilo de la prosa nos lleva a pensar que fue Balsac el autor de la pieza. En esa misma edición *La correspondencia de Puerto Rico* informó con un tono irónico que una chispa que voló de una maquinaria de la central

Cambalache había incendiado ocho cuerdas sembradas de caña. "Lo que puede una chispa", Íd.

74 Angelita Cordero, "Jesús M. Balzac y la relación con Estados Unidos: una investigación preliminar", monografía inédita (San Juan, Puerto Rico: 1995).

75 Balsac, Unión y fuerza, 8.

76 Cordero, "Jesús M. Balzac y la relación con Estados Unidos".

77 García & Quintero Rivera, Desafío y solidaridad, 81; Silén, Apuntes para la historia, 73-74.

78 Mandel, Samuel Gompers, 335.

79 "De Arecibo", *La correspondencia de Puerto Rico*, 18 de abril de 1918, p. 3.

80 Testimonio de Ramón Alfonso Rivera en el caso de *El Pueblo vs. Jesús M. Balsac*, causas número 880 y 881, archivo inactivo, oficina de administración de los tribunales.

81 Acusación presentada por el Ministerio Público en el caso de El *Pueblo vs. Jesús M. Balsac*, causa número 880, archivo inactivo, oficina de administración de los tribunales.

82 Acusación presentada por el Ministerio Público en el caso de *El Pueblo vs. Jesús M. Balsac*, causa número 881, archivo inactivo, oficina de administración de los tribunales.

83 "EL CABALLERO ANDANTE", *El águila*, 24 de abril de 1918, p. 2.

84 "Grata visita", *Unión obrera*, 26 de abril de 1918, p. 1.

85 "Luisa Capetillo sentenciada", *Unión obrera*, 29 de abril de 1918, p. 2.

86 Mariano Abril, "La agitación obrera y el socialismo", *La democracia*, 18 de abril de 1918, p. 4.

87 "La prédica de odios", *Unión obrera*, 29 de abril de 1918, p. 1.

88 "Partido Socialista conmoviendo a P.R. El 1o de Mayo", *Unión obrera*, 2 de mayo de 1918, p. 1.

89 Memorando de Santiago Iglesias a Samuel Gompers de 3.5.1918, CDOSIP, legajo 20, carpeta 2.

90 "Pro J. M. Balsac", *Unión obrera*, 9 de mayo de 1918, p. 3.

91 "Proceso Balsac", *Unión obrera*, 7 de mayo de 1918, p. 1.

92 "Pro J. M. Balsac", *Unión obrera*, 9 de mayo de 1918, p. 3 (énfasis suplido).

93 "El pleito de Puerto Rico ante el Pueblo Americano", *Unión obrera*, 11 de mayo de 1918, p. 1.

94 "Mr. Gompers solicita el relevo del gobernador Yager", *El águila,* 13 de mayo

de 1918, p. 1.

95 "Pro-Balsac", *Unión obrera*, 20 de mayo de 1918, p. 3.

96 "Correspondencia de Iglesias", *Unión obrera*, 23 de mayo de 1918, p. 1.

97 "Cargos presentados contra Arthur Yager, gobernador de Pto. Rico", *Unión obrera*, 24 de mayo de 1918, p. 1.

98 Carta del comité local de Arecibo del Partido socialista al gobernador Arthur Yager de 21.5.1918, CDOSIP, legajo 20, carpeta 2. En el encabezado de la carta figuran Esteban Padilla como presidente y "JM Balzac" como vicepresidente. Adviértase lo anárquico que resultaba incluso para sus mismos compañeros de lucha el escribir el apellido de Balsac con "s", en lugar de "z".

99 Los candidatos propuestas lo fueron Víctor M. Marín Ginorio, Sergio Seijo Tavarez y J. Benito Martínez Reyes.

100 Carta del comité local de Arecibo del Partido socialista a Santiago Iglesias de 21.5.1918, CDOSIP, legajo 20, carpeta 2.

101 Carta del comité local de Arecibo del Partido socialista a Santiago Iglesias de 21.5.1918, CDOSIP, legajo 20, carpeta 2.

102 "¡En guardia, socialistas!", *Unión obrera*, 24 de mayo de 1918, p. 1.

103 "¡Partido Socialista!", *Unión obrera*, 24 de mayo de 1918, p. 3.

104 Carta del presidente Woodrow Wilson a Samuel Gompers de 20.5.1918, CDOSIP, legajo 20, carpeta 2.

105 Carta de Samuel Gompers al presidente Woodrow Wilson de 23.5.1918, CDOSIP, legajo 20, carpeta 2.

106 "Colecta Pro-Balsac", *Unión obrera*, 25, 27 y 28 de mayo de 1918, p. 3. En la edición de 27 de mayo de 1918, se informó además que José María Román le explicó a los obreros de la fábrica de cajitas de Miramar el propósito de la colecta y que todos cooperaron con entusiasmo.

107 "Cumpla la ley, gobernador", *Unión obrera*, 31 de mayo de 1918, p. 1.

108 Acusaciones presentadas por el Ministerio Público en los casos de *El Pueblo vs. Jesús M. Balsac*, causas número 880 y 881, archivo inactivo, oficina de administración de los tribunales.

109 Minutas de los casos de *El Pueblo vs. Jesús M. Balsac*, causas número 880 y 881, archivo inactivo, oficina de administración de los tribunales.

110 "Otro acto de tiranía del gobernador", *Unión obrera*, 6 de junio de 1918, p. 1.

111 "Sueltos al aire", *Unión obrera*, 6 de junio de 1918, p. 1.

112 "Cargos contra Arthur Yager" de 6.1918, CDOSIP, legajo 20, carpeta 2.

113 Resolución #50, 38a convención anual de la AFL en St. Paul Minnesota de 6.1918, CDOSIP, legajo 20, carpeta 2.

114 Miles Galvin, "The Early Development of the Organized Labor Movement in Puerto Rico", *III Latin American Perspectives*, No. 3, 27 (Summer, 1976).

115 Cable de Samuel Gompers a Prudencio Rivera Martínez de 3.7.1918, CDOSIP, legajo 20, carpeta 26.

116 Incidentes preliminares al juicio según recogidos en las minutas del juicio en los casos de *El Pueblo vs. Jesús M. Balsac*, causas número 880 y 881, archivo inactivo, oficina de administración de los tribunales.

117 Incidentes preliminares al juicio según recogidos en las minutas del juicio en los casos de *El Pueblo vs. Jesús M. Balsac*, causas número 880 y 881, archivo inactivo, oficina de administración de los tribunales. Véase también "Vista del juicio por libelo contra J. M. Balsac", *Unión obrera*, 7 de agosto de 1918, p. 1.

118 Las minutas de este caso son en extremo detalladas. Se desconoce, por requerir una investigación muy particularizada, si ese tipo de minuta-transcripción era la norma para aquellos tiempos – ante la probable ausencia de equipos de grabación como los existentes hoy en día – o si más bien responde a la naturaleza particular de este caso criminal.

119 Reconstrucción dramatizada de los incidentes preliminares al juicio, según recogidos en las minutas de los casos de *El Pueblo vs. Jesús M. Balsac*, causas número 880 y 881, archivo inactivo, oficina de administración de los tribunales. Un misdemeanor significa delito menos grave en español, mientras que felony se refiere al delito grave.

120 Moción de suspensión fechada 29 de julio de 1918 y suscrita por el abogado José de Jesús Tizol, en los casos de *El Pueblo vs. Jesús M. Balsac*, causas número 880 y 881, archivo inactivo, oficina de administración de los tribunales.

121 Reconstrucción dramatizada de los incidentes preliminares al juicio, según recogidos en las minutas de los casos de *El Pueblo vs. Jesús M. Balsac*, causas número 880 y 881, archivo inactivo, oficina de administración de los tribunales.

CAPÍTULO IV
EN MEDIO DE LA LUCHA

"En el caso número 880 sobre libelo infamatorio, la corte encuentra al acusado Jesús M. Balsac culpable del delito del que se le acusa..."
Juez Enrique Lloreda Casabo[1]

EL JUICIO

Transcurrido el receso de almuerzo, los procesos se reanudaron según pautado aquel 29 de julio de 1918. A continuación el desfile de la prueba, interrumpido solo cuando resulte menester alguna aclaración o resumen:

- *De pie todos. La corte de distrito de Arecibo, presidida por el honorable juez Enrique Lloreda Casabo inicia sus trabajos en la tarde de hoy 29 de julio de 1918. Pueden sentarse y mantener silencio en sala.*
- *Llámese nuevamente el caso en calendario.*
- *Criminal números 880 y 881, El Pueblo de Puerto Rico versus Jesús M. Balsac, acusado, sobre difamación criminal.*
- *Buenos tardes, se dirige ante este honorable tribunal el fiscal José M. Aponte y estamos preparados.*
- *Buenos tardes fiscal.*
- *Buenos tardes, se dirige a la honorable corte el licenciado José de Jesús Tizol, en representación del señor Balsac.*
- *Buenas tardes licenciado. La corte va a resolver lo relativo a la solicitud de suspensión del juicio. Por cuanto, al llamarse este caso para juicio el abogado del acusado presentó una solicitud jurada de suspensión del juicio hasta el próximo término judicial, habiéndose opuesto el fiscal y ambas partes argumentado sus respectivas proposiciones. Por cuanto, el*

juicio de este caso fue señalado en corte abierta el 1ro de junio de 1918 durante la lectura del calendario criminal, para tener lugar el día 27 del mismo mes, siendo suspendido a petición del abogado del acusado el día 26 de junio por encontrarse ocupado en otro juicio ante la corte de distrito de San Juan, siendo este caso señalado nuevamente para el día 29 de junio, siendo suspendido ese mismo día por la misma razón, siendo entonces transferido para el día 10 de julio, cuando tampoco pudo celebrarse por enfermedad del acusado, siendo entonces a su petición señalado para el día 26 de ese mes, transfiriéndose entonces ese señalamiento a petición del abogado del acusado para hoy 29 de julio de 1918. Por cuanto, a pesar del tiempo transcurrido y esos cuatro señalamientos y suspensiones, no se ha solicitado en ningún momento por el acusado la citación de los testigos a que se refiere la moción para suspender el juicio, sin que se justifique por qué no fueron citados anteriormente. Por cuanto, la citación de dichos testigos fue solicitada el día 26 al medio día por telégrafo, es decir, mediando solo dos días para el juicio, y siendo dichos días sábado y domingo, no habiéndose por tanto mostrado la debida diligencia y actividad. Por cuanto, esta corte entrará dentro de dos días en su término de vacaciones, por lo que este caso se dilatará tres meses más ya que el próximo término criminal es en noviembre, y ello sería contrariar el principio procesal del juicio rápido consignado en el artículo 1ro del Código de Enjuiciamiento Criminal. Por cuanto, no aparece de la moción de suspensión la esencialidad de la prueba allí relacionada; aludiéndose a comunicaciones y cartas que por su naturaleza son prueba de referencia. Por cuanto, no se alega que los hechos sobre los cuales versarían las declaraciones no pueden ser probados con algún otro testigo. Por tanto, visto el caso de Pueblo versus Gallart, 11 D.P.R. 377, la corte desestima la moción del acusado y ordena el comienzo del juicio.

- *Tomamos excepción, su señoría de la determinación tomada por esta honorable corte.*[2]
- *Anotada la objeción, el juez Lloreda Casabo ordenó se diese lectura a la acusación. El licenciado De Jesús Tizol lo interrumpió para formular una petición de absolución perentoria, fundada en que lo imputado a su cliente no constituía delito. El fiscal Aponte se opuso y el tribunal denegó la solicitud de la defensa.*[3] *Los procedimientos siguieron según se dramatiza a continuación:*
- *Tomamos excepción, su señoría. El acusado niega la acusación y levanta como defensa que los artículos imputados como libelosos son una crítica a un funcionario público y no se le imputa delito alguno.*
- *Anotada. Adelante señor fiscal.*
- *Llamamos al estrado al señor Ramón Alfonso Rivera.*
- *Levante su mano derecha -pronunció el secretario de Sala- ¿jura usted decir la verdad y nada más que la verdad de lo que aquí se le pregunte?*
- *Lo juro.*
- *Así lo ayude Dios.*
- *Con la venia de la honorable corte, testigo, diga su nombre.*
- *Me llamo Ramón Alfonso Rivera.*
- *¿A qué usted se dedica?*
- *Soy el Post Master de Arecibo, de donde soy vecino.*
- *¿Dónde usted trabajaba para abril de este año?*
- *Como Post Master, precisamente.*
- *¿Conoce usted de un periódico llamado El Baluarte?*
- *Sí, porque ese periódico tiene una franquicia en el correo y yo personalmente lo recibía.*
- *¿Qué más usted conocía de ese periódico?*
- *Bueno, sabía también que el editor del periódico para abril lo era J. M. Balsac, que era a nombre de quien se encontraba inscrita la franquicia.*
- *Le pregunto si usted ve a esa persona en sala.*

- *Sí.*
- *Haga el favor de señalarlo. Su señoría, que el récord refleje que el testigo ha señalado al acusado Jesús M. Balsac.*
- *Anotado.*
- *Le pregunto, testigo, si usted vio circular El baluarte por correo.*
- *Sí.*
- *Le pregunto si usted reconoce esto que le estoy mostrando y si lo puede identificar para el récord.*
- *Sí, esto que tengo ante mí es el número 69 de El baluarte, que incluye un artículo titulado "Yager".*
- *¿Usted vio ese número 69 de El baluarte circular por correo también?*
- *Sí señor.*
- *¿Qué si algo hizo usted con ese ejemplar?*
- *Se lo llevé personalmente a usted.*
- *¿Sabe usted cuántos ejemplares de ese número 69 de El baluarte circularon por correo?*
- *No puedo decirle con certeza, pero sí sé que fueron unos cuantos. El periódico suele traer al correo alrededor de cuatro a cinco libras, que son alrededor de ochenta ejemplares, y el paquete de ese número 69 pesaba más o menos lo mismo.*
- Explí*quele a la corte por qué usted acudió ante mí con ese número del periódico.*
- *Bueno, se lo llevé porque leí el artículo ese titulado "Yager" y en mi concepto el artículo es libeloso e injurioso contra el honorable gobernador.*
- *Haga ahora el favor de leer ante la honorable corte la totalidad de ese artículo.*

El testigo procedió a leer en voz alta el artículo según le fuese instruido.

- *Gracias. Explíquele a la honorable corte qué usted encuentra de libeloso en ese artículo que acaba de leer.*
- *Encuentro libeloso el que se refiera al honorable gobernador Yager como un aborto del averno arrojado por las olas ígneas de la infamia. También lo de que él llegó a nuestras playas como prototipo de la ignominia y encarnación diabólica del despotismo. De hecho, encuentro este artículo libeloso del principio hasta el final contra el honorable gobernador Yager, si venimos a ver, ya que también le llama un tirano que por largos años ha sido nuestro gobernante y tirano.*
- *¿Qué otras cosas le puede decir a la honorable corte de ese artículo?*

El testigo procedió a leer en voz alta el editorial completo, implicando con ello que era todo libeloso a la figura del gobernador.[4]

- *Muy bien. Testigo, haga el favor de informarle a la honorable corte dónde se publica el periódico El baluarte.*
- *Se publica en la calle Puente del Hierro aquí mismo en Arecibo.*
- *¿Y ese número 69 que le mostré horita circuló en Arecibo?*
- *Sí señor.*
- *Y usted se reafirma en que ese periódico lo edita el Sr. Jesús Balsac.*
- *Sí señor, quien es la persona que está allí sentada. El Sr. Balsac tiene un muchacho quien es quien se encarga de llevar el periódico al correo a nombre del Sr. Balsac, quien tiene una franquicia postal de segunda clase.*
- *Que del récord surja que el testigo ha señalado nuevamente al acusado. Solicitamos ahora a la honorable corte que se acepte el número 69 del periódico El baluarte como prueba.*

- *Con todo respeto a la honorable corte, se dirige el licenciado José de Jesús Tizol. Su señoría, tenemos reparo a la admisión de ese periódico como prueba, hasta tanto no se demuestre que mi cliente es el director del periódico.*
- *Su señoría, el propio periódico que ofrecemos como prueba dice que J. M. Balsac es el director y administrador del mismo.*
- *Se admite el periódico como prueba.*
- *Tomamos excepción, su señoría.*
- *Anotada. ¿Algo más señor fiscal?*
- *Sí su señoría. Testigo, haga el favor de identificar ahora esto que se le muestra.*
- *Sí, este es otro número del periódico El baluarte, el 74.*
- *Recuerda usted, a base de lo que ya ha testificado, como cuántos ejemplares circularon de este número del periódico por correo.*
- *Como 80 ejemplares también.*
- *¿Y quién poseía la franquicia para circular ese número por correo?*
- *J. M. Balsac.*
- *Su señoría, solicitamos respetuosamente se admita en evidencia el número 74 del periódico El baluarte.*
- *No mediando objeción de la defensa, se admite en evidencia.*
- *No tenemos más preguntas para el testigo, su señoría.*
- *Adelante licenciado con sus preguntas.*
- *Con la venia de la honorable corte. Testigo, ¿usted sabe lo que es un tirano?*
- *No estoy preparado para eso. Bueno, tirano es toda persona que tiraniza a otra.*
- *¿Y un dictador?*
- *Un dictador es un gobernador de cualquier país que se declara a sí mismo dictador sin estar autorizado por ley.*
- *¿Y qué usted entiende por esclavitud social?*

- *Eso es cuando un pueblo está sumido en ella porque se le somete a ella cuando un gobernante lo quiere someter a una esclavitud.*
- *¿Y usted se reafirma en que el contenido del artículo del periódico que usted resumió es fuerte y libeloso?*
- *Sí señor, porque da a entender que el honorable gobernador Yager ha sometido al pueblo a una esclavitud social.*
- *¿Cuál es la peor parte?*
- *Lo más libeloso que veo son las palabras "abominable" y "sombría" y "ese hombre aborrecido por el pueblo".*
- *¿Qué fecha tiene ese periódico a cuyo artículo usted se refirió?*
- *16 de abril de 1918.*
- *¿Y usted vive en Arecibo, verdad?*
- *Sí.*
- *¿Y usted no recuerda que en esa fecha pasara algo en particular?*
- *No.*
- *¿Y usted no sabe si ese artículo obedece a alguna campaña especial determinada, política o económica?*
- *No señor.*
- *¿Y usted no sabe si en aquel momento se estaba desarrollando una huelga?*
- *No.*
- *Yo no tengo más preguntas, su señoría.*[5]
- *Señor fiscal, su próximo testigo.*
- *Llamamos ahora al señor José Adorno.*
- *Levante su mano derecha, ¿jura usted decir la verdad y nada más que la verdad de lo que aquí se le pregunte?*
- *Lo juro.*
- *Así lo ayude Dios.*
- *Con la venia de la honorable corte, testigo, diga su nombre.*
- *José Adorno, para servirle.*
- *¿Dónde usted reside?*

- *En Arecibo.*
- *¿A qué usted se dedica?*
- *Soy secretario municipal y antes fui periodista por entre 14 a 16 años.*
- *Dígale a la honorable corte si usted conoce de un periódico que se llama El baluarte.*
- *Sí señor. Ese periódico se edita aquí mismo en Arecibo.*
- *En dónde, si es tan amable.*
- *Se edita en la calle Lealtad hacia la esquina de la avenida del puente de hierro.*
- *¿Conoce usted a la persona que edita ese periódico?*
- *Sí, lo conozco de vista y se llama Jesús M. Balsac.*
- *Diga si usted leyó en ese periódico un artículo titulado "Yager".*
- *Sí señor, lo leí.*
- *¿Sabía usted al leerlo con relación a qué o quién trataba dicho artículo?*
- *Sí. Lo supe tanto al leerlo como porque la cabeza del artículo lleva su nombre.*
- *¿Qué le pareció a usted ese artículo?*
- *Me pareció libeloso y tendente a denigrar la reputación del gobernador de Puerto Rico.*
- *¿Qué palabras de ese artículo usted consideró infamatorias, libelosas o denigrantes?*

Al igual que el anterior testigo, el de turno leyó en voz alta casi la totalidad del editorial.[6]

- *¿Terminó? Bien, dígame si usted se reitera en que encontró libeloso todo lo que acaba de leer.*
- *Bueno, hasta cierto punto.*
- *Explíquele a la honorable corte por qué.*
- *Pues porque encuentro que en él se apartó de la crítica que se hace al funcionario público y entra en el terreno personal del doctor Yager. Además hace referencia al gobernante*

cuando se refiere a aquél que tomó el poder. La frase "sepulturero del pueblo" me creó una sensación curiosa porque se sabe que un gobernante no puede sepultar a un pueblo entero, y la frase "asesino de la democracia" puede explicarse como que el gobernador abusa del pueblo.

- *¿Qué parte del artículo usted encontró que se refiere a la vida pública del honorable gobernador?*
- *El primer párrafo.*
- *¿Y qué con el resto del artículo?*
- *Bueno, cuando se dice al final que arresta a los leaders y mata a los campesinos, entendí al leerlo que se le imputaba ser un hombre sin palabra, sin reflexión y que mataba y encarcelaba a los campesinos, queriendo con ello decir que causaba víctimas entre el elemento campesino, que los mandaba a la huelga y los encarcelaba y les echaba a la policía para que los matara.*
- *¿Y usted está seguro de eso?*
- *Sí. Eso fue lo que entendí.*
- *Muy bien, testigo, mire a ver si usted reconoce lo que se le está mostrando ahora.*
- *Sí, lo he visto antes en varias oportunidades y lo leí el 23 de abril pasado, incluyendo un artículo titulado "La voz del pueblo".*
- *¿A quién usted entendió que se refería ese artículo que acaba de mencionar?*
- *Entendí que se refería al gobernador.*
- *¿Por qué usted entendió eso?*
- *Pues porque ese artículo salió a la luz pública en momentos en que el gobernador Yager tomaba ciertas disposiciones para garantizar el orden y el bienestar social.*
- *Explíquele a la honorable corte qué impresión le causó ese artículo.*
- *Ese artículo es libeloso contra el gobernador desde que empieza hasta que termina. Todos sus párrafos se refieren al*

gobernador porque él representa un poder en la Isla y todos van en detrimento de su personalidad.

- *Yo no tengo más preguntas, su señoría.*
- *¿Licenciado?*
- *Con la venia de la honorable corte. Testigo, ¿cómo puede usted estar tan seguro de que ese artículo se refiere al gobernador?*
- *Porque vio la luz pública cuando el gobernador había tomado medidas para garantizar el orden, dándole instrucciones a la Policía para mantener el orden en los campos y hacer respetar los derechos de unos y otros, lo cual se publicó en la prensa, para evitar que se concitara la rebelión y tomando medidas dentro de las mismas leyes.*
- *No hay más preguntas a este testigo.*[7]
- *Su próximo testigo, señor fiscal.*
- *Llamamos ahora al estrado al señor Ramón Seijo.*
- *Levante su mano derecha, ¿jura usted decir la verdad y nada más que la verdad de lo que aquí se le pregunte?*
- *Lo juro.*
- *Así lo ayude Dios.*
- *Con la venia de la honorable corte, testigo, diga su nombre.*
- *Me llamo Ramón Seijo Tavárez.*
- *¿Dónde usted reside?*
- *En Arecibo.*
- *¿A qué usted se dedica?*
- *Actualmente soy cirujano menor, pero anteriormente me desempeñé como periodista por alrededor de ocho años.*
- *¿Conoce usted de un periódico editado en Arecibo y llamado El baluarte?*
- *Sí señor, lo conozco porque lo leo, estoy suscrito a él y lo leo desde que se fundó.*
- *¿Conoce lo que le estoy mostrando ahora?*
- *Sí señor, es un artículo del periódico El baluarte que lleva por título "Yaeger".*

- *¿A quién, si alguien, usted entiende se refiere ese artículo?*
- *Ese artículo se refiere al honorable gobernador de Puerto Rico, porque desde su rubro así lo dice.*
- *¿Y qué opinión le merece ese artículo?*
- *Es injurioso para el gobernador de Puerto Rico.*
- *Haga el favor de leerle a la honorable corte qué porciones de ese artículo usted considera injuriosas al honorable gobernador.*

Como los anteriores testigos, el de turno procedió a leer el artículo en voz alta casi en su totalidad.[8]

- *Muy bien señor testigo. Le pregunto a continuación si usted conoce al director del periódico El baluarte.*
- *Su director es don Jesús Balsac.*
- *¿Cómo usted conoce de la existencia de ese periódico?*
- *Porque lo recibo en mi casa aquí en Arecibo.*
- *Bien, ahora mire este artículo que se le está mostrando y dígale a la honorable corte si lo había visto antes.*
- *Sí, este artículo salió en el número 74 de El baluarte, titulado "La voz del pueblo".*
- *¿A quién usted entendió que se dirigía ese artículo?*
- *Comprendí que se refería al gobernador, porque es el jefe del ejecutivo en Puerto-Rico y tiene poder. Ese artículo es injurioso al gobernador desde el principio hasta el fin*
- *No tenemos más preguntas para el testigo, su señoría.*
- *¿Licenciado?*
- *Sí, con la venia de la honorable corte. Testigo, ¿cómo puede usted estar tan seguro de que ese primer artículo que el fiscal le mostró se refiere al honorable gobernador?*
- *Bueno, si me permite referirme al artículo, usted verá que en este primer párrafo lee "como un aborto del averno, arrojada por las olas ígneas de la infamia, llegó a nuestras playas este prototipo de la ignominia, encarnación diabólica del despotismo. Por largos años ha sido nuestro gobernador*

y durante esos años nuestro tirano". Para mí que habla claramente sobre el gobernador Yaeger y se refiere al gobernador, aunque el rubro solo diga "Yaeger".

- *Gracias. No tenemos más preguntas.*[9]
- *¿Señor fiscal?*
- *Llamamos ahora al señor José Coll y Vidal.*
- *Levante su mano derecha, ¿jura usted decir la verdad y nada más que la verdad de lo que aquí se le pregunte?*
- *Lo juro.*
- *Así lo ayude Dios.*
- *Con la venia de la honorable corte, testigo, diga su nombre.*
- *Me llamo José Coll y Vidal.*
- *¿Dónde usted reside?*
- *Resido en San Juan.*
- *¿A qué usted se dedica?*
- *Soy periodista de profesión y actualmente dirijo el periódico La democracia.*
- *Le pregunto si usted vio el artículo que se le está mostrando ahora.*
- *Sí, lo vi por la mañana en el día de su publicación.*
- *¿Y sabe usted hacia quién, si alguien, está dirigido ese artículo?*
- *De la lectura de este artículo, titulado "Yaeger", se desprende que en efecto va dirigido a Yaeger.*
- *¿Y cuál es su apreciación de ese artículo?*
- *Entiendo que el mismo... contiene unas apreciaciones algo exageradas de las acciones del gobernador.*
- *¿Algo más?*
- *Bueno, tiene conceptos que pueden tomarse por mortificantes, frases que no están muy claras, y en relación con la campaña del periódico pueden tomarse, a mi juicio, como mala propaganda, no ya para el gobernador, sino para el hombre.*

- *¿Podría darle a la honorable corte ejemplos de a lo que usted se refiere?*
- *Mirando el artículo, cuando dice aquí que, y cito, "mientras dice que mantendrá el derecho a la huelga, encarcela a los leaders y mata a los campesinos", es muy fuerte eso.*
- *¿Por qué para usted eso en particular es fuerte?*
- *Bueno, porque dicho en las condiciones en que lo está, uno podría deducir que se trata de una apreciación figurada. Pero como está dicho aquí, y teniendo en cuenta que en aquellos días fueron encarcelados agitadores de la huelga, y teniendo en cuenta que algunos obreros fueron heridos en algunos motines, puede entenderse como que era que el gobernador los mandaba a matar.*
- *Gracias. Yo no tengo más preguntas su señoría.*
- *¿Licenciado?*
- *Sí, con la venia de la honorable corte. Señor testigo, por favor explíquele a la honorable corte dónde en ese artículo que usted leyó dice que el gobernador mandaba a matar a alguien.*
- *Bueno licenciado, eso lo dice en el párrafo que cito a continuación: "mientras dice que mantendrá el derecho a la huelga, encarcela a los leaders y mata a los campesinos."*
- *Dígame si por lo tanto en eso que usted acaba de leerle a la honorable corte, en verdad no se le imputa al gobernador mandar a matar a nadie.*
- *Bueno, dada la índole del artículo y teniendo en cuenta el nombre de la persona, que en aquellos días algunos huelguistas fueron encarcelados y algunos estuvieron en motines donde resultaron heridos, y siendo este artículo titulado "Yaeger", más diciendo y cito nuevamente, que "mientras dice que mantendrá el derecho a la huelga, encarcela a los leaders y mata a los campesinos", puede entenderse que él manda a matar a los campesinos.*
- *No tenemos más preguntas, su señoría.*[10]
- *¿Algo más señor fiscal?*

- *No, su señoría. Esta sería toda nuestra prueba.*
- *El testigo puede retirarse. Adelante entonces con la defensa.*
- *Llamamos al estrado al señor Prudencio Rivera.*
- *Levante su mano derecha, ¿jura usted decir la verdad y nada más que la verdad de lo que aquí se le pregunte?*
- *Lo juro.*
- *Así lo ayude Dios.*
- *Con la venia de la honorable corte, testigo, su nombre por favor.*
- *Prudencio Rivera Martínez.*
- *¿Dónde usted reside?*
- *En San Juan.*
- *¿A qué usted se dedica?*
- *Soy organizador de la Unión nacional de tabaqueros de Puerto Rico, y vicepresidente del comité ejecutivo de la Federación libre de los trabajadores.*
- *¿Dónde usted residía allá para el mes de abril de este año?*
- *En San Juan.*
- *Mire a ver si usted reconoce ese escrito que se le está mostrando.*
- *Sí, recuerdo haber visto ese artículo titulado "Yaeger".*
- *¿Qué le puede usted decir a la honorable corte con relación a ese artículo?*
- *Para la época en que ese artículo salió, existía un movimiento de huelga.*
- *Dígale a la honorable corte si usted conoce al señor Jesús Balsac y qué relación, si alguna, él tuvo con lo que usted acaba de declarar.*
- *Conozco personalmente al Sr. Balsac, pues el intervino junto a este servidor y otros compañeros en la organización de la huelga.*
- *Por favor relátele a la honorable corte en qué consistió esta intervención.*

- *El primero de septiembre del año anterior se celebró en la ciudad de Bayamón el Segundo congreso agrícola, para ejecutar los acuerdos alcanzados en el congreso anterior. Uno de los acuerdos adoptados en Bayamón fue pedir un mínimum de salario agrícola de $1.50 y de $0.75 para las mujeres. El consejo ejecutivo fue instruido a presentar demandas ante la Asociación de productores de azúcar, pero los colonos que se enviaron esperaron inútilmente una contestación.*
- *¿Ese asunto quedó ahí?*
- *No. Esas demandas se reprodujeron en noviembre y pasó lo mismo. Entonces, se instruyó a las uniones a que presentaran peticiones de beneficios a la American Federation of Labor. También, cuando se conoció la forma despectiva en que se había tratado esta cuestión por los que debían prestar atención, acudimos al gobernador Yaeger para pedirle que convocara una entrevista con los colonos.*
- *¿Qué, si algo, hizo el gobernador?*
- *El gobernador ofreció hacer lo que le pedimos y luego no lo hizo. Decidimos entonces dirigirnos al presidente de la American Federation of Labor Mister Gompers. Una reunión pautada para el 10 de febrero de este año con el consejo ejecutivo de la American Federation of Labor finalmente no se dio, pero el presidente Gompers nos envió copia de un cable para citarnos de nuevo y acudimos.*
- *¿Qué pasó entonces?*
- *Nos reunimos con el consejo ejecutivo y se acordó ir a donde el gobernador sobre esta cuestión.*
- *¿Qué respondió el gobernador?*
- *Que como visiblemente no había una huelga general, era innecesario hacer una citación.*
- *¿Y era verdad lo que decía el gobernador?*
- *No, pues lo cierto es que había huelga desde el mes de septiembre anterior en algunos puntos y mientras esa huelga se realizaba fue que salió ese artículo del Baluarte.*

Pude intervenir en otras conferencias con el gobernador, la última de las cuales fue el 29 de marzo.

- *¿Sabe usted si se suspendieron paradas o mítines obreros por orden del gobierno?*
- *Sé que hubo protestas por paradas y mítines que se suspendieron pero no presencié mitin alguno que se suspendiera.*
- *¿Qué, si algo, ocurrió en relación con esas protestas que usted conozca?*
- *El consejo ejecutivo me instruyó a acudir a Ponce a agitar el distrito y al llegar allá, en la primera quincena de abril, fui a pasar un telegrama y lo entregué en la oficina del telégrafo.*
- *¿Por qué usted hizo eso?*
- *Era para informar a mi oficina que había llegado bien, que me había reunido con un grupo de trabajadores y había celebrado un mitin en la calle Méndez Vigo, e informar que la Policía me había alterado el orden en el mitin.*
- *¿Qué pasó entonces?*
- *Que en el telégrafo me dijeron que no podían pasar el telegrama porque contenía una crítica contra la Policía. Requerí que me devolvieran el dinero que había pagado por enviar el telegrama, y me lo devolvieron con una nota del jefe del bureau.*
- *¿Qué periódicos hacían campaña en favor de los obreros en aquella época?*
- *Estaban Justicia, El baluarte, Yo acuso, Conciencia popular y algún otro periódico popular de los obreros.*
- *Gracias. No tenemos más preguntas su señoría.*
- *¿Señor fiscal?*
- *Con la venia de la honorable corte. Testigo, dígale a la honorable corte qué día comenzó esa huelga.*
- *No puedo precisar, pero los primeros informes llegaron de Humacao en diciembre y todavía no ha terminado.*

- *¿Dígame si no es cierto que ustedes declararon terminada la huelga agrícola?*
- *No, la huelga agrícola la declaramos destruida por el gobierno y no terminada por nosotros.*
- *Por lo tanto, ustedes no están en huelga actualmente, ¿cierto?*
- *No, no estamos en huelga en estos momentos.*
- *¿Sí o no? -interrumpió el juez Lloreda- ¿por qué dijo que sí?*
- *No estamos en huelga.*
- *¿Ha contestado -continuó el fiscal Aponte- que le devolvieron un telegrama en Ponce?*
- *Sí señor.*
- *¿Y sabe de quién vino esa orden?*
- *Me consta personalmente de quién vino la orden, la vi después que me la enseñó Palacios en un libro que contenía circulares del gobierno, del departamento del interior, siendo Mister Enright, comisionado del interior.*
- *¿Sabía usted que el Sr. Balsac es el director de El baluarte?*
- *El Baluarte era un periódico que hacía campaña en favor de la huelga y tiene relaciones con Balsac, pero no sé si él era el director para esa época.*[11]
- *No tengo más preguntas. Su señoría, respetuosamente solicito la eliminación de la totalidad de este testimonio, por ser inmaterial y no referirse en nada al acusado.*
- *Me opongo a la eliminación -increpó de inmediato el licenciado De Jesús Tizol- presenté este testigo para los efectos de que había huelga en esa fecha.*
- *Creo que realmente falta un eslabón para relacionar esta declaración con el acusado -apuntó el juez Lloreda- pero creo también que no es necesario eliminarla porque en principio puede ser apreciada. ¿Algo más licenciado?*
- *No su señoría, esa sería la totalidad de nuestra prueba.*
- *¿Sometido el caso, señor fiscal?*
- *Sometido, su señoría.*

- *¿Licenciado?*
- *Sometido también por nuestra parte, su señoría.*
- *Siendo así, y siendo ya las 5:30 de la tarde, la corte decreta receso hasta el 31 de julio próximo a las 2:00 de la tarde, cuando se darán a conocer los fallos de la corte. Receso de la corte.*[12]

A pesar de haberse señalado los fallos para las 2:00 de la tarde, no fue sino hasta casi las 3:00 que comenzaron los procedimientos.

- *De pie todos. La corte de distrito de Arecibo, presidida por el honorable juez Enrique Lloreda Casabo inicia sus trabajos en la tarde de hoy 31 de julio de 1918 a las 2:55 de la tarde. Pueden sentarse y mantener silencio en sala.*
- *Llámese el caso en calendario.*
- *Criminales número 880 y 881, El Pueblo de Puerto Rico versus Jesús M. Balsac, acusado. Sobre difamación criminal.*
- *Buenas tardes, se dirige ante este honorable tribunal el fiscal José M. Aponte y estamos preparados.*
- *Buenas tardes fiscal. ¿Está su prueba presente en sala?*
- *Lo está, su señoría.*
- *Buenas tardes, se dirige a la honorable corte el licenciado José de Jesús Tizol, en representación del señor Balsac.*
- *Buenas tardes licenciado.*
- *Póngase de pie el acusado. Tras examinar cuidadosamente la prueba presentada por las partes, la corte está en posición de emitir sus fallos. En el caso número 880 sobre libelo infamatorio, la corte encuentra al acusado Jesús M. Balsac culpable del delito del que se le acusa, y le condena a la pena de 5 meses de cárcel, en la del distrito, y a pagar las costas de esta causa. En el caso número 881 sobre libelo infamatorio, la corte encuentra al acusado Jesús M. Balsac culpable del delito del que se le acusa, y le condena a la pena*

de 4 meses de cárcel, en la del distrito, y a pagar las costas de esta causa. El marshall se hará cargo del reo.

- *Su señoría, el Sr. Balsac interesa apelar esos fallos condenatorios ante la honorable Corte Suprema de Puerto Rico, por lo que se solicita de esta honorable corte se permita a mi representado permanecer en libertad bajo fianza hasta tanto este asunto sea dilucidado en apelación.*
- *¿Señor fiscal?*
- *No hay reparos de parte nuestra, su señoría.*
- *A la luz de la solicitud del abogado del ahora reo de delito, y por tratarse aquí de delitos que no involucran violencia, la corte declara ha lugar la petición de la defensa y se le impone al reo una fianza de novecientos dólares que deberá prestar en estos momentos. Adelante, licenciado De Jesús Tizol.*
- *Su señoría, para informar que el señor José Urbistondo y el licenciado Herminio Miranda se encuentran en estos momentos presentando la fianza impuesta por la honorable corte, de forma que se permita al señor Balsac continuar en libertad durante el transcurso de los trámites apelativos ya anunciados.*
- *Siendo así, se acepta la fianza y se dispone la libertad del reo M. Balsac hasta la culminación de los procesos apelativos. Habiéndose atendido todos los asuntos planteados ante la corte, esta recesa por el día de hoy.*[13]

UN LARGO Y TORTUOSO CAMINO

Mediante un editorial publicado en *Unión obrera* el 5 de agosto de 1918, se anunció la intención del liderato del *Partido socialista* de apelar los fallos condenatorios contra Balsac:

> Los casos de libelo vistos ante la corte de distrito de Arecibo ante el juez Lloreda en contra el valiente periodista J. M. Balsac, lo declararon culpable y le impusieron la pena de nueve meses de prisión por los artículos que vieron la luz pública.
> Llevaba la representación del acusado el Lcdo. Tizol y hemos leído en el Baluarte la brillante oración forense que pronunciara sobre el asunto en debate.
> Lo más original de estos casos en que periodistas fueron los testigos del pueblo en contra de un compañero que dirige la opinión pública.
> No conocemos las declaraciones ni las bases del juez para condenar, y respetamos las decisiones de todas las cortes de justicia.
> Pero el acusado sigue alegando su inocencia y ha apelado ante la corte suprema de Pto-Rico en donde tiene la firme creencia de que será libremente absuelto.
> El movimiento obrero de Pto-Rico que también cree inocente al camarada periodista se dispone a defenderlo y colectas públicas se hacen para reunir los fondos necesarios y llevar el caso hasta las cortes de los Estados Unidos en donde indudablemente vendrá una opinión que nos ilustre sobre estos delitos, aunque también creemos como Balsac que el caso quedará resuelto ante la corte suprema de Pto-Rico en donde cinco hombres van a estudiar la cuestión y cinco cerebros es más difícil que se equivoquen que uno.
> Estamos al lado del camarada en todo lo que desee y puede ordenar cuál ha de ser nuestra actuación para el futuro.[14]

Mientras tanto en los Estados Unidos la AFL seguía abogando por cambios en Puerto Rico. En su edición del 31 de agosto de 1918 el periódico sindical *The Labor World* con sede en Minnesota, reportó que un millón de puertorriqueños estaban pidiendo la intervención del presidente Woodrow Wilson en la

Isla. Reportó además que se procuraba el nombramiento del gobernador Geo W. P. Hunt, de Arizona, para Puerto Rico.[15] Ante la proximidad del *Labor Day* – 2 de septiembre de 1918 – el *Partido socialista* lanzó una proclama donde identificó a los oradores para la ocasión. Entre ellos figuraba el abogado José de Jesús Tizol, en su calidad de miembro de la *Unión de tipógrafos* de San Juan.[16]

El 27 de noviembre de 1918, Samuel Gompers volvió a escribirle a Wilson. Le confirmaba que en una reunión donde participaron el secretario de la guerra Newton D. Baker, el general Frank McIntyre y Santiago Iglesias, surgió un acuerdo para nombrar una comisión para investigar las condiciones laborales en Puerto Rico. La carta tenía además el propósito de urgir a la presidencia a que nombrase a los componentes de esa comisión, entendiendo que Wilson había quedado "muy impresionado por el hecho de que una isla tan pequeña, que le ha ofrecido a su país cien mil hombres jóvenes para luchar bajo la bandera americana, aparte de miles de otros que llegaron al continente para laborar en el esfuerzo bélico, merece mayor consideración que el que ha recibido al presente".[17]

Así las cosas, Santiago Iglesias abogó por Puerto Rico ante el público estadounidense. En la edición del 15 de enero de 1919 el periódico *New York Tribune* le publicó una carta donde sostuvo que Puerto Rico necesitaba urgentemente una reforma económica que ningún puertorriqueño podía llevar a cabo, sino tenía que ser alguien de los Estados Unidos. Afirmando que la independencia era una fantasía, admitió a su vez que las condiciones económicas eran tan precarias que resultaban propicias para el crecimiento del sentimiento separatista. Iglesias sostuvo que el estatus, fuera territororial, de estadidad o de independencia, resultaba ser de importancia secundaria; lo primordial era la reforma económica. Reclamó que "representantes honestos" de la *Junta nacional laboral bélica* debían visitar a Puerto Rico para que vieran por sí mismos las malas condiciones económicas que se padecían y que fuesen ellos "quienes digan las medidas que hay que tomar para sacar la Isla de la miseria, pobreza e ignorancia".[18]

Por su parte otro periódico laboral, *The Nonpartisan Leader* de Dakota del Norte anunció en su edición de 7 de abril de 1919 que el congresista de ese estado George M. Young, iba a formar parte de una comitiva que visitaría Puerto Rico para investigar la situación laboral. Se relataba el ascenso de Santiago Iglesias al liderato obrero tras el cambio de soberanía de 1898, a la vez que criticó los orígenes y la ideología del gobernador Arthur Yaeger. Interesantemente, describió de paso al general Frank McIntyre como el verdadero gobernante de la Isla, atribuyéndole la creencia de que la solución a los males económicos era la emigración o la reducción de la natalidad en Puerto Rico. Para esa misma época, el abogado Jackson H. Ralston fue comisionado por la AFL para hacer un estudio y diseminarlo entre los trabajadores. Su objetivo era mitigar la intervención de la judicatura federal estadounidense con los derechos laborales.[19]

En Puerto Rico, el 4 de octubre de 1919 el Tribunal Supremo dispuso que los casos de Balsac serían discutidos el 7 de noviembre siguiente a las 2 de la tarde.[20] Mientras tanto, aparentes divergencias entre cliente y abogado le significó a Balsac gestionar una nueva representación legal ante el Alto Foro. El 3 de noviembre de 1919, apenas cuatro días antes del vencimiento del término para la discusión de su apelación,

Balsac se vio precisado a presentar una declaración jurada dando cuenta al Tribunal Supremo de las gestiones y gastos incurridos para localizar a su entonces abogado, en vano.[21] Entonces, el abogado Abraham Peña Romero asumió la representación de Balsac.

Balsac y el licenciado Peña Romero eran amigos y compañeros de luchas por casi dos décadas. En 1902, juntos habían protegido las espaldas de Santiago Iglesias, cuando en su temprano liderato le formularon serias imputaciones desde Ponce. Balsac, además de Peña Romero, José María Miró, Nicolás Medina y Julio Aybar, suscribieron una carta de protesta dirigida al entonces gobernador William H. Hunt el 10 de octubre de 1903. Convergieron nuevamente en 1905 en Ponce, cuando sirvieron de orientadores a los obreros cañeros durante una huelga y como organizadores del tercer congreso de la FLT en Mayagüez. Al año siguiente fue Abraham Peña Romero quien escribió el prefacio del libro Algo sobre apuntes históricos que Balsac publicó en torno a la FLT.[22]

También en unión a Peña Romero, Balsac había fundado el periódico *Federacionista* en Mayagüez en 1910.[23] Fue Peña Romero y un grupo de amistades de Balsac, quienes nominaron su ensayo "El uso de la estampilla" a un concurso literario celebrado durante la segunda asamblea regular de las uniones de tabaqueros de Puerto Rico, el cual resultó premiado con una mención honorífica especial el 22 de enero de 1911.[24] Finalmente, había sido el licenciado Peña Romero quien condujo la defensa del derecho del *Partido socialista* ante el gobernador Yaeger para escoger al alcalde de Arecibo en el año turbulento de 1918.[25] A la defensa de Balsac se uniría además otro letrado comprometido con las luchas obreras de la región de Humacao: el licenciado José Soto Rivera.[26] Se trataba del mismo abogado que meses antes informó de la amenaza de "pegarle cuatro tiros" de parte de Jorge Bird, gerente general de la *Fajardo Sugar*.[27]

Los abogados Peña Romero y Soto Rivera presentaron el 5 de noviembre de 1919 una moción incluyendo una declaración jurada de Balsac ante el Tribunal Supremo. Indicaron que necesitaban tiempo para preparar un alegato, por lo que se suplicaba que los procedimientos se transfirieran para otra fecha.[28] La moción de los nuevos abogados de Balsac no le llegó de inmediato al fiscal del Tribunal Supremo, el licenciado José E. Figueras. Este presentó sus alegatos el 6 de noviembre de 1919, sosteniendo la validez de la convicción de Balsac por la corte de distrito. En sus escritos el fiscal Figueras fue particularmente vehemente con respecto al segundo editorial publicado en *El baluarte*:

> En este caso se trata de un artículo publicado contra el gobernador de Puerto Rico, la primera autoridad ejecutiva de la Isla, y no tendríamos para qué alegar que las palabras y conceptos empleados en dicho artículo tratando de "bandido, asesino, tirano, déspota," etc., al jefe del Ejecutivo de la Isla, necesariamente tendían a atacar a dicho funcionario en su honradez, virtud e integridad, y que lo exponían al ridículo público; y entendemos que todas esas frases y conceptos son maliciosos per se.[29]

El mensajero del fiscal Figueras presentó una declaración jurada el 6 de noviembre de 1919, certificando que había llevado personalmente copia del alegato a la oficina del licenciado De Jesús Tizol pero que no lo había conseguido.[30] A la postre, ese mismo 6 de noviembre el Tribunal Supremo resolvió acoger la solicitud de los abogados de Balsac y suspendió la vista de los casos hasta nuevo señalamiento.[31]

El 20 de noviembre de 1919, los abogados de Balsac recibieron notificación del Tribunal Supremo de que las vistas fueron señaladas para el 19 de diciembre de 1919.[32] Los alegatos fueron presentados el 15 de diciembre de 1919 y notificados al fiscal Figueras ese mismo día. Primeramente, los abogados de Balsac destacaron que a su cliente se le requirió entrar a juicio sin testigos de defensa:

> Estos testigos debían declarar sobre el estado de huelgas que existía en el país entre las masas campesinas, y sobre las órdenes dadas por el Ejecutivo de la isla a los Jefes de policía, todo lo cual trajo un estado de perturbación al país, entre patronos y obreros, y como consecuencia la campaña de protesta y de crítica por parte de la prensa obrera del país.[33]

Sostuvieron además que a Balsac no se le reconoció el derecho a ser juzgado por un Jurado, pero ese argumento fue el más breve de los elaborados:

> La corte cometió error también, al negar al acusado que fuera juzgado por un Jurado, como determina nuestra Constitución, la Constitución de los Estados Unidos de América, lo cual es muy mal mirado por nuestros Tribunales Superiores de Justicia.
> Y al desestimar la moción de tal petición, cometió un segundo error que perjudicó los derechos del acusado.[34]

Se argumentó que lo imputado a Balsac no constituía delito, porque ninguno se le imputaba al gobernador:

¿Dónde está el delito que se le imputa al Hon. Gobernador de Puerto Rico? ¿Qué clase de delito es?

Se le juzga, se le critica severamente, se consignan quejas amargas y dolorosas en contra de su procedimiento, pero no se le imputa la comisión de delito alguno, y es obligación del Ministerio Público establecer en la acusación el delito que exigen nuestros estatutos como una imputación contra el funcionario a quien se dirigen.

Un pueblo tiene perfecto derecho a criticar los actos de sus empleados y funcionarios públicos, con el fin de evitar la continuación de los mismos, con el fin de evitar, de llamar la atención hacia el mismo funcionario de que tales actos deben ser corregidos o modificados. La forma de hacerlo tendrá el valor y la importancia de acuerdo con las condiciones del escritor; de acuerdo con los medios y recursos que haya tomado dicho escritor para expresarse en su idioma; y esas condiciones y esas circunstancias deben ser atendidas por los Tribunales de Justicia al juzgar a cualquier hombre. El Tribunal debe darle a la forma usada por el escritor el valor y la importancia de acuerdo con el valor y la importancia del que la escribe, y si el escritor representa a un pueblo que ha sido mantenido en esclavitud y en ignorancia por muchos años: que ha vivido y sigue viviendo en la mayor miseria, carente de lo más indispensable para el sostenimiento de la vida, sin hogar bien constituido y confortable; sin familias perfectamente constituidas: que ha vivido a semejanza de los irracionales con la despreocupación más grande por parte de su amos y de sus patronos que le han mantenido en esa situación con el solo objeto de explotarle y de arrancarle el sudor de la vida para formar sus grandes capitales, tales representantes tienen que guardar una relación íntima, aproximada con el estado de sus representados.

Por estas razones, creemos y podemos afirmar que en la publicación del artículo objeto de este proceso, no ha habido

> intención maliciosa de cometer el delito de libelo, antes al contrario, de hacer un bien a la comunidad de Puerto Rico.[35]

En reacción al escrito del fiscal Figueras, los licenciados Peña Romero y Soto Ríos se esforzaron por sostener en su otro alegato que las expresiones del segundo editorial de El baluarte, el de 23 de abril de 1918, no se referían al gobernador Yaeger:

> ¿Por qué afirmar el Sr. Fiscal que se referían al gobernador Yaeger, si no se le nombra a él para nada? ¿No hubiera sido lógico suponer que se referían a otro gobernador? ¿No hemos tenido otros gobernantes en el país que han tratado muy mal a las clases trabajadoras, anteriores al Hon. Yaeger?
> Si pudiéramos llegar a estudiar y conocer hasta el fondo estas cuestiones sociales, podríamos ver cómo las circunstancias de un momento histórico, de una época especial en un pueblo, ciegan a los hombres, y les perturban sus facultades mentales, momentáneamente, no dándoles paso a las ideas verdaderas, a los actos lógicos y naturales, haciéndoles ver las cosas y los hechos de distinto modo de cómo son en la realidad.
> Así como los pueblos en sus desesperaciones realizan actos extraordinarios, asimismo los funcionarios, en ciertos momentos, actúan extraordinariamente.
> Esta es la cuestión que en este caso sometemos con mayor interés a la consideración de este Hon. Tribunal Supremo.[36]

Más adelante, los letrados criticaron acerbamente la apreciación por el tribunal de distrito de la prueba desfilada:

> En estos tiempos que corremos, en que el paria más infeliz del último rincón del mundo está respirando los aires de libertad esparcidos por la democracia en el último conflicto

> mundial; en que hasta la raza judaica ha conseguido el respeto y la consideración de sus enemigos, no resulta muy satisfactorio la condenación de un hombre por una presunción caprichosa de un testigo interesado. Y Puerto Rico también está percibiendo una brisita de libertad y democracia en los pueblos de Europa. Y no debemos dejar pasar tales cosas desapercibidas.[37]

Cerraron su argumentación diciendo en el primer alegato que el fiscal no había probado que Balsac fuera el editor del periódico *El baluarte*:

> Dejamos pues a la consideración de este Hon. Tribunal nuestras alegaciones anteriormente formuladas, en la seguridad de que con el espíritu de justicia que ha informado siempre todas sus sentencias, así sostendrá en este caso la inocencia de este acusado y revocará la sentencia del Tribunal Inferior, absolviendo libremente al acusado.[38]

Llegado el 19 de diciembre de 1919, el Tribunal Supremo de Puerto Rico celebró la vista pautada, con la sola presencia del fiscal Figueras.[39] Los jueces asociados Wolf y Del Toro publicaron sus parcas sentencias el 4 de marzo de 1920, en contraste con la amplitud que el juez Wolf exhibió en el caso Muratti. Los errores señalados por los abogados de Balsac fueron despachados, uno a uno, sin mayor ceremonia, incluyendo el del juicio por Jurado:

> En el segundo señalamiento de error sostiene el apelante que tenía derecho a un juicio por Jurado. El delito que se le imputa es un delito menos grave (misdemeanor). Según entendemos las decisiones de la Corte Suprema de los Estados Unidos en los casos de The People of Porto Rico et al. v. Carlos Tapia, y The People of Porto Rico et al. v. José

> Muratti, 245 U. S. 639, aquella parte de la Enmienda Sexta a la Constitución de los Estados Unidos que confiere al acusado en todos los casos criminales el derecho a un juicio por Jurado, no es aplicable a Puerto Rico.
>
> El artículo que se transcribe en la acusación formulada en este caso es tan violento en la forma abusiva del lenguaje usado, que no creemos conveniente reproducirlo para los fines de nuestros récords. No solo mostraba su simple lectura que el Gobernador de Puerto Rico era objeto de ataque sino que en media docena o más partes del artículo habían frases que, de ser ciertas, necesariamente expondrían a Arthur Yaeger al odio, desprecio o ridículo público. Además, varios testigos declararon en el juicio que habían leído el artículo y necesariamente tenían que interpretarlo en el sentido de que en el Gobernador quedaba expuesto a tal odio, desprecio y ridículo público.
>
> La sentencia apelada debe ser confirmada.[40]

La aún más breve sentencia del juez Del Toro acogió los argumentos esbozados por su colega de estrado:

> Los razonamientos contenidos en la opinión de esta corte, emitida por el juez asociado Sr. Wolf, para fundar la sentencia que acaba de pronunciarse en el recurso 1416, El Pueblo v. Balzac, son enteramente aplicables a este caso.
>
> También aquí el lenguaje usado en el artículo libeloso es tan abusivo, que no creemos justo transcribirlo. Baste decir que el tribunal lo ha examinado y considera que aunque en él no se nombra directamente al Gobernador de Puerto Rico, Arthur Yaeger, a él se refiere sin duda alguna, habiéndolo estimado así los testigos ciudadanos del distrito de Arecibo que declararon en el acto de la vista; que el artículo entero tiende a exponer a dicho Gobernador Yaeger al odio, desprecio y ridículo público; que es responsable del mismo el acusado Balzac que era el editor del periódico que lo

> contenía y que se publicó y circuló en el dicho distrito de Arecibo, y que no habiendo Balzac probado que las imputaciones contenidas en el artículo libeloso eran ciertas, ni que se publicaron con sana intención y para fines justificables, fué debidamente declarado culpable y condenado por la corte de distrito a sufrir la pena de cuatro meses de cárcel.
> Por virtud de todo lo expuesto, debe declararse sin lugar el recurso y confirmarse la sentencia apelada.[41]

El camino se habría expedito para hacer del proceso judicial contra Jesús María Balsac, conforme proclamó el periódico *Unión obrera*, el

> caso ejemplar que acabe de una vez y para siempre de definir cuál es la posición del productor puertorriqueño en relación con los derechos públicos y de ciudadanía que dicen garantizarnos la constitución y bandera americana, garantías desmentidas hasta hoy en Pto. Rico por las actuaciones injustas y parcialísimas del gobierno local.[42]

REFERENCIAS

1 Expresiones en los casos de *El Pueblo vs. Jesús M. Balsac*, causas número 880 y 881, tribunal de distrito de Arecibo, 29 de julio de 1918.

2 Reconstrucción dramatizada de los incidentes preliminares al desfile de prueba en el juicio, según recogidos en las minutas de los casos de *El Pueblo vs. Jesús M. Balsac*, causas número 880 y 881, archivo inactivo, oficina de administración de los tribunales.

3 Minutas de los casos de *El Pueblo vs. Jesús M. Balsac*, causas número 880 y 881, archivo inactivo, oficina de administración de los tribunales.

4 Minutas de los casos de *El Pueblo vs. Jesús M. Balsac*, causas número 880 y 881, archivo inactivo, oficina de administración de los tribunales.

5 Reconstrucción dramatizada del testimonio de Ramón Alfonso Rivera, primer testigo de la fiscalía, según recogido en las minutas de los casos de *El Pueblo vs. Jesús M. Balsac*, causas número 880 y 881, archivo inactivo, oficina de administración de los tribunales.

6 Minutas de los casos de *El Pueblo vs. Jesús M. Balsac*, causas número 880 y 881, archivo inactivo, oficina de administración de los tribunales.

7 Reconstrucción dramatizada del testimonio de José Adorno, segundo testigo de la fiscalía, según recogido en las minutas de los casos de *El Pueblo vs. Jesús M. Balsac*, causas número 880 y 881, archivo inactivo, oficina de administración de los tribunales.

8 Minutas de los casos de *El Pueblo vs. Jesús M. Balsac*, causas número 880 y 881, archivo inactivo, oficina de administración de los tribunales.

9 Reconstrucción dramatizada del testimonio de Ramón Seijo Tavárez, tercer testigo de la fiscalía, según recogido en las minutas de los casos de *El Pueblo vs. Jesús M. Balsac,* causas número 880 y 881, archivo inactivo, oficina de administración de los tribunales.

10 Reconstrucción dramatizada del testimonio de José Coll y Vidal, cuarto y último testigo de la fiscalía, según recogido en las minutas de los casos de *El Pueblo vs. Jesús M. Balsac*, causas número 880 y 881, archivo inactivo, oficina de administración de los tribunales.

11 Reconstrucción dramatizada del testimonio de Prudencio Rivera, único testigo de defensa, según recogido en las minutas de los casos de *El Pueblo vs. Jesús M. Balsac*, causas número 880 y 881, archivo inactivo, oficina de administración de los tribunales.

12 Reconstrucción dramatizada de los incidentes finales tras el desfile de prueba en el juicio, según recogidos en las minutas de los casos de El Pueblo vs. Jesús M. Balsac, causas número 880 y 881, archivo inactivo, oficina de administración de los tribunales. Véanse además "casos de Balsac", Unión

obrera, 31 de julio de 1918, p. 3; "Vista del juicio por libelo contra J. M. Balsac", *Unión obrera*, 8 de agosto de 1918, p. 1.

13 Reconstrucción dramatizada del proceso de emisión de los fallos de culpabilidad y sentencias condenatorias, según recogido en las minutas de los casos de *El Pueblo vs. Jesús M. Balsac*, causas número 880 y 881, archivo inactivo, oficina de administración de los tribunales. Véase además "Vista del juicio por libelo contra J. M. Balsac", *Unión obrera*, 9 de agosto de 1918, p. 1

14 "Sentenciado", *Unión obrera*, 5 de agosto de 1918, p. 3 (énfasis suplido).

15 "One Million Porto Ricans Ask President For Relief", *The Labor World*, 31 de agosto de 1918, página 12.

16 CDOSIP, legajo 20, carpeta 37.

17 CDOSIP, legajo 20, carpeta 36.

18 "Rescuing Porto Rico", *New York Tribune*, 15 de enero de 1919, 10. Esa comunicación fue contestada por otro lector del periódico, de nombre Roswell A. Benedict, el 21 de enero siguiente. Roswell le señaló a Iglesias que Puerto Rico no necesitaba la independencia, pero que debía evitar a toda costa la estadidad. Afirmó además que lo que a la Isla le convenía era una relación similar a la que Canadá tiene con Gran Bretaña, donde los puertorriqueños pudiesen controlar su economía. CDOSIP, legajo 20, carpeta 36.

19 Report of Proceedings of the Thirty- Ninth Annual Convention of the American Federation of Labor (junio 9 al 23, 191997.

20 Resolución de 4 de octubre de 1919 del Tribunal Supremo de Puerto Rico, en los casos de *El Pueblo vs. Jesús M. Balsac*, apelaciones número 1416 y 1417, archivo inactivo, oficina de administración de los tribunales.

21 Declaración jurada fechada 3 de noviembre de 1919, presentada ante el Tribunal Supremo de Puerto Rico, en los casos de *El Pueblo vs. Jesús M. Balzac*, apelaciones número 1416 y 1417, archivo inactivo, oficina de administración de los tribunales.

22 Jesús María Balsac, Algo sobre apuntes históricos, 7.

23 Silén, Apuntes para la historia, 40.

24 Jesús María Balsac, Unión y fuerza, 51-58.

25 "Cumpla la ley, gobernador", *Unión obrera*, 31 de mayo de 1918, p. 1.

26 "Templo del trabajo", *Unión obrera*, 8 de mayo de 1918, p. 3.

27 Telegrama del licenciado Jesús Soto Rivera a Santiago Iglesias de 1.4.1918, CDOSIP, legajo 20, carpeta 21.

28 Moción fechada 4 de noviembre de 1919 y declaración jurada fechada 3 de noviembre de 1919, presentadas ante el Tribunal Supremo de Puerto Rico, en los casos de *El Pueblo vs. Jesús M. Balzac*, apelaciones número 1416 y 1417, archivo inactivo, oficina de administración de los tribunales.

29 Informe del fiscal fechado 5 de noviembre de 1919, presentado ante el Tribunal Supremo de Puerto Rico, en los casos de *El Pueblo vs. Jesús M. Balzac*, apelaciones número 1416 y 1417, archivo inactivo, oficina de administración de los tribunales.

30 Declaración jurada de Luis Garrastegui de 6 de noviembre de 1919, presentada ante el Tribunal Supremo de Puerto Rico, en los casos de *El Pueblo vs. Jesús M. Balzac,* apelaciones número 1416 y 1417, archivo inactivo, oficina de administración de los tribunales.

31 Resolución de 6 de noviembre de 1919 del Tribunal Supremo de Puerto Rico, en los casos de *El Pueblo vs. Jesús M. Balzac*, apelaciones número 1416 y 1417, archivo inactivo, oficina de administración de los tribunales.

32 Orden de 20 de noviembre de 1919 del Tribunal Supremo de Puerto Rico, en los casos de *El Pueblo vs. Jesús M. Balzac*, apelaciones número 1416 y 1417, archivo inactivo, oficina de administración de los tribunales.

33 Páginas 4-5 del alegato del acusado-apelante, fechado 12 de noviembre de 1919 y presentado ante el Tribunal Supremo de Puerto Rico, en el caso de *El Pueblo vs. Jesús M. Balzac*, apelación número 1416, archivo inactivo, oficina de administración de los tribunales.

34 Página 5 del alegato del acusado-apelante, apelación número 1416.

35 Páginas 5-7 del alegato del acusado-apelante, apelación número 1416.

36 Páginas 6-7 del alegato del acusado-apelante fechado 12 de noviembre de 1919 y presentado ante el Tribunal Supremo de Puerto Rico, en el caso de *El Pueblo vs. Jesús M. Balzac*, apelación número 1417, archivo inactivo, oficina de administración de los tribunales.

37 Página 9 del alegato del acusado-apelante, apelación número 1417.

38 Páginas 8-9 del alegato del acusado-apelante, apelación número 1416.

39 Acta de la vista ante el Tribunal Supremo de Puerto Rico, en el caso de *El Pueblo vs. Jesús M. Balzac*, apelaciones números 1416 y 1417, archivo inactivo, oficina de administración de los tribunales.

40 *Pueblo vs. Balzac*, 28 D.P.R. 150 (1920).

41 *Pueblo vs. Balzac*, 28 D.P.R. 152 (1920).

42 "Pro J. M. Balsac", *Unión obrera*, 9 de mayo de 1918, p. 3.

CAPÍTULO V

SENDEROS QUE SE CRUZAN, VÍAS SIN SALIDA

"Fue una victoria famosa y muy valiosa por las lecciones que se derivan de ella, una de las cuales es que este país no es un país para el radicalismo. Yo pienso que realmente es el país más conservador del mundo. Cuando la gente se da cuenta que la controversia es entre el radicalismo y el conservadurismo, que es lo mismo que entre mantener el gobierno que ahora tenemos o dirigirnos hacia lo desconocido, la respuesta será siempre la misma."

Juez presidente William H. Taft[1]

LA RUTA A SEGUIR

El caso de Jesús María Balsac llegaría hasta las últimas consecuencias. Sus abogados prepararon un escrito de apelación sencillo pero suficiente para preservar la oportunidad de replantear el asunto ante el Tribunal Supremo de los Estados Unidos. Ello requería esfuerzo y dinero, amén de la asistencia y apoyo de la AFL. El senador Santiago Iglesias seguía siendo un fiel y estrecho colaborador de Samuel Gompers, con quien tenía constante contacto y era mantenido al tanto de las luchas sindicales que se desarrollaban en la Isla.[2] En aquel entonces, las apelaciones de las decisiones del Tribunal Supremo de Puerto Rico al de los Estados Unidos eran autorizadas por el artículo 43 de la ley orgánica Jones.[3]

El día 11 de marzo de 1920, el licenciado Peña Romero presentó ante el Tribunal Supremo de Puerto Rico en representación de Jesús María Balsac su anuncio de apelación:

> Que no estando conforme con la sentencia dictada por esta Hon. Corte Suprema, confirmando la dictada por la Corte de Distrito del Distrito Judicial de Arecibo, establece apelación para ante el Tribunal Supremo de los Estados Unidos de América, fundándola en el derecho que le concede el artículo 43 de la ley orgánica de Puerto Rico y por los siguientes motivos constitucionales: 1ro. Porque no se ha concedido al acusado el derecho consignado por la Enmienda Sexta a la Constitución de los Estados Unidos de ser juzgado por un Jurado.
>
> 2do. Porque en todo caso, si la ley, con arreglo a la cual se le ha juzgado y condenado, suministra suficiente motivo para ello, debe entenderse contraria, atendido su extremado y excesivo rigor, al espíritu y la letra de la Enmienda Primera a la Constitución de los Estados Unidos.[4]

El licenciado Peña Romero expuso además la designación de los dos errores que la apelación anunciada se proponía someter ante la consideración del Tribunal Supremo de los Estados Unidos:

> I. La Hon. Corte Suprema de Puerto Rico erró al desestimar la alegación del acusado apelante de no habérsele concedido a dicho acusado el derecho de ser juzgado por un Jurado.
> Tal derecho está consignado y reconocido por la Enmienda Sexta a la Constitución de los Estados Unidos; y, en este caso se ha privado a un hombre libre de ser juzgado por sus conciudadanos.
> II. La Hon. Corte Suprema de Puerto Rico erró al confirmar la sentencia de la Corte de Distrito de Arecibo, de fecha 31 de julio de 1918, condenando al acusado apelante a sufrir nueve

> meses de prisión por delitos de libelo, y cuya pena consideramos excesiva y rigurosa, contraria al espíritu y letra de la primera enmienda a la Constitución de los Estados Unidos, puesto que dichos delitos de libelo se cometieron en un momento histórico de perturbación y agitación del país, debido a las huelgas agrícolas, y hubiera podido ser satisfecha la sentencia con una pena de multa solamente.[5]

El reclamo del derecho a juicio por Jurado, que había figurado de manera secundaria en todo el procedimiento ante las cortes insulares, pasaba ahora a ser *el señalamiento principal* ante Washington.

El 20 de marzo de 1920, el Tribunal Supremo de Puerto Rico aceptó la apelación de Balsac al Tribunal Supremo de los Estados Unidos. Sin embargo los pasos a cumplir eran onerosos. Debía presentarse una fianza de mil dólares por cada caso; otros trescientos por cada uno para cubrir las costas de los procedimientos; más traducir al idioma inglés los expedientes que se elevarían a Washington (más de $31,230 al valor presente).[6] El senador Santiago Iglesias puso de su parte para viabilizar las apelaciones. Junto a Inés Rita Aybar de Peña, se prestaron las fianzas y las costas requeridas, además presentaron sendas declaraciones juradas que fueron otorgadas ante los notarios José Soto Rivera y Angel R. de Jesús,[7] mediante las cuales garantizaban que Balsac cumpliría con sus responsabilidades ante la justicia:

> Por lo tanto, por la presente respondemos de que dicho Jesús M. Balsac comparecerá ante el Tribunal Supremo de Puerto Rico, o ante la Corte de Distrito del Distrito Judicial de Arecibo, y se someterá y acatará las resoluciones u órdenes que por cualquiera de dichas Cortes se dictaren con motivo

> de la mencionada apelación; comprometiéndose asimismo a que dicho Jesús M. Balsac comparecerá ante cualquiera de dichos Tribunales en el día y hora para que fuera citado, en cuyo caso la obligación o fianza constituida por este documento quedará nula y sin mayor o ningún valor; pero si el mencionado Jesús M. Balsac dejare de comparecer ante cualquiera de dichos Tribunales expresados, y de someterse a las resoluciones que por los mismos se dictaren con motivo de la apelación interpuesta, dicha fianza u obligación quedará en plena fuerza y vigor y podrá desde luego hacerse efectiva.[8]

El 8 de abril de 1920 el Tribunal Supremo de Puerto Rico aprobó las fianzas prestadas y dispuso que el apelante permaneciera libre provisionalmente.[9] Mientras el Tribunal Supremo de Puerto Rico se encontraba en el trámite de aprobar la apelación, se gestionó la contratación de un nuevo abogado para Balsac que lo representase en Washington. La FLT anunció mediante una hoja suelta el 5 de febrero de 1921 de la autoría de Manuel Alonso, secretario general, una derrama "pro-perseguidos", donde informó que aún quedaban numerosos procesos judiciales pendientes como resultado de las últimas huelgas agrícolas.[10] Se le dio particular destaque al caso de Balsac como el único que estaba a cargo del consejo ejecutivo de la FLT y que había sido apelado al Tribunal Supremo de los Estados Unidos.

El anuncio de la derrama denota la importancia que para el liderato de la FLT el caso de Balsac tenía, así como las tensiones generadas al interior de la organización por los costos que acudir ante el Tribunal Supremo de los Estados Unidos suponía. Se informó allí que el "Clerk" del Tribunal Supremo de los Estados Unidos estableció un costo de $290 por los gastos de impresión y registro de la apelación ($3,892 al valor actual). Aún más importante, se anunció que todo el expediente de los casos de Balsac había sido enviado a Frank Morison, secretario general de la AFL, para conseguir un abogado, y que la responsabilidad había recaído en la firma legal de Ralston & Willis, los cuales cobrarían $100 por cada caso, para un total de $490 ($6,576 al valor actual). Se urgió a las uniones afiliadas que no habían cooperado hasta entonces con la derrama a que lo hicieran, dado que el consejo ejecutivo había gastado ya más de $300 ($4,026 al valor presente):

> La lucha de estos compañeros y su sacrificio en defensa del campesino y de las libertades públicas merecen más que eso. COOPERE INMEDIATAMENTE. NO ECHE A UN LADO ESTA CIRCULAR. EL MISMO APRECIO QUE USTED PRESTE A ESTE ASUNTO, ES EL MISMO QUE DEBE ESPERAR CUANDO SE HALLE EN UN ESTADO IGUAL.[11]

La encomienda al bufete de Jackson H. Ralston coincidió en el Tribunal Supremo con otro caso también litigado por el prominente letrado: *Truax vs. Corrigan*. Surgido al calor de una disputa laboral entre los propietarios del restaurante *English Kitchen* y algunos de sus empleados, estaba en controversia una ley del estado de Arizona que prohibía represalias – tales como emisión de interdictos – por el patrono contra empleados que estuviesen ejerciendo su derecho a la libertad de expresión como parte de un conflicto huelgario. Ralston representaba a los trabajadores en paro, mediante el cual se pretendía anular el estatuto protector.[12] Ellos habían logrado prevalecer en los tribunales del estado de Arizona y el caso se apeló ante el Tribunal Supremo de los Estados Unidos. Más adelante regresaremos a este escenario.

Ralston era amigo de los retos y las causas justas.[13] En 1888 en *Callan vs. Wilson*, había logrado prevalecer ante el Tribunal Supremo de los Estados Unidos en el reconocimiento del derecho a juicio por Jurado en el distrito de Columbia.[14] Desde 1919 se dedicaba de lleno a impulsar la implantación del sistema de impuestos unitario en los Estados Unidos. Sus comentarios a favor del nuevo sistema contributivo – y su lucha contra los monopolios empresariales – recibían amplia recepción en los periódicos de la época. Suyas son las siguientes expresiones:

> Hasta que el impuesto unitario no haga que nuestros recursos minerales estén disponibles para toda la comunidad, destruyendo así las ganancias especiales que reciben los que mantienen las tierras inutilizadas, los más opresivos monopolios en existencia encontrarán la vía expedita para retener su poder, a pesar de las leyes anti-monopolios, las leyes de comercio interestatal, y toda la publicidad que podamos legalmente hacer en torno a sus operaciones.[15]

La causa de Jesús María Balsac – que apelaba por igual al reclamo de derechos constitucionales, a la lucha sindical y al principio internacional de descolonización – era compatible con aquellos por los cuales Jackson Ralston había postulado a lo largo de su carrera profesional.

En contraste, para el caso de Balsac la AFL y la FLT procuraron preservar una apareciencia de distancia en sus acciones. A pesar de ser ampliamente conocido que Jackson Ralston estaba identificado con la FLT; que había representado a Samuel Gompers en casos ante el Tribunal Supremo de los Estados Unidos; y saberse que Gompers y Santiago Iglesias eran aliados cercanos, la contratación del letrado tuvo lugar por conducto del secretario Morison. Meses después de anunciarse en febrero de 1921 que Ralston representaría a Balsac ante el Tribunal Supremo de los Estados Unidos, el 22 de diciembre del mismo año Gompers le dirigió una carta al letrado donde le expresó lo siguiente:

> El señor Santiago Iglesias, de Puerto Rico, me ha informado que usted es el abogado en dos casos, idénticos en principio y que proceden del tribunal de distrito de Arecibo, Puerto Rico. Surge que el apelante Jesús María Balzac, un editor laboral de Puerto Rico, fue condenado por la comisión de libelo contra el gobernador Arthur Yager de Puerto Rico, durante el período de la gran huelga agrícola en la Isla, 1916[sic]. Esos casos involucran una interrogante muy fundamental para los trabajadores de la Isla de Puerto Rico.
> ***
> *Es mi parecer que si estos casos se decidiesen a favor del apelante, entonces el estatus de Puerto Rico se definiría para siempre, y la Constitución de los Estados Unidos sería extendida por completo a Puerto Rico.*
> *Tengo sumo interés en estos casos*, y espero que usted los pueda conducir a un resultado exitoso. Espero que me deje saber al respecto en un futuro próximo.[16]

Igualmente significativo, en esa fecha de 22 de diciembre de 1921 Ralston le remitió una factura a Santiago Iglesias por la suma de $35.75 ($480 al valor presente), en concepto de impresión de los expedientes de los casos de Balsac.[17] Esa carta fue respondida con una de Iglesias el 28 de diciembre de 1921. Aparte de remitirle un cheque por $135.75 ($1,822 al valor actual), el senador socialista le hizo saber su intención de "cubrir en la medida de sus medios todos y cada uno de los gastos que se generen ante el tribunal, y mostrar su mejor disposición de pagarle al menos con un poco de dinero y con nuestra gratitud".[18]

En efecto, todo tiende a sugerir una estrategia de disimular en lo posible la cercana colaboración de Gompers e Iglesias y las organizaciones que respectivamente presidían, creando una impresión de que la apelación de Balsac ante el Tribunal Supremo de los Estados Unidos era una iniciativa de la FLT. Esta entidad y sus afiliados deberían correr con los gastos que el esfuerzo legal conllevase. Por su parte y conforme veremos más adelante, la AFL efectuaba gestiones paralelas con un objetivo similar al de la apelación de Balsac pero ante otro foro: el Congreso de los Estados Unidos.

Mientras la representación de Balsac por Jackson Ralston se cuajaba, Santiago Iglesias continuaba con sus gestiones en los Estados Unidos de la mano de la AFL. Durante su asamblea en la ciudad de Denver, Colorado, del 13 al 25 de junio de 1921, Iglesias rindió un informe sobre el estado de situación del movimiento obrero en Puerto Rico, afirmando que "[l]os esfuerzos de la American Federation of Labor están siendo antagonizados por aquellos que tienen interés en mantener esta Isla como una fábrica enorme trabajada por esclavos".[19]

Por su parte, la FLT celebró su asamblea los días 4 y 5 de septiembre en San Juan, donde los casos contra Balsac figuraron prominentemente por la carga monetaria que representaba. En específico se consolidaron dos resoluciones, la número 28 por Francisco Febres de la *Unión de carpinteros 1450* de San Juan – para efectuar una colecta voluntaria entre los presentes en la asamblea – y la número 33 por Carlos

Escobar y Bernando Pizarro de la *Unión agrícola 14817* de Loíza – a favor de imponer una derrama equitativa "que cubra los gastos o la parte que falte por cubrirse, a fin de que por falta de recursos, no falte defensa al periodista obrero, al camarada y al valiente proletario". Sadalio E. Alonso, secretario de la asamblea, aclaró por su parte que la unión obrera de San Juan carecía de recursos para efectuar un préstamo que atendiese el remanente de los gastos de los procesos judiciales de Balsac, por lo que la encomienda de conseguir los fondos se le delegaría al consejo ejecutivo de la FLT.[20] De su lado, Balsac no permanecía pasivo, ya que se desempeñaba para aquel entonces como secretario y tesorero de la *Unión de trabajadores* de los muelles en San Juan.[21]

JUEZ PRESIDENTE WILLIAM HOWARD TAFT

En el umbral de sus 64 años William Howard Taft logró el objetivo más codiciado de su carrera. Su espera culminó el 30 de junio de 1921 tras ocho años de administración demócrata.[22] El Senado lo confirmó ese mismo día, aunque no de manera unánime.[23]

El hecho de que el presidente Warren Harding – un republicano como el – haya sido quien le extendiese el añorado nombramiento, era un alivio para un hombre como Taft, quien llegó a pensar que tendría que tragarse su orgullo para que un mandatario demócrata lo designara, aunque fuese como juez asociado.[24] La antipatía por el *Partido demócrata* – y por Woodrow Wilson en particular – no le había impedido al ex-presidente cooperar de vez en cuando con el entonces mandatario, como lo denota su nominación por Wilson como co-presidente de la *Junta nacional laboral bélica*. El tiempo que Taft le dedicó a la junta le sirvió para educarse sobre las condiciones de vida de los obreros, al punto de llegar a simpatizar con nociones tales como un salario mínimo, el derecho a unionarse y el establecimiento de una jornada laboral de ocho horas.[25]

Siendo un fiel creyente en el arbitraje internacional de disputas entre las naciones soberanas, a Taft no le costó trabajo apoyar a Wilson en la creación de la *Liga de naciones* tras el fin de la guerra. Tampoco reparó en culpar a Wilson por el eventual fracaso de la liga.[26] Procuró mantenerse al tanto de los acontecimientos en Europa y resintió que el presidente no lo incluyese en la comisión para las conversaciones de paz en Versalles. Se aventuró, sin embargo, a recomendarle a Wilson que en el tratado de paz se asegurara el reconocimiento de la *Doctrina Monroe*.[27]

El panorama cambió para Taft con las elecciones de 1920. Lograda la reconciliación con Theodore Roosevelt poco antes de este morir, junto con su apoyo a Harding, se le facilitó negociar su nominación al Tribunal Supremo.[28] Sintiendo que era su misión reformar el sistema judicial, seguía con las miras puestas en la silla de juez presidente ocupada por el envejeciente Edward White.[29] Ello no significó que Taft no tuviese que cabildear ante Harding, según contó a familiares y amistades después de una reunión con el nuevo primer mandatario:

> Le dije que era y siempre había sido la ambición de mi vida. La había rechazado en dos oportunidades por las razones que le expresé, pero que ahora estaba obligado a decirle que bajo mis circunstancias de haber sido presidente, haber

> nombrado a tres de los actuales jueces y a otros tres ya retirados, y por haberme opuesto al nombramiento de Brandeis, no podría aceptar otro puesto que no fuera la presidencia. El no dijo nada más y no pude saber si el había concluido si era satisfactorio lo que le expresé o si no quería comprometerse más allá.
> En una nota que le envié ayer, asumí esto último y dije que si el decidía nombrar a otra persona, como bien podría hacerlo, yo me sentiría de todas formas muy honrado por haberme hecho la oferta. Le dije en la nota que en muchas ocasiones pasadas el juez presidente había dicho que estaba preservando el puesto para mí y que se lo devolvería a una administración republicana.[30]

El otro problema que confrontaba Taft era, por supuesto, que la silla que ambicionaba todavía no estaba desocupada. En marzo de 1921, Taft visitó a White para sondear sus intenciones de renuncia.[31] Finalmente, la muerte del anciano juez presidente en mayo del mismo año abrió la puerta para el ansiado sueño, el cual Taft logró agilizar al máximo por miedo a que su edad fuese vista como un obstáculo.[32]

Como juez presidente, Taft traía consigo el bagaje de un conservador propio de la época. Su visión del Derecho se basaba en una concepción realista de las controversias judiciales, las cuales se deberían resolver caso por caso. Su visión religiosa era tradicionalista, fundamentada en una interpretación literal de los pasajes bíblicos. El puritanismo formaba parte de su ensamblaje jurídico.[33]

No obstante los adelantos que la ciencia anunciaba, el temple del nuevo juez presidente había sido forjado en las tendencias del siglo XIX. Para el por lo tanto, lo trascendental era – y lo seguiría siendo – el resultado alcanzado por encima de consideraciones intelectuales y legales. Fiel admirador del juez presidente John Marshall, su sucesor albergaba una filosofía que reconocía amplios facultades al poder ejecutivo, muy en especial en la política exterior, así como el lugar central que el Tribunal Supremo ocupaba en el gobierno de los ciudadanos.[34]

El juez Taft se acopló rápidamente a la rutina de su nueva ocupación. Como oficial administrativo del Tribunal, por su oficina pasaban todos los asuntos que llegaban al Foro. Junto con los jueces asociados diariamente escuchaba las argumentaciones. Más tarde procedía a evaluar los casos sometidos para decisión en los méritos. Cada viernes de cada semana le informaba a sus compañeros sobre los casos que se discutirían al siguiente día laborable por la tarde. Durante esas sesiones presentaba los casos, con un breve resumen de los hechos y las cuestiones legales involucradas. Luego cada juez expresaba su parecer, tras lo cual una votación tenía lugar en torno a la decisión a tomarse. Finalmente y si estaba en mayoría, asignaba entre los jueces de ese grupo al que redactaría la opinión del Tribunal.[35]

A pesar de las lecciones que recibió de las duras condiciones que los trabajadores sufrían en sus empleos mientras se desempeñó en la *Junta nacional laboral bélica*, Taft seguía pensando que los problemas obreros no eran de fondo sino de fácil corrección. No quería entender que los trabajadores no estaban en igualdad con los miembros de otros grupos sociales que habían hecho cosas peores que las imputadas a los sindicatos.[36] Su exceso de peso junto con la carga de los años comenzaban a nublar su entendimiento, pero sin ceder un ápice su visión conservadora de las cosas, como evidenció en una carta que le envió a su hermano:

> Estoy más viejo y lento, menos preciso y más confuso. No obstante, en la medida en que las cosas sigan como van, y pueda mantenerme como estoy, debo permanecer en la corte para prevenir que los bolcheviques tomen el control.[37]

El capitalismo y el constitucionalismo se habían entronizado como los dos principios cardinales que regirían el curso decisorio del juez presidente. Toda disputa tendría que decidirse en concordancia con esos dos fundamentos medulares. Toda lucha por un cambio tendría que seguir las reglas pautadas por esos dos pilares.[38]

Por lo demás Taft era feliz con su trabajo.[39] Controlaba el flujo de los casos que llegaban al Tribunal y decidía si escribía la opinión del Foro. Como ocurrió cuando presidió la comisión de las Filipinas, pautaba las reglas del juego conforme a su agenda personal. Sin embargo, su objetivo de lograr consenso en las decisiones resultó un fracaso. Los jueces se habían dividido más que nunca, entre un grupo liderado por el conservador Oliver Wendell Holmes y otro por el liberal Louis Brandeis, tan vilipendiado por Taft cuando el presidente Wilson lo nominó. A esta división se añadía un cúmulo de casos sin resolver, entre los que figuraban numerosas controversias provenientes de las posesiones insulares.[40]

El empeño del juez presidente Taft por combatir el pujante movimiento sindical en los Estados Unidos había encontrado un nuevo escenario en *Truax vs. Corrigan*. El 10 de mayo de 1921 un Tribunal Supremo dividido por igual confirmó el dictamen a favor de los obreros representados por Jackson Ralston. La llegada de Taft en junio del mismo año cambió el panorama. *Truax vs. Corrigan* volvió a ser argumentado durante dos días consecutivos en octubre de 1921. El 19 de diciembre de ese año una mayoría de 5 a 4 lidereada por el nuevo juez presidente, dictó sentencia que revocó la del estado de Arizona.[41] En la opinión, Taft desplegó con claridad su ideología con respecto a las luchas sindicales. Citando a *Gompers vs. Buck's Stove & Range Co.,*[42] escribió lo siguiente:

> La pregunta real aquí es: ¿fueron legales los métodos utilizados? El anterior recital de actos cometidos por los demandados no puede dejar dudas al respecto. Los ataques libelosos contra los demandantes, sus negocios, sus empleados, y sus clientes, y los epítetos abusivos usados contra ellos, fueron claramente censurables. Los mismos fueron proferidos como parte de un plan para inducir a los clientes actuales y potenciales de los demandantes a desistir de patrocinarlos. El continuo patrullaje de los demandados en el mismo frente del restaurante en la calle principal y a cinco pies de distancia del negocio de los demandantes durante horas laborables, con carteles anunciando la injusticia de los demandantes; la presencia de los piqueteadores en la entrada del restaurante y sus insistentes y escandalosas arengas durante todo el día, la constante diseminación por ellos de epítetos y libelos contra los empleados, los demandantes, y clientes, y las amenazas de graves consecuencias a futuros clientes, todo en conjunto en una campaña eran una molestia ilegal y un estorbo perjudicial con respecto al libre acceso al negocio de los demandantes. No era una persuasión o inducción legal. No era un mero reclamo a la atención de potenciales clientes mediante el simple anuncio de la existencia del paro y una solicitud de no patrocinar. Se estaba obligando a cada cliente

> actual o potencial a sufrir las molestias de una publicidad irrespetuosa, agresiva y desagradablemente inoportuna, escuchar ataques libelosos, y a temer por las consecuencias dañinas, ilegalmente infligidas, a su reputación y lugar en la comunidad. No causa sorpresa que un negocio de $50,000 fuese reducido a solo una cuarta parte de su ganancia habitual. Más efectiva no pudo haber sido la violencia. Se trató de una coerción moral mediante molestias ilegales y obstrucción, y por ende se trataba claramente de una conspiración.[43]

Dentro del grupo de jueces que quedó en minoría, ninguno expresó su frustración con mayor ahínco que Holmes,[44] quien en su opinión disidente consignó:

> Debo añadir una consideración general adicional. No existe nada que yo censure más que el uso de la Decimocuarta Enmienda más allá del contenido absoluto de su texto, para prevenir experimentos sociales que una parte importante de la comunidad interesa, en los compartimientos aislados que proveen los estados, aun cuando esos experimentos puedan parecerme banales o hasta perjudiciales a mí y a aquellos cuyas decisiones debo respetar.[45]

Fue una inesperada derrota para el movimiento obrero. Pero a pesar de estar en mayoría, *Truax vs. Corrigan* le produjo grandes sinsabores al juez presidente.[46] Menos de dos semanas previo a anunciarse ese resultado, el 7 de diciembre de 1921 se presentó en la secretaría del Tribunal Supremo la traducción del expediente de los casos de Jesús M. Balsac. Esa gestión conllevó más tiempo del anticipado, mas al fin tras largos meses de espera el expediente estaba listo para estudio y preparación de alegatos, con Jackson Ralston nuevamente al mando.[47]

EL PROYECTO NOLAN

Con la certeza de que el planteamiento de Balsac se vería ante el Tribunal Supremo de los Estados Unidos, en Puerto Rico la FLT redobló esfuerzos para educar a su matrícula en las potenciales consecuencias del resultado y de las gestiones que el liderato obrero tanto continental como insular, llevaban a cabo para forzar una nueva definición en la relación colonial.

El 2 de enero de 1922 y con el titular "Puerto Rico debe convertirse en un territorio incorporado de los EE.UU.", el periódico *Justicia* detalló las medidas tomadas por el *Comité de conferencia de representantes legislativos de las organizaciones obreras*, celebrada en la cámara del consejo ejecutivo en la sede de la AFL el 9 de diciembre de 1921. Se informó que Santiago Iglesias había manifestado ante la AFL que Puerto Rico debía pasar de ser un territorio organizado a uno incorporado. Por su parte, Samuel Gompers planteó que los intereses azucareros y sus aliados tenían una política de separar a Puerto Rico de los Estados Unidos para aplicar las "antiguas leyes españolas del trabajo", estando sus intereses opuestos "a algo que pueda vigorizar los lazos entre Puerto Rico y los Estados Unidos". El líder máximo de la AFL aprovechó la oportunidad para respaldar el nombramiento del nuevo gobernador Emmet Montgomery Reily, sosteniendo que quienes se oponían a el lo hacían porque favorecía la *americanización* de Puerto Rico.[48]

Con respecto a los casos contra Jesús M. Balsac, *Justicia* diseminó ese mes de enero de 1922 una información igualmente importante. Bajo el titular "Derechos constitucionales envueltos en el caso de Balzac que está ahora ante la Corte Suprema", el periódico reseñó el contenido de una carta que Iglesias le remitió a Rafael Alonso y Prudencio Rivera Martínez:

> De acuerdo con la información que remito al secretario Alonso y acta de la Conferencia sobre Legislación Congresional, verán que tuve el honor de haber sido nombrado miembro, y después de habérseme dado la oportunidad de hacer una sinopsis de los asuntos de Puerto Rico, la conferencia aprobó inequívocamente nuestra posición y actividades en el país y en Washington.
>
> El presidente Samuel Gompers, que presidía, se mostró como siempre, el más amigo de nuestras demandas de justicia social y económica. El acta, aunque brevemente, dice algo más de lo que yo pudiera expresar. La primera tentativa del primer BILL que será presentado a instancias de esta Conferencia, lo incluyo adjunto. Este proyecto de ley ha de tener alguna conexión con los casos del compañero Jesús Ma. Balzac, que se verán ante la Corte Suprema de los Estados Unidos, el próximo enero, 1922.
>
> La cuestión levantada ante la Corte Suprema de los Estados Unidos, en favor de Balzac, es enteramente constitucional, y es posible que nuestros abogados aquí tengan éxito, y al mismo tiempo este proyecto de ley plantea la cuestión ante el Congreso.[49]

Ese proyecto de ley con "alguna conexión con los casos del compañero Jesús Ma. Balzac", era una vía paralela seguida por la AFL *para los mismos fines perseguidos* por la cuestión "enteramente constitucional" planteada ante el Tribunal

Supremo de los Estados Unidos: la conversión de Puerto Rico a un territorio incorporado. Históricamente se le conoce como "el proyecto Nolan".

Como ya visto y aunque identificado con el *Partido demócrata*, Gompers proveía cabida en la AFL para miembros del *Partido republicano*. Uno de ellos lo sería el congresista por California John I. Nolan. Para el año 1909, se desempeñaba como agente legislativo de la *Unión de acereros No. 164* de San Francisco y activista sindical.[50] Para las elecciones congresionales de 1912, Nolan lanzó su candidatura por el 5to distrito de California, considerado entonces un bastión sindical en esa ciudad. Republicano y progresista, se le consideraba además instrumental en la aprobación de legislación que establecía una jornada laboral del ocho horas para las mujeres, entre otras importantes medidas.[51] Ya en el Congreso, Nolan anunció en julio de 1913 una investigación contra la *Asociación nacional de manufactureros*, a la que acusó de pretender aplastar el movimiento obrero. Afirmó haber tomado esa determinación "tras conferenciar con la dirigencia de la AFL".[52]

Cuando de promover las luchas sindicales se trataba, John Nolan era ejemplo viviente de que las preferencias políticas de Samuel Gompers pasaban a un segundo plano. En febrero de 1920 el periódico *The Abbeville Press and Banner* reseñó que el representante republicano Nolan defendía a Gompers de ataques que le hacía el representante demócrata Blanton, de Tejas, de querer controlar el Congreso por vía de impulsar la elección de simpatizantes del movimiento sindical.[53] Tras el triunfo del *Partidore publicano* en las elecciones de 1920, al mes siguiente periódicos como *The Washington Times* y el *New York Tribune* daban a conocer que el congresista Nolan estaba recibiendo el apoyo de líderes obreros para ser nombrado secretario del trabajo por el recién electo presidente Warren Harding, ya que se le tenía por miembro de ese movimiento. Se destacó además que el otro candidato considerado, William Hutcheson – líder de la *Unión internacional de carpinteros* – siendo demócrata no era respaldado por Gompers para quien primaba ser amigo de Nolan.[54]

El 30 de enero de 1922 *Justicia* volvió a publicar extensamente en torno a la ofensiva que el binomio FLT-AFL desarrollaba ante el Tribunal Supremo y el Congreso de los Estados Unidos. En esa edición, se rememoraron los atropellos cometidos contra los obreros por el gobierno de Arthur Yager y los hacendados durante el mes de abril de 1918 y que en mayo de ese mismo año Gompers pidió al presidente Woodrow Wilson la destitución de Yager.[55] A solicitud de Gompers, Santiago Iglesias rindió un informe titulado simplemente "Porto Rico". Además de detallar los estragos causados por los años de administración de Yager, el senador socialista y líder de la FLT resumió los esfuerzos en proceso para atender la condición de Puerto Rico ante los Estados Unidos:

> Como un recuerdo de la administración Arthur Yager tenemos todavía dos casos de libelo presentados contra el editor laboral Jesús María Balsac los cuales hemos llevado en apelación final ante el Tribunal Supremo de los Estados Unidos. *Si le concedemos tanta importancia a estos casos es simplemente porque involucran un punto constitucional cuya determinación puede decidir nuestra condición política en términos de elevarnos al mismo nivel de ciudadanía que disfrutan ustedes en el continente y por ende concediéndonos los mismos privilegios y franquicias, o por el contrario,*

> *mantenernos como al presente en un nivel de ciudadanía inferior*, a pesar del hecho de que fuimos convertidos colectivamente ciudadanos de los Estados Unidos mediante un acta del Congreso aprobada el 2 de marzo de 1917. *La acción del Tribunal Supremo de los Estados Unidos, como uno de los mecanismos para clarificar nuestra situación y definir nuestra condición, se ha procurado de esta manera con estos dos casos por libelo además, de algunos otros pasos tomados ante el Congreso de los Estados Unidos* a los cuales nos referiremos posteriormente.[56]

Esos "otros pasos tomados ante el Congreso" era el proyecto de ley 9934 del congresista John I. Nolan. Con su informe a la AFL Iglesias procuraba el apoyo de las organizaciones sindicales para asegurar la aprobación por el Congreso de esa pieza legislativa para convertir a Puerto Rico en un territorio incorporado, "siendo esta la mejor forma de definir permanentemente nuestra condición".[57] Las gestiones de la AFL ante el Congreso por vía de John Nolan era parte de lo que para entonces se conocía como el *Comité de conferencia de los representantes legislativos de las uniones*,[58] el cual aspiraba a coordinar los esfuerzos de todos los agentes del sindicalismo que cabildeaban ante aquel cuerpo legislativo.[59] En su sección 4 el proyecto Nolan proveía que

> [l]a *Constitución* y excepto, como de otra forma se provea, todas las leyes de los Estados Unidos, incluyendo leyes presupuestarias, que no sean localmente inaplicables *tendrán la misma fuerza y efecto en el territorio de Puerto Rico como en el resto de los Estados Unidos*; Proveyéndose, sin embargo, que en lo subsiguiente todos los impuestos y rentas que se colecten bajo las leyes y reglamentos de los Estados Unidos en Puerto Rico y sobre artículos producidos en Puerto Rico que se exporten a los Estados Unidos, o sean

> consumidos en la Isla, *sean depositados en el tesoro de Puerto Rico, para ser enteramente utilizados para educación, sanidad y obras públicas permanentes en la Isla* como sea determinado por su legislatura.[60]

LOS ALEGATOS

Mientras tanto ante el Tribunal Supremo, Jackson Ralston unió al caso a los abogados Stanley D. Willis y William T. Rankin. A principios del mes de febrero de 1922 la representación de Balsac sometió su alegato.[61] De entrada argumentaron que el lenguaje usado en los editoriales de *El baluarte* era pintoresco y que – citando las expresiones en *Gandía vs. Pettingill* – no excedió "las exuberantes expresiones del lenguaje meridional", por lo que cualquier castigo era excesivo, injustificado y contrario a la letra y el espíritu de la primera enmienda a la Constitución de los Estados Unidos.[62]

En cuanto al aspecto medular del derecho a juicio por Jurado, Ralston elaboró el siguiente razonamiento:

> Damos por sentado que no se requieren ni unas expresiones ni una ley particular para demostrar que es la intención del Congreso tener a Puerto Rico como incorporado a los Estados Unidos. Así lo ha resuelto esta corte en casos anteriores.
>
> En el caso Rasmussen, esta corte concluyó que el Congreso claramente pretendió incorporar a Alaska a los Estados Unidos, a base de la extensión por leyes congresionales a dichos territorios de una colecturía de contribuciones y la imposición de tarifas y aduanas comerciales. *No se debatió en el caso Rasmussen, ni en ningún otro caso que conozcamos, que exista una fórmula en particular para*

> *describir la intención del Congreso de extender la Constitución sobre nuevos territorios.*[63]

A renglón seguido procedió a contrastar las leyes orgánicas de 1902 de las Islas Filipinas y Puerto Rico para demostrar que, contrario al archipiélago asiático, el Congreso no había cerrado las puertas a la integración de la posesión caribeña.[64] Luego enumeró todas las leyes federales que se habían aplicado a Puerto Rico como si fuese un estado de la Unión y los años que habían transcurrido desde la implementación de esos estatutos, recalcando su efecto incorporador:

> Si, después de la antedicha enumeración, quedara todavía alguna duda de que Puerto Rico haya sido formalmente ubicado bajo la Constitución de los Estados Unidos de la manera más completa posible, esa interrogante ha sido totalmente contestada, a nuestro parecer, por la ley orgánica vigente contenida en "Una ley para proveer un gobierno civil para Puerto Rico y para otros propósitos", siendo esta la Ley de 2 de marzo de 1917. En este sentido, *deberá advertirse que los eventos reseñados en estas apelaciones ocurrieron subsiguientemente a la fecha en que esta ley entró en vigor.* Es cierto que no existe una manifestación expresa en esta ley de que la Constitución se aplica en toda su extensión a Puerto Rico, pero esto es inmaterial por ser innecesario, como ya hemos anteriormente demostrado, y, además, al considerar las secciones de la ley a las cuales habremos a continuación de aludir. La intención del Congreso de incorporar a Puerto Rico y a sus ciudadanos dentro del cuerpo de la ciudadanía y posesión americana queda demostrada en muchas secciones de la ley aquí referida. Existen dos secciones a las cuales deseamos hacer particular referencia. En virtud de la sección 5 todos los ciudadanos de Puerto Rico, según definidos por la ley

Foraker, y esto incluye a los que no declinaron la ciudadanía, de acuerdo con sus provisiones bajo el tratado con España, "son por la presente declarados y serán considerados como ciudadanos de los Estados Unidos".

Por si fuese necesario demostrar la intención congresional, nos referimos con aún mayor claridad a la sección 41 relativa a la jurisdicción, etc., de la corte de distrito de los Estados Unidos en tanto establece que: "La corte de distrito de ese distrito deberá conocerse como 'la corte de distrito de los Estados Unidos para Puerto Rico'". Más aun, una lectura de la sección 41 nos muestra que la corte de distrito "tendrá jurisdicción para la naturalización de extranjeros y puertorriqueños, y para esos fines la residencia en Puerto Rico deberá considerarse como una residencia *en cualquier parte de los Estados Unidos*".[65] Aparece además en dicha sección que los salarios de los jueces y los oficiales de la corte de distrito de los Estados Unidos en Puerto Rico, al igual que los gastos judiciales, se pagarán de los ingresos de los Estados Unidos, en la misma forma que los de las otras cortes de distrito de los Estados Unidos.

Tenemos ante nosotros unos casos en los que el acusado, un ciudadano de Puerto Rico, y hecho mediante estatuto ciudadano de los Estados Unidos, está sometido a una jurisdicción en que sus derechos deben ser considerados, como específicamente se establece para casos de naturalización, con la misma amplitud como los derechos de aquellos residentes "en cualquier parte de los Estados Unidos", como el estatuto establece.

Las opiniones de esta honorable corte en los casos de Tapia y Muratti fueron rendidas con referencia al estado de situación prevaleciente *antes de la promulgación de la ley de 2 de marzo de 1917*, conocida como la ley Jones. Creemos por lo tanto que todos los planteamientos hechos en este alegato no fueron considerados por esta corte antes de que las citadas decisiones fuesen emitidas.

> La opinión de la corte inferior está evidentemente basada además en una noción de que la ofensa de libelo, no siendo un delito grave, y probablemente no notorio, la 6ta enmienda a la Constitución, relativa al derecho a juicio por Jurado, no era aplicable a Puerto Rico; proveyendo el Código de Procedimiento Criminal para juicios por Jurado para delitos graves solamente. A la luz de lo resuelto por esta corte en Callan vs. Wilson, en el sentido de que "es una cuestión histórica que la ofensa de libelo siempre ha sido presentable y presentada ante un Jurado", y la bien entendida ley de que el propósito de la enmienda constitucional era el de preservar el derecho a juicio por Jurado tal y como existía, ello torna en asunto sin importancia, desde nuestro punto de vista, el que las leyes de Puerto Rico denominen el libelo como un delito grave o no. No tenemos que argumentar más allá de lo que hemos hecho que el libelo es una ofensa que siempre se ha sometido a juicios por Jurado; que el juicio por Jurado es un derecho constitucional que en este caso fue reclamado debida y oportunamente, y que por lo tanto las decisiones del Tribunal Supremo de Puerto Rico deben ser revocadas. Procede por consiguiente la revocación de las sentencias condenatorias.[66]

Resaltando una vez más la importancia que el movimiento sindical puertorriqueño le asignaba a los casos de Balsac, la edición de 6 de febrero de 1922 de *Justicia* fue dedicada a transcribir el alegato presentado por Jackson Ralston ante el Tribunal Supremo de los Estados Unidos.[67] Mediante una nota editorial se criticó además un proyecto de ley pendiente ante el Congreso para crear una entidad denominada "Estado Libre Asociado de Puerto Rico". Quizás presintiendo que se acercaba la hora de la verdad, en su edición de 18 de febrero siguiente

Justicia volvió a la carga, esta vez poniendo mayor énfasis en el proyecto de ley 9934 del congresista Nolan. Bajo el titular "Los puertorriqueños quieren hacer de la Isla un estado", se informaba sobre la pendencia de varios proyectos de ley en el Congreso estadounidense para definir la condición de Puerto Rico, mas denotando su preferencia por el presentado por John I. Nolan:

> Proyecto Nolan incorpora a Puerto Rico y utiliza las rentas para sanidad, educación y obras públicas. El Bursum propone que Puerto Rico redacte una constitución, organice un gobierno tipo estado y luego sea admitido como tal. El Williams propone gobernador electivo. El Campbell crea gobierno autonómico como Estado Libre Asociado.
> "Cuál de estos proyectos prefieren los trabajadores puertorriqueños, es una cuestión a decidir por ellos mismos, - declaró Santiago Iglesias, representante de la American Federation of Labor en la Isla, que está en esta ciudad en asuntos del pueblo. Los trabajadores han demostrado plenamente una y otra vez que están en favor de las instituciones Americanas.
> Con excepción del proyecto haciendo de Puerto Rico un territorio incorporado de los Estados Unidos y que ponga a la Isla en condiciones de convertirse en un estado de la unión, ninguno de los proyectos solventará las condiciones políticas y económicas de Puerto Rico en el camino recto y de acuerdo con las libres instituciones del gobierno americano".[68]

A renglón seguido *Justicia* continuó su reseña del alegato de Balsac ante el Tribunal Supremo de los Estados Unidos, con el titular "Los casos de libelo de Jesús M. Balzac ante la Corte Suprema de los EE. UU.". En particular, el periódico resaltó el argumento de que "fue la intención del Congreso incorporar a

Puerto Rico y sus ciudadanos en el cuerpo de la ciudadanía Americana".

Mientras tanto el representante del Pueblo de Puerto Rico presentó su réplica a principios de marzo de 1922, suscrita por el teniente coronel y juez militar Grant T. Trent.[69] Este había formado parte de la compañía E del regimiento Tennessee en la guerra de 1898.[70] Una vez finalizado el conflicto armado, Trent se involucró activamente en el quehacer político y jurídico de las nuevas posesiones insulares. En 1904 representó como delegado a las Filipinas en la asamblea nacional del *Partido republicano.*[71] Para el año 1910 era juez asociado en el Tribunal Supremo filipino, puesto que desempeñó hasta el 23 de abril de 1917.[72] Apenas unos días antes de que Jackson Ralston sufriera la dolorosa derrota en el caso *Corrigan*, Grant Trent había representado exitosamente al gobierno filipino en el caso *Rafferty vs. Smith, Bell & Co.*,[73] relativo al régimen tarifario entre el archipiélago y los Estados Unidos.

De entrada Trent afirmó que el lenguaje utilizado por Balsac en *El baluarte* excedía "las exuberantes expresiones del lenguaje meridional".[74] Con respecto al planteamiento de derecho a juicio por Jurado, ofreció al Tribunal Supremo su interpretación de lo resuelto en *Tapia y Muratti*:

> Un examen de los casos citados como autoridad por esta corte para revocar las sentencias en los casos de Tapia y Muratti demuestra que las siguientes proposiciones están clara y firmemente establecidas:
> a) El poder de firmar tratados por los Estados Unidos carece de autoridad para incorporar territorios extranjeros sin el consentimiento, expreso o implícito, del Congreso.

b) El Tratado de París no solo carece de condiciones para la incorporación de Puerto Rico y las Filipinas, pero expresamente provee que los derechos civiles y la condición política de sus habitantes nativos fuesen determinados por el Congreso. Por lo tanto, la incorporación no se presenta hasta que en la sabiduría del Congreso se entienda que los territorios obtenidos han adquirido aquella condición que hace apropiado que deban entrar y formar parte de la familia americana.

c) Las provisiones de la quinta y sexta enmiendas a la Constitución de los Estados Unidos relativas a acusaciones de Gran Jurado y el derecho a juicio por Jurado no aplican, sin legislación expresa, a territorios cedidos que no han sido hechos parte de los Estados Unidos mediante acción congresional.

d) El requisito de una acusación por un Gran Jurado y el derecho a juicio por Jurado no son derechos fundamentales que apliquen por su propia fuerza dondequiera que la jurisdicción de los Estados Unidos se extienda y no están incluidos en la garantía del "debido proceso de ley".

e) La prueba, la única prueba, de que un territorio ha sido incorporado o no, es la expresión de la intención del Congreso de que el mismo ha sido incorporado. Esto no ha ocurrido con respecto a Puerto Rico ni las Islas Filipinas.

No existiendo controversia en que no hubo incorporación de Puerto Rico previo a la aprobación de la nueva ley orgánica de 2 de marzo de 1917, insistimos en que la promulgación de esa ley no produjo tal incorporación y que esta necesariamente tiene que haber sido la conclusión de esta corte al disponer de los casos de Tapia y Muratti, porque los dictámenes revocatorios no pueden descansar en ningún otro argumento.[75]

En pos de reforzar su argumento con el beneficio del precedente, Trent citó además los planteamientos de los abogados de Puerto Rico en los casos de *Tapia y Muratti*. Argumentó que la ley orgánica de 1917 concedió una Carta de Derechos en la cual se excluyeron expresamente los procedimientos de Gran Jurado y juicio por Jurado, por no ser considerados fundamentales. Adujo que si el Congreso hubiese querido incorporar a Puerto Rico entonces todos los derechos habrían aplicado directamente desde la Constitución federal.[76] Su siguiente argumento se basó en la facultad soberana de los Estados Unidos para gobernar sus territorios:

> La concesión colectiva de la ciudadanía es en realidad un fuerte indicio de la intención congresional de no incorporar, pues la ley Jones daba la opción de rechazar la ciudadanía americana y está establecido que no se puede ser ciudadano de un estado y no de los Estados Unidos.
>
> La razón para que esto sea así surge de la naturaleza de la ciudadanía bajo el sistema de gobierno americano. Un ciudadano es un miembro constituyente del gobierno de los Estados Unidos, y todos los ciudadanos *conforman la soberanía* y retienen el poder y conducen el gobierno por conducto de sus representantes. "Ellos son", conforme dijera esta corte en Boyd v Thayer, "lo que nosotros familiarmente llamamos 'el pueblo soberano' y cada ciudadano es una de esas personas, y un miembro constituyente de esta soberanía".
>
> No hace diferencia que una persona o personas hayan aprovechado el derecho brindado por la Ley para renunciar la ciudadanía americana y retener la ciudadanía portorriqueña, o no. El hecho fundamental es que el Congreso ha reconocido que una persona puede ser ciudadano de Puerto Rico sin ser ciudadano de los Estados Unidos, y como esto es cierto resulta imposible que Puerto Rico haya sido incorporado a los Estados Unidos.

> El resultado neto es que la nueva ley orgánica (la Ley de 2 de marzo de 1917) *claramente muestra un acto afirmativo de la intención congresional de que Puerto Rico no sea incorporado a los Estados Unidos.*
>
> Puerto Rico es distinto a Alaska. En la concesión de la ciudadanía a los habitantes de Alaska no existía una provisión mediante la cual los habitantes de ese territorio pudiesen retener una condición de ciudadanos de Alaska y no ser ciudadanos de los Estados Unidos. El caso de Rassmussen v. Estados Unidos, ampliamente invocado en los casos de Tapia y Muratti, fue citado por esta corte como autoridad para revocar las sentencias en esos casos.
>
> *La Constitución de los Estados Unidos es territorial y no personal en su operación.* Un ciudadano americano que se encuentra fuera de los límites incorporados de los Estados Unidos, aunque sea juzgado por una corte constituida bajo la autoridad de una ley del Congreso, no tiene derecho a ser acusado por un Gran Jurado o a ser juzgado por un Jurado. Por otra parte, un extranjero en los Estados Unidos tiene derecho a esas prerrogativas, no porque sea un ciudadano de los Estados Unidos, sino porque se encuentra dentro del territorio gobernado por la Constitución.
>
> Se solicita la confirmación de las sentencias condenatorias.[77]

De vuelta a Puerto Rico y mientras el drama en torno a Jesús María Balsac seguía su curso, tuvo lugar una sesión ordinaria del consejo ejecutivo de la FLT el 19 de marzo de 1922. La minuta levantada sobre los procedimientos pone en evidencia la difícil situación presupuestaria que se afrontaba en diversos frentes. Por ejemplo, se informó entonces que la falta de fondos impidió a la FLT enviar un representante a una convención celebrada en la República Dominicana en enero de 1922. En lo concerniente a Balsac, el secretario Rafael Alonso informó del recibo del alegato presentado ante el Tribunal

Supremo de los Estados Unidos "que envuelve varias cuestiones de carácter constitucional" y su publicación en Justicia. Por su parte, Santiago Iglesias anticipó que los casos de Balsac se verían ese mes de marzo de 1922.

En esa sesión ordinaria de la FLT se discutieron igualmente los proyectos de ley presentados ante el Congreso sobre la situación de Puerto Rico, identificados como el Nolan (incorporar a Puerto Rico y utilizar las rentas para sanidad, educación y obras públicas); el Williams (proponía un gobernador electivo); el Campbell (crear un gobierno autonómico como Estado Libre Asociado); el King (similar al Campbell, pero presentado en el Senado); y el Bursum (proponía que Puerto Rico redactase una constitución organizando un gobierno tipo estado y que luego fuese admitido como tal). Dada la existencia de estos proyectos de ley, el consejo ejecutivo resolvió mantener un representante permanente en Washington, designando a Santiago Iglesias. En otro indicio significativo de colaboración con respecto a los proyectos de ley pendientes ante el Congreso, se informó que Iglesias había comparecido ante y fue nombrado miembro del comité legislativo de la AFL.

Los casos de Balsac y la situación económica de la FLT dominaban la agenda de la sesión, sin embargo. Iglesias notificó que celebró conferencias con los abogados de Balsac ante el Tribunal Supremo de los Estados Unidos, "en el cual están envueltos principios y preceptos constitucionales". Se discutió la difícil situación financiera del periódico *Justicia*, el cual aspiraba a convertirse en una publicación diaria y en el órgano oficial de la FLT.[78] Como resultado de la sesión, el consejo ejecutivo rindió además un informe de situación de la

FLT. En el mismo se identificó como una de las causas de la grave situación económica del País "[l]a confusión política provocada por el egoismo y vanidad del elemento director, que asume la responsabilidad y dirección de las cosas públicas, que detiene y estanca toda medida que tienda a solventar este malestar económico". Aparte de asignar responsabilidades sobre la insostenible economía de Puerto Rico, el informe dramatiza la precaria solvencia de la FLT, la cual a febrero de 1922 apenas contaba con $7.34 (algunos $105 al valor presente) en fondos sobrantes.

Se destacaba nuevamente en el informe a los casos de Balsac, con una suma pendiente de cubrir por más de $600 ($8,580 al valor presente) y a los cuales se les identifica como casos de libelo "incoados por el gobierno de Mr. Arthur Yager, debido a una ruda crítica hecha desde el periódico El Baluarte contra sus actuaciones en la huelga agrícola del año 1916". Dentro de esa cifra, cabe notar que $261.82 ($3,744 al valor presente) eran el producto de préstamos facilitados por el propio Iglesias ($106.95 en aquel entonces; $1,529 al valor actual) y el comité ejecutivo de la FLT ($204.87 entonces; $2,930 en la actualidad). El informe destaca por igual las aportaciones que Balsac mismo hacía para su causa, ascendentes en aquel entonces a $261.50 ($3,739 al valor actual). Por el contrario, se planteaba el problema de que una gran cantidad de uniones no habían respondido a la derrama pro-Balsac, por lo que se clamó por el apoyo y la militancia obrera contra sus adversarios.[79]

LA SENTENCIA

Finalmente en Washington DC, William H. Taft redactó la que sería la opinión unánime de los jueces del Tribunal Supremo de los Estados Unidos en el caso de Jesús María Balsac versus el Pueblo de Puerto Rico:

> Opinión del Tribunal emitida por el juez presidente. 10 de abril de 1922. Estos son dos casos por libelo criminal, presentados contra el mismo acusado, Jesús M. Balzac, a base de denuncias presentadas en la corte de distrito de Arecibo, Puerto Rico, por el fiscal de distrito para ese distrito. Balzac era el editor de un periódico diario conocido comb "El baluarte", y los artículos sobre los cuales se basan las acusaciones por libelo se publicaron en abril 16 y abril 23 de 1918, respectivamente. En cada caso el acusado reclamó un juicio por Jurado. El Código de Procedimiento Criminal de Puerto Rico concede juicios por Jurado en casos graves, pero no en los menos graves. El acusado, sin embargo, sostiene que tenía derecho a un juicio por Jurado en su caso, bajo la sexta enmienda a la Constitución, y que el lenguaje de los alegados libelos era solamente un comentario justo, siendo su publicación una actividad protegida por la primera enmienda. Sus contenciones fueron rechazadas; se le procesó y resultó convicto en ambos casos, a cinco meses de presidio en la cárcel de distrito en el primer caso, y a cuatro meses en el segundo, más el pago de las costas. El acusado apeló al Tribunal Supremo de Puerto Rico. Esa corte confirmó ambas sentencias.
>
> ¿Preservó apropiadamente el acusado su planteamiento? Entendemos que sí. La demanda de un juicio por Jurado, no obstante la existencia de un estatuto en contrario, fue formulada durante el juicio. Fue además planteada en los señalamientos de errores ante el Tribunal Supremo de Puerto Rico y ante esta corte. Esos señalamientos no mencionaron los estatutos cuya validez estaba en controversia, sino que meramente sostuvieron que al acusado se le había negado su derecho como ciudadano

> americano bajo la sexta enmienda a la Constitución. *Aunque pensamos que ello fue informal, entendemos que es suficiente en tanto el registro del caso revela la naturaleza verdadera de la controversia y la especificidad del planteamiento no deja dudas de estar dirigido hacia la controversia.*
> Está bien establecido que estas provisiones para juicios por Jurado en casos criminales y civiles aplican a los territorios de los Estados Unidos. Pero también ha sido claramente establecido que las mismas no aplican a territorios pertenecientes a los Estados Unidos que no han sido incorporados a la Unión. Se ha establecido además en Downes vs. Bidwell y confirmado en Dorr vs. Estados Unidos que ni las Filipinas ni Puerto Rico eran territorios incorporados a la Unión o hechos parte de los Estados Unidos, en contraste con meramente pertenecer a esta nación; y que las actas que proveyeron con gobiernos temporeros a las Filipinas y a Puerto Rico, no produjeron ese resultado. Los casos insulares revelaron una gran diversidad de opiniones en esta corte en cuanto a la situación constitucional de los territorios adquiridos mediante el Tratado de París que terminó con la Guerra Española, pero el caso de Dorr demuestra que la opinión mayoritaria del juez White, en Downes vs. Bidwell, se ha convertido en el estado de Derecho vigente.[80]

Tras esta introducción a la controversia y el Derecho aplicable, Taft procedió a atender el historial congresional desde la aprobación de la primera ley orgánica en 1900:

> El asunto ante nuestra consideración, por ende, es: ¿ha aprobado el Congreso, desde la hey Foraker de 12 de abril de 1900, legislación incorporando a Puerto Rico en la Unión? Los abogados del apelante proveen, en su alegato, una

extensa lista de actos, a los cuales nos referiremos posteriormente, que ellos sostienen demuestran una intención de hacer a la Isla parte de los Estados Unidos, pero principalmente descansan en la ley orgánica de Puerto Rico de 2 de marzo de 1917, conocida como la ley Jones.

La ley se titula "Una para proveer un gobierno civil para Puerto Rico y para otros fines". En su título no sugiere que tenga el propósito de incorporar a la Isla a la Unión. No contiene cláusula alguna que declare tal propósito o resultado. Aunque esto no es concluyente, fuertemente sugiere que el Congreso no tenía esa intención. Pocas cuestiones han sido objeto de tanta discusión y controversia en nuestro país como la condición de los territorios adquiridos de España en 1899. La división entre los partidos políticos con respecto a ello, la diversidad de opiniones entre los miembros de la corte con relación a los aspectos constitucionales, y la constante recurrencia del asunto en las cámaras del Congreso, fijaron la atención de todos en la relación futura de este territorio adquirido, con los Estados Unidos. Si el Congreso hubiese tenido la intención de tomar el importante paso de cambiar la condición de Puerto Rico establecida en el tratado mediante su incorporación en la Unión, es razonable suponer que lo hubiese hecho con una declaración específica, y no lo hubiese dejado a la mera inferencia.

Antes de que la controversia se tornase aguda al final de la Guerra Española, la distinción entre adquisición e incorporación no era considerada como importante, o al menos no se entendía y no había levantado gran controversia. Anteriormente, el propósito del Congreso podía ser un asunto de mera inferencia a base de varias acciones legislativas; pero en estos días presentes, la incorporación no puede asumirse sin una declaración expresa, o mediante una implicación tan explícita que permita descartar otras opciones.

La segunda sección de la ley se conoce como la "carta de derechos", e incluida en la misma están virtualmente todas las garantías de la Constitución federal, excepto aquellas relativas a acusaciones mediante un Gran Jurado en el caso de crímenes notorios y el derecho a juicio por Jurado en casos civiles y criminales. Si se hubiese entendido que Puerto Rico iba a quedar incorporado a la Unión por esta ley, que hubiese hecho aplicable toda la carta de derechos de la Constitución a la Isla, ¿por qué se entendió entonces necesario crear para la misma una Carta de Derechos y específicamente excluir el juicio por Jurado? En la propia introducción de la ley se encuentra este sustituto a la incorporación y aplicación de la carta de derechos de la Constitución. Esto parece ser un argumento decisivo en contra de la contención de los abogados del apelante.

La sección de la ley Jones que los abogados del apelante más argumentan es la sección 5. ésta en efecto declara que todas las personas que bajo la ley Foraker fueron hechos ciudadanos de Puerto Rico y ciertos otros residentes serían ciudadanos de los Estados Unidos a menos que prefiriesen no serlo, en cuyo caso tendrían que así declararlo en seis meses, en cuyo caso perderían ciertos derechos políticos bajo el nuevo gobierno. En la misma sección se le confiere un poder aparte a la corte de distrito de los Estados Unidos para naturalizar individuos de otras clases de residentes. Sin considerar los aspectos que ya se han discutido, quizás la declaración de la sección 5 proveería base para una inferencia como la propuesta por los abogados del apelante, pero *dentro de las circunstancias la encontramos totalmente consistente con la no-incorporación*. Cuando los puertorriqueños dejaron de estar gobernados por España, perdieron la protección de dicho gobierno como súbditos del rey de España, una condición por la cual se les ha reconocido por siglos. Ellos tenían el derecho de esperar, al pasar bajo el dominio de los Estados Unidos, una condición que les

> brindara la protección de su nuevo soberano. En teoría y en Derecho, lo consiguieron como ciudadanos de Puerto Rico, pero era una condición anómala, o al menos lo parecía en vista del hecho de que *aquellos que juraron y ofrecieron lealtad a los otros grandes poderes mundiales recibieron la misma designación y condición de aquellos que residían en sus respectivos países en lo que a protección contra la injusticia extranjera concernía. Se convirtió en una aspiración de los puertorriqueños la de convertirse en ciudadanos americanos, por ende, y esta ley les dio su recompensa*. ¿Qué otros derechos adicionales les confirió? *Les permitió moverse hacia los Estados Unidos continentales y convertirse en residentes de cualquier estado para allí disfrutar de todos los derechos como cualquier ciudadano de los Estados Unidos, civiles, sociales y políticos*. Un ciudadano de las Filipinas tiene que naturalizarse antes de establecerse y votar en este país. No así los puertorriqueños bajo la ley orgánica de 1917.
> En Puerto Rico, sin embargo, el puertorriqueño no puede insistir en el derecho a un juicio por Jurado, excepto que sus propios representantes en su legislatura así se lo confieran. Los ciudadanos de los estados residentes en Puerto Rico no pueden disfrutar del derecho a juicio por Jurado bajo la Constitución federal, como no pueden los puertorriqueños. *Es la localidad el factor determinante para la aplicación de la Constitución, en materias tales como el proceso judicial, y no la condición de las personas que viven en el lugar.*[81]

Ya en este punto Taft descartó el camino seguido por otros territorios estadounidenses como análogo a la situación puertorriqueña:

> Es cierto que en ausencia de otra prueba contradictoria, una ley del Congreso o una cláusula de un tratado de adquisición territorial, declarativa de la intención de conferir derechos

políticos y civiles a los habitantes de las nuevas tierras como ciudadanos americanos, puede interpretarse debidamente como implicando la incorporación de las mismas a la Unión, como en el caso de Louisiana y Alaska. Este fue uno de los argumentos principales sobre los cuales esta corte basó su conclusión de que Alaska había sido incorporada a la Unión, en Rasmussen vs. Estado Unidos. *Pero Alaska era un caso muy distinto al de Puerto Rico. Aquel era un territorio enorme, muy escasamente poblado, y abierto a la opción de inmigración y asentamiento por ciudadanos americanos.* Estaba localizado en el continente americano y de fácil alcance de los entonces Estados Unidos. *No implicaba ninguna de las dificultades que la incorporación de las Filipinas o Puerto Rico* presentan, y una de esas es precisamente el asunto del juicio por Jurado.

El sistema de Jurado requiere de ciudadanos entrenados en el ejercicio de las responsabilidades como jurados. En los países del derecho común, siglos de tradición han desarrollado un concepto de actitud de imparcialidad que los jurados deben asumir. El sistema de jurados postula un deber consciente de participación en la maquinaria de la justicia que resulta difícil para personas que no se han desarrollado en un sistema de gobierno popular que les permitiese adquirirlo. Uno de sus grandes beneficios radica en la seguridad que el mismo brinda a las personas que, como jurados, actuales o potenciales, por ser parte del sistema judicial del país, pueden prevenir su arbitrario uso o abuso. *El Congreso ha concluido que gente como los filipinos, o los puertorriqueños, entrenados en un sistema judicial completamente distinto que no conoce de jurados, viviendo en comunidades antiguas y compactas, con costumbres y conceptos políticos definitivamente formados, deben tener la oportunidad de determinar por sí mismos hasta qué punto desean adoptar esta institución de origen anglo-sajón, y cuándo.* Ello explica el cuidado con que, desde el tiempo en que el Sr. McKinley escribió su histórica carta al Sr. Root en abril de 1900, en relación con el tipo de gobierno que debería establecerse en las Filipinas por la comisión de las Filipinas, hasta la ley de 1917, proveyendo a Puerto Rico con una nueva ley orgánica, los Estados Unidos han sido liberales en la concesión a las islas adquiridas por el Tratado de París de la mayoría de las garantías constitucionales americanas, pero han sido prudentes en evitar imponer un sistema de Jurado en un país de Derecho civil español hasta que el mismo lo interese. *No podemos encontrar intención alguna de alejarse de esta política por el hecho de haber hecho a los puertorriqueños ciudadanos americanos, explicándose esto por el deseo de colocarlos como individuos en igualdad de condiciones con los ciudadanos de la patria americana, para proveerles cierta mayor protección contra el mundo, y de proveerles una oportunidad, si así lo desearan, de mudarse a los Estados Unidos propiamente, para allí disfrutar todos los derechos políticos y de otros tipos sin pasar por la naturalización.*

No tenemos por qué sumergirnos en alguna otra consideración que nos requiera inferir sin ligereza, a base de actos fácilmente explicables por otras razones, una intención de incorporar en la Unión estas distantes comunidades oceánicas de origen e idioma distintos a los de nuestro pueblo continental. La incorporación ha sido siempre un paso, y muy importante, hacia la estadidad. Sin, en el menor grado, pretender intimar una opinión en torno a la sabiduría de semejante política, pues no es de nuestra incumbencia, es razonable presumir que, cuando tal paso sea dado, el mismo será comenzado y tomado deliberadamente por el Congreso, y con una clara declaración de propósitos, sin dejarlo como un asunto de mera inferencia o interpretación.

Los abogados del apelante también descansan en la organización de una corte de distrito de los Estados Unidos en Puerto Rico, en el permiso de apelar casos del Tribunal

Supremo de Puerto Rico en que la Constitución de los Estados Unidos esté involucrada, en la autorización estatutaria para que la juventud puertorriqueña pueda estudiar en las academias de West Point y Annapolis, en la venta legal de sellos en la Isla, en la implantación en Puerto Rico, de una u otra forma, de leyes federales de contribuciones, navegación, inmigración, banca, bancarrota, incapacidad laboral, seguridad, extradición y censo. Con el trasfondo de las consideraciones antes discutidas, ninguna de aquellas, ni siquiera consideradas en conjunto, proveen base para la conclusión argumentada por el apelante.

La corte de distrito de los Estados Unidos no es una verdadera corte de los Estados Unidos establecida bajo el Artículo 3 de la Constitución para la administración del poder judicial de los Estados Unidos. La misma fue creada en virtud de la facultad soberana del Congreso, reconocida por el Artículo 4, Sección 3 de la Constitución, para la promulgación de aquellas reglas y disposiciones necesarias con respecto a territorios pertenecientes a los Estados Unidos. La semejanza de su jurisdicción con la de las verdaderas cortes de los Estados Unidos, en tanto ofrece una oportunidad a los no-residentes para acudir ante una corte ajena a las influencias locales, no cambia su naturaleza de mera corte territorial. Tampoco el reconocimiento legislativo de que controversias constitucionales federales puedan surgir en la litigación en Puerto Rico posee peso alguno en esta discusión. La Constitución de los Estados Unidos está en vigor en Puerto Rico como lo está en cualquier lugar u ocasión en que el poder soberano de ese gobierno es ejercitado. Esto ha sido no solo admitido, sino también enfatizado, por esta corte en todas sus expresiones normativas en torno a las controversias levantadas en los casos insulares, especialmente en los casos de Downes vs. Bidwell y Door. La Constitución, no obstante, contiene fuentes de autoridad, y limitaciones que por la naturaleza de las cosas, no son

> aplicables siempre y en todo lugar y la controversia real en los casos insulares no era si la Constitución se extendía a las Filipinas o Puerto Rico cuando fuimos allí, sino cuáles de sus disposiciones eran aplicables por vía de la limitación del ejercicio del poder ejecutivo y legislativo para lidiar con nuevas condiciones y necesidades. Las garantías de ciertos derechos personales fundamentales decretados en la Constitución, como, por ejemplo, que ninguna persona sea privada de su vida, libertad, ni propiedad sin un debido proceso de ley, ha tenido desde el principio completa aplicación en las Filipinas y en Puerto Rico, y, en tanto esta garantía es una de las más proclives a generar litigación en nuestro propio país, una provisión análoga fue naturalmente creada para tratar asuntos similares en Puerto Rico. De hecho, una provisión fue creada para la consideración de cuestiones constitucionales provenientes vía apelación desde el Tribunal Supremo de las Filipinas, que ciertamente no están incorporadas en la Unión. En resumen, por consiguiente, no encontramos aspecto alguno en la carta orgánica de Puerto Rico de 1917 del cual podamos inferir el propósito del Congreso de incorporar a Puerto Rico a los Estados Unidos con las consabidas consecuencias.[82]

En el segmento siguiente Taft procedió a discutir los casos de Tapia y Muratti:

> Esta corte ha tratado sustancialmente la misma cuestión presentada aquí en dos casos, Pueblo de Puerto Rico vs. Tapia y Pueblo vs. Muratti. En el primero, el asunto en controversia era determinar si una persona que fue acusada de cometer homicidio 12 días después de aprobarse la ley orgánica de 1917, podía ser procesada sin una acusación por un Gran Jurado como requiere la quinta enmienda a la Constitución. La corte de distrito de los Estados Unidos, mediante un recurso de hábeas corpus, determinó que no se

> le podía procesar y ordenó su excarcelación. En el otro caso, el crimen imputado se alegó fue cometido antes de la aprobación de la ley orgánica, pero el procesamiento comenzó después. En ese caso el Tribunal Supremo de Puerto Rico determinó que una acusación era necesaria bajo la nueva ley orgánica. Esta corte revocó a la corte de distrito en el caso de Tapia y al Tribunal Supremo en el caso de Muratti, necesariamente concluyendo que la ley orgánica no había incorporado a Puerto Rico a los Estados Unidos. Estos casos fueron decididos mediante una opinión per curiam. *Los abogados del apelante nos han solicitado en este caso que nos expresemos con mayor elaboración en torno al efecto de la ley orgánica de 1917 sobre este tema, y lo hemos hecho.*[83]

Finalmente Taft revisitó a *Gandía vs. Pettingill*:

> Un segundo señalamiento de error se basa en el argumento de que los alegados libelos no van más allá de ser comentarios legítimos sobre la conducta del gobernador de la Isla contra quien fueron dirigidos, y que su enjuiciamiento es una violación de la primera enmienda a la Constitución que garantiza la libertad de prensa y expresión. Una lectura de los dos artículos despeja la menor duda de que ambos van mucho más allá de las "un tanto más exuberantes expresiones del discurso meridional," por usar la expresión de esta corte en una situación similar en Gandía vs. Pettingill. De hecho son tan excesivas y escandalosas en su carácter que invitan a pensar hasta qué punto su crítica superlativa no se ha desbordado de sí misma hasta convertirse en un humorismo inconsciente. Pero esa no es una defensa. Las sentencias del Tribunal Supremo de Puerto Rico serán confirmadas.[84]

ABRIL DE 1922

El mes de abril de 1922 debe haber sido uno particularmente amargo para el movimiento obrero puertorriqueño. El 10 de ese mes, coincidiendo con la decisión del Tribunal Supremo de los Estados Unidos, falleció la líder obrera Luisa Capetillo, quien fue sujeto de un reconocimiento por *Justicia*.[85] Fechada 18 de abril de 1922, Jackson H. Ralston le cursó una misiva a Santiago Iglesias sobre la decisión del Tribunal Supremo de los Estados Unidos que solo constó de dos líneas:

> Adjunto incluyo la opinión en el caso de Balzac vs. Pueblo de Puerto Rico, de cuya naturaleza usted ya ha sido sin duda alguna informado vía el telégrafo.
> Lamento el resultado, pero bajo estas circunstancias cualquiera otro habría sido imposible.[86]

Apercibido oficialmente del desenlace, Iglesias le escribió a Samuel Gompers el 22 de abril. Aparte de ponerle al tanto de los acontecimientos, le remitió un borrador de carta para su firma, dirigida al gobernador Emmet Montgomery Reily pidiendo un perdón para evitar que Balsac pasara nueve meses preso. Se incluía una atribución de culpa al *Partido unión*, por la persecución al liderato sindical durante los años del gobierno de Arthur Yager. El borrador recogía nuevamente el razonamiento detrás del esfuerzo por llegar al Tribunal Supremo de los Estados Unidos:

> [E]xistiendo derechos constitucionales involucrados en las acusaciones por libelo contra Balsac para condenarlo, nuestra federación estatal de Puerto Rico, la cual ha estado a favor de la americanización de la Isla desde su fundación, estimó apropiado traer estos casos ante el Tribunal Supremo

> de los Estados Unidos en un esfuerzo por aclarar el estatus político de la Isla con referencia a la total implementación de la Constitución de los Estados Unidos en Puerto Rico.

También se afirmaba que el Tribunal Supremo de los Estados Unidos decidió los casos de Balsac a base de un tecnicismo y sin entrar en los méritos, interpretando que la Constitución no aplicaba en todo su vigor en Puerto Rico. Reclamó que se evitasen mayores daños contra

> un laborioso, pacífico y honesto hombre que actuó motivado por las mejores intenciones al consentir a la publicación de los artículos antes mencionados y que tenían el objetivo de corregir las políticas erradas del gobernador Arthur Yager y defender los derechos de los obreros.[87]

No fue sino hasta mayo que *Justicia* divulgó la decisión del Tribunal Supremo de los Estados Unidos, con el titular "Niégase juicio por jurado a los ciudadanos de los EE. UU. en Puerto Rico". Utilizando un artículo suministrado desde Washington, el periódico obrero vaticinó que "[l]a decisión tendrá un sorprendente efecto en Puerto Rico" y que "una decisión adversa en el caso de Balzac vigorizará la posición del grupo monárquico en Puerto Rico y aumentará las dificultades para los defensores de las instituciones americanas".[88] Días más tarde, Santiago Iglesias recibió una carta de parte de William Stansbury, secretario del Tribunal Supremo de los Estados Unidos, acompañando dos cheques por la cantidad total de $99.10 ($1,417 al valor actual) en concepto de sobrante tras deducir las costas de la suma previamente depositada de $147 ($2,073 al valor actual).[89]

Las esperanzas que pudiesen subsistir para "definir permanentemente nuestra condición" se cifrarían en el proyecto de ley 9934 del congresista John Nolan. Durante la convención anual de la AFL celebraba en Cincinnati del 12 al 24 de junio de 1922 y tras informarse que el Alto Foro se negó a reconocer la aplicación de la Constitución a Puerto Rico, se indicó que el congresista Nolan había presentado recientemente su proyecto de ley para incorporar a Puerto Rico.

En la convención se destacó que esa legislación, junto a los proyectos Towner (para conceder una representación fija de los territorios ante el Congreso hasta su eventual admisión como estado) y otro para que Puerto Rico adopte su propia constitución con miras a su admisión como estado,

> marcha en la dirección correcta para la construcción de una ciudadanía superior, carácter cívico y mentalidad, para fortalecer la lealtad del Pueblo de Puerto Rico, desterrando así la política hipócrita de un grupo que bajo el argumento de mayor autonomía está predicando y sosteniendo el ideal de la separación de los Estados Unidos.[90]

Este esfuerzo resultaría igualmente en vano, pues el Congreso no le dio paso.[91]

REFERENCIAS

1 Carta a Isaac M. Ullman, 12 de noviembre de 1924, en ocasión del triunfo del *Partido republicano* en las elecciones de ese año, citada en Pringle, The Life and Times of William Howard Taft, 968.

2 Galvin, "The Early Development of the Organized Labor Movement in Puerto Rico", 27.

3 El referido artículo 43 de la ley orgánica Jones de 1917 disponía que "[l]os recursos por causa de error y las apelaciones contra las sentencias y decretos definitivos del Tribunal Supremo de Puerto Rico, podrán ser interpuestos y seguidos ante el tribunal de circuito de apelaciones para el primer circuito y ante el Tribunal Supremo de los Estados Unidos de la manera como ahora está dispuesto por ley".

4 Moción sin título anunciando apelación, fechada 12 de marzo de 1920 y presentada ante el Tribunal Supremo de Puerto Rico, en el caso de *El Pueblo vs. Jesús M. Balzac*, apelaciones número 1416 y 1417, archivo inactivo, oficina de administración de los tribunales.

5 Moción de título "Designación de errores", fechada 12 de marzo de 1920 y presentada ante el Tribunal Supremo de Puerto Rico, en el caso de *El Pueblo vs. Jesús M. Balzac*, apelaciones número 1416 y 1417, archivo inactivo, oficina de administración de los tribunales.

6 Resoluciones de fecha 20 de marzo de 1920 del Tribunal Supremo de Puerto Rico, en el caso de *El Pueblo vs. Jesús M. Balzac*, apelaciones número 1416 y 1417, archivo inactivo, oficina de administración de los tribunales.

7 Quien, con el correr de los años, pasaría a ser juez asociado y luego juez presidente del Tribunal Supremo de Puerto Rico.

8 Documento de fianza y declaraciones juradas prestadas por Santiago Iglesias y Inés Rita Aybar de Peña, presentados ante *el Tribunal Supremo de Puerto Rico, en el caso de* El Pueblo vs. Jesús M. Balzac, apelaciones número 1416 y 1417, archivo inactivo, oficina de administración de los tribunales. Resulta curioso observar que varios de estos documentos aparecen fechados 19 de marzo de 1920, esto es, un día antes de que el tribunal autorizara las apelaciones y dispusiera, inter alia, el requisito de prestar fianza para poder apelar.

9 Resolución del Tribunal Supremo de 8 de abril de 1920, en el caso de *El Pueblo vs. Jesús M. Balzac,* apelaciones número 1416 y 1417, archivo inactivo, oficina de administración de los tribunales.

10 *Federación libre de trabajadores de Puerto Rico*, "Derrama pro-perseguidos y resoluciones e impresos acordados por la convención general de trabajadores que se emplean en el cultivo, manufactura y transportación de la caña de azúcar", CDOSIP, legajo 32, carpeta 28.

11 CDOSIP, legajo 32, carpeta 28 (énfasis en el original).

12 *Truax vs. Corrigan*, 257 U.S. 312 (1921).

13 Dennis, "In Memoriam: Jackson H. Ralston", 184.

14 *Callan vs. Wilson*, 127 U.S. 540 (1888); véase también a Dennis, "In Memoriam: Jackson H. Ralston", 182.

15 Documento en línea, "The Geonomy Society: 101+ Famous Thinkers on Owning Earth", http://www.progress.org/geonomy/thinkers.html, accedido el 7 de septiembre de 2006.

16 CDOSIP, legajo 32, carpeta 10 (énfasis suplido.

17 CDOSIP, legajo 32, carpeta 10.

18 CDOSIP, legajo 32, carpeta 10.

19 CDOSIP, legajo 32, carpeta 28.

20 Minuta congreso de la FLT en el Teatro Municipal de San Juan, 4 y 5 de septiembre de 1921; CDOSIP, legajo 34, carpeta 1.

21 Carta de Emilio del Toro a Jesús M. Balsac de 22 de octubre de 1921; CDOSIP, legajo 32, carpeta 3.

22 Duffy, William Howard Taft, 310.

23 Pringle, The Life and Times of William Howard Taft, 959.

24 Pringle, The Life and Times of William Howard Taft, 951.

25 Pringle, The Life and Times of William Howard Taft, 915-916.

26 Pringle, The Life and Times of William Howard Taft, 901, 911, 927

27 Pringle, The Life and Times of William Howard Taft, 940-944.

28 Pringle, The Life and Times of William Howard Taft, 901, 914; Burton, Holmes, and the 1920s Court, 113-114.

29 Burton, Holmes, and the 1920s Court, 113.

30 Pringle, The Life and Times of William Howard Taft, 955.

31 Pringle, The Life and Times of William Howard Taft, 956.

32 Pringle, The Life and Times of William Howard Taft, 957.

33 Burton, Holmes, and the 1920s Court, 15-16, 20, 31-32.

34 Pringle, The Life and Times of William Howard Taft, 26, 85, 112.

35 Duffy, William Howard Taft, 311-312; Pringle, The Life and Times of William Howard Taft, 961.

36 Pringle, The Life and Times of William Howard Taft, 1030.

37 Pringle, The Life and Times of William Howard Taft, 967.

38 Pringle, The Life and Times of William Howard Taft, 967; Burton, Holmes, and the 1920s Court, 146.

39 Burton, Holmes, and the 1920s Court, 121.

40 Pringle, The Life and Times of William Howard Taft, 143, 968, 973-974.

41 *Truax vs. Corrigan*, 257 U.S.

42 221 U.S. 418 (1911).

43 *Truax vs. Corrigan*, 257 U.S., 327-328.

44 Aunque como antes señalado Holmes era ideológicamente afín a Taft, su divergencia ilustra la notoria ineficacia del juez presidente para lograr consenso entre los componentes del Alto Foro.

45 *Truax vs. Corrigan*, 257 U.S., 344.

46 Pringle, The Life and Times of William Howard Taft, 1035.

47 Véanse las solicitudes de prórroga presentadas por el abogado de Balsac ante el Tribunal Supremo de Puerto Rico, de fechas 8 de junio, 11 de agosto, 10 de septiembre, 30 de septiembre y 15 de octubre de 1920, en el caso de *El Pueblo vs. Jesús M. Balzac*, apelaciones número 1416 y 1417, archivo inactivo, oficina de administración de los tribunales.

48 "Puerto Rico debe convertirse en un Territorio Incorporado de los EE.UU.", *Justicia*, 2 de enero de 1922.

49 "Puerto Rico debe convertirse en un Territorio Incorporado de los EE.UU.", *Justicia*, 2 de enero de 1922.

50 "News From The Labor Unions", *The Sacramento Union*, 2 de febrero de 1909.

51 "He's A Real Worker", *The Day Book*, 26 de julio de 1912.

52 "Labor Says Mulhall's Charges Against N.A.M. Confirm Old Stories", *The Day Book*, 1ro de julio de 1913.

53 "Plans Of Labor Provoke Speech", *The Abbeville Press and Banner*, 11 de febrero de 1920.

54 "Labor Boosting Nolan", *The Washington Times*, 11 de diciembre de 1920; "Johnson Backs Nolan For Cabinet Labor Post", *New York Tribune*, 13 de diciembre de 1920.

55 *Justicia*, 30 de enero de 1922, p. 6.

56 *Justicia*, 30 de enero de 1922, p. 5 (énfasis suplido).

57 CDOSIP, legajo 36, carpeta 34.

58 Conference Committee of Trade Union Legislative Representatives.

59 Véase a Vivian Vale, Labour in American Politics (New York, New York: Routledge, 2010 1935. Conforme a la citada autora, este tipo de gestión contó con poco éxito. Véase por otro lado http://www.gompers.umd.edu/intro12.htm, accedido el 2 de abril de 2016.

60 Minuta de procedimientos de la asamblea de la AFL en Cincinnati, 12 al 24 de junio de 1922; CDOSIP, legajo 36, carpeta 34 (énfasis suplido. Véase además a "The American Federationist", Vol. 29, Pte.1 (enero-junio 1922 223-224, donde se destacó el proyecto de ley de Nolan sobre otros relativos al tema de la condición de Puerto Rico.

61 *Balzac vs. People of Puerto Rico*, 258 U.S. 298 (1922).

62 "Brief for Appellant", p. 3, Supreme Court of the United States, October Term, 1921, No. 178, *Jesús M. Balzac, Appellant, vs. The People of Puerto Rico*, The Library of Jackson H. Ralston, fondo documental obrante en The Bancroft Library, University of Berkeley, California. Denominado en lo sucesivo como el "Expediente Ralston".

63 "Brief for Appellant", 5-6 (énfasis suplido.

64 "Brief for Appellant", 7.

65 "Brief for Appellant", 10-13 (énfasis en el original.

66 "Brief for Appellant", 10-13 (énfasis suplido.

67 "Los casos de libelo de Jesús M. Balzac[sic] ante la Corte Suprema de EE.UU.".

68 En esa misma edición de *Justicia* se reseñó el regreso y recibimiento el 15 de febrero de 1922 en Puerto Rico de Santiago Iglesias en el vapor San Lorenzo desde Washington; ocasión que el líder de la FLT aprovechó para criticar en particular el proyecto Campbell, el cual vinculó al *Partido unión* de Puerto Rico.

69 *Balzac vs. People of Puerto Rico*, 258 U.S. 298 (1922).

70 Documento en línea, "Roster of Officers of the Tennessee Regiments in the Spanish-American War: Regimental Officers of the Sixth Regiment, United States Volunteers (Immunes", http://www.geocities.com/bsdunagan/6usv.htm, accedido el 26 de febrero de 2006.

71 Documento en línea, "Grant T. Trent", The Political Graveyard: "Philippine Islands Delegation to the 1904 Republican National Convention", http://politicalgraveyard.com/parties/R/1904/PI.html, accedido el 26 de febrero de 2006.

72 Documento en línea, "Justices Philippines Supreme Court", http://www.gov.ph/cat_justice/former.asp, accedido el 26 de febrero de

2006.

73 257 U.S. 226 (1921.

74 "Brief for the People of Puerto Rico, Appellee", Expediente Ralston, 3.

75 "Brief for the People of Puerto Rico, Appellee", 9-10 (énfasis suplido.

76 "Brief for the People of Puerto Rico, Appellee", 10-11.

77 "Brief for the People of Puerto Rico, Appellee", 12-14 (énfasis en el original.

78 Minuta de la sesión ordinaria del consejo ejecutivo de la FLT de 19 de marzo de 1922; CDOSIP, legajo 36, carpeta 34. En las propias páginas de *Justicia* se publicó que Demetrio Bibrant, agente del periódico en Maunabo, se quejaba de que los trabajadores eran apáticos en adquirirlo y pagar por el. *Justicia*, edición de 18 de febrero de 1922.

79 Informe de situación del consejo ejecutivo de la FLT de 19 de marzo de 1922; CDOSIP, legajo 36, carpeta 34.

80 *Balzac vs. People of Puerto Rico*, 258 U.S. (énfasis suplido).

81 *Balzac vs. People of Puerto Rico*, 258 U.S. (énfasis suplido).

82 *Balzac vs. People of Puerto Rico*, 258 U.S. (énfasis suplido).

83 *Balzac vs. People of Puerto Rico*, 258 U.S. (énfasis suplido).

84 *Balzac vs. People of Puerto Rico*, 258 U.S. (énfasis suplido).

85 *Justicia*, 11.4.1922, p. 13. Se informó y honró además a otra reconocida líder sindical también recién fallecida, de nombre Juana Pagán Rivera.

86 CDOSIP, legajo 36, carpeta 34.

87 CDOSIP, legajo 36, carpeta 34.

88 *Justicia*, 8 de mayo de 1922; CDOSIP, legajo 36, carpeta 34. En esa misma edición se informó además que Balsac figuraba, junto a James Deriberprey, como representante de la *Unión de marinos.*

89 Carta de William Stansbury a Santiago Iglesias de 23 de mayo de 1922; CDOSIP, legajo 36, carpeta 34.

90 Minuta de procedimientos de la asamblea de la AFL en Cincinnati, 12 al 24 de junio de 1922; CDOSIP, legajo 36, carpeta 34.

91 Véase a José Trías Monge, Puerto Rico: The Trials of the Oldest Colony in the World (New Haven: Yale University Press, 1997 80.

EPÍLOGO

"[E]n prácticamente cada caso de importancia que involucraba relaciones laborales y la protección de la humanidad, la Corte [Suprema] se ubica a sí misma en el lado de la propiedad y contra la humanidad."

Samuel Gompers[1]

En ocasión de una reunión con el profesor Efrén Rivera Ramos, para entonces decano de la facultad de Derecho de la Universidad de Puerto Rico, para dialogar en torno al tema de este trabajo, el manifestó que ya era hora de que se escribiera sobre la vida de los protagonistas de los casos insulares. Ese comentario sirvió de aliciente final para llevar a cabo la tarea de reconstruir la secuencia de eventos que - en mayor o menor grado - desencadenaron un proceso judicial que sería el decisivo de los llamados casos insulares.

La importancia de Jesús María Balsac no se circunscribe a encabezar un epígrafe judicial, sino que trasciende y simboliza una lucha de los lideratos intermedio y superior del movimiento sindicalista puertorriqueño, en pos de alterar los fundamentos de la relación entre los Estados Unidos como metrópoli y Puerto Rico como colonia. Los hechos presentados permiten discernir cómo Balsac y sus compañeros de lucha fueron ubicándose – en ocasiones de forma voluntaria, en otras no – en la vorágine que eventualmente trasladaría a uno de los suyos ante el seno del Tribunal Supremo de los Estados Unidos.

Balsac no era un ciudadano común y corriente para la época. Había tenido acceso a una educación formal y a un oficio que no le requería realizar faenas agrícolas: la de obrero tipográfico. Su oficio-profesión le dio temprano acceso a los principales – cuando no los únicos – medios de comunicación masiva de la época: los periódicos, las revistas, las hojas sueltas y los libros. Fue autor o coautor de al menos cuatro libros durante la primera década del siglo XX además de fundar y dirigir un periódico en su natal Mayagüez – *El federacionista* en 1910 – antes de marchar hacia Arecibo a fundar *El baluarte*.

Sus talentos para la comunicación y la redacción evidentemente hicieron de Balsac un recurso en extremo valioso para el movimiento obrero. A lo largo de la historia aquí reconstruida se le ha visto ocupando puestos de importancia en las asambleas de la FLT y realizando funciones claves para Santiago Iglesias Pantín, a quien después de la historia reseñada continuaba refiriéndose como su maestro.[2] A su vez Iglesias y muchos otros protagonistas asistieron a Balsac cuando este comenzó su odisea judicial.

Es lógico suponer que el traslado de Balsac de Mayagüez a Arecibo para fundar y dirigir *El baluarte* respondió a la necesidad del movimiento obrero de contar allí con sus mejores elementos para la defensa de la cabeza de playa electoral que el *Partido obrero insular* había alcanzado en 1914.[3] Conforme al Diccionario de la lengua española,[4] un *baluarte* es una obra de fortificación militar para brindar amparo y defensa. Aparte de compartir las primeras tres letras del apellido del fundador y editor, no es difícil colegir que el periódico había sido concebido para precisamente defender el histórico logro de quebrar el monopolio electoral del *Partido unión*.

Desafortunadamente, la Historia demuestra que con el nivel de importancia alcanzado aumenta por igual el de riesgo, no siendo Balsac la excepción. Aunque solo se ha logrardo acceso a los dos editoriales de la autoría de "EL CABALLERO ANDANTE", *El baluarte* debe haber sido un medio informativo sumamente combativo, en especial cuando se considera todo lo que estaba en juego en el campo de batalla político-ideológico en que se convirtió el Arecibo de la segunda década del siglo XX.

Añádase a ello que Jesús María Balsac era el vicepresidente de un partido obrero que amenazaba el *status quo* electoral de años y que entre Iglesias y el gobernador Yager mediaba una profunda y mutua animosidad.[5] Por ello debe habérsele tenido en la mirilla de las autoridades coloniales y del liderato del *Partido unión*, el mismo que finalmente logró prevalecer en la lucha por la alcaldía de Arecibo.[6] Además, la Historia por igual nos enseña que cuando de utilizar el poder gubernamental se trata, la persecución no se desata en directo contra el líder adversario, sino contra sus colaboradores más cercanos pero menos visibles públicamente.

Las circunstancias que rodeaban a Jesús María Balsac en 1918 lo hicieron víctima de un procesamiento selectivo. La evidencia apunta a que desde que se difundió el primero de los dos artículos ya el gobierno había resuelto tomar acción al respecto, como lo demuestran las filtraciones que publicó el periódico *El águila* en Ponce.

Es también evidente que los socialistas se enteraron rápidamente de que el gobierno se proponía utilizar la maquinaria judicial para arremeter contra Balsac, pues ya entre finales de abril y principios de mayo de 1918 se anunciaba la colecta pro-Balsac e incluso se informaba sobre la contratación del abogado José de Jesús Tizol para defenderle. El propio Balsac reconoció años más tarde que los procesos en su contra habían comenzado en el mes de abril de 1918.[7] No obstante la celeridad con que acontecen los eventos no es hasta el último día de mayo cuando el fiscal de distrito de Arecibo presenta las dos denuncias contra Balsac. ¿Qué ocurrió en el ínterin?

La respuesta a esta interrogante parece residir en la situación misma que entonces se vivía en Arecibo, donde el *Partido socialista* pugnaba con el gobernador Yager por el control de la alcaldía, mientras desde otro frente de lucha Samuel Gompers anunciaba la presentación de cargos contra Yager. Tener de rehén al vicepresidente del partido político con el cual se está en pugna en ese municipio debe haber constituido un aliciente en el pulseo con los socialistas. Eventualmente el gobierno de Yager resolvió usar el mollero: presentó las denuncias contra Balsac el 31 de mayo y seis días más tarde nombró a un unionista a dirigir la alcaldía arecibeña.[8]

Sobre la selección del abogado De Jesús Tizol para defender a Balsac, todo indica que respondió a consideraciones pragmáticas más que solidarias, pues la prueba recopilada apunta a que el referido letrado se relacionaba tanto con el movimiento obrero como con los sectores que se le oponían. Como ya reseñado, participó en actividades socialistas como miembro de la *Unión de tipógrafos* de San Juan, a la vez que detentaba un puesto de senador por el *Partido unión*. Durante el transcurso de la *Primera guerra mundial* – para la misma época en que Balsac publicaba sus históricos editoriales en *El Baluarte* – De Jesús Tizol formaba parte de grupos de oratoria conocidos como los "Four Minute Men", compuestos por personalidades de la sociedad puertorriqueña de aquel entonces, tales como Jaime Sifre, Rafael F. Rossy, Rafael Rivera Zayas, José Coll Cuchi, Manuel Tous Soto, Jacinto Texidor, Juan B. Huyke, Luis Lloréns Torres, Joaquín Becerril, Celestino Iriarte, Emilio del Toro y Cayetano Coll Cuchi.[9]

Así pues, la contratación de De Jesús Tizol como abogado de defensa parece haber respondido a una combinación de factores, siendo el principal su aparente prestigio profesional. No obstante, su defensa en favor de Balsac no fue particularmente efectiva, a pesar de las loas que su gestión recibió de parte de la prensa socialista.[10] La táctica utilizada por De Jesús Tizol – en esencia retrasar los procedimientos con el objetivo de agotar al sistema judicial y a la fiscalía – fracasó. Es evidente que De Jesús Tizol, no sin razón, veía pocas esperanzas de prevalecer en el juicio, habida cuenta de que resultaba dificultoso desvincular a Balsac de los editoriales de *El baluarte*, además de que el caso de la fiscalía estaba poblado por testimonios de personas vinculadas al gobierno o a medios de prensa hostiles al sindicalismo.

Sabemos además que surgieron divergencias entre abogado y cliente tras el juicio, al extremo de que Balsac tuvo que juramentar ante el Tribunal Supremo de Puerto Rico sus gestiones infructuosas para localizar a De Jesús Tizol. El abogado sostuvo polémicas de índole ideológica con el propio Santiago Iglesias luego de concluido el caso *Balzac*.[11]

Un cuadro muy distinto presentó la defensa de Balsac ante el Tribunal Supremo de Puerto Rico. Tanto Abraham Peña Romero como José Soto Rivera eran abogados ampliamente vinculados al movimiento socialista.[12] Sus pensamientos se traslucen en el alegato que presentaron, mediante argumentos claramente dirigidos a apelar a la conciencia de los jueces en torno a las deplorables condiciones de trabajo del campesinado.

De lo que no cabe duda desde el comienzo de la planificación de la defensa de Balsac, es que el caso sería utilizado para retar el régimen jurídico que regía la condición de los puertorriqueños ante los Estados Unidos. Ello se colige claramente de la proclama de objetivos que el 9 de mayo de 1918 desde las páginas de *Unión obrera* anunciara al País Esteban Padilla y que reproducimos nuevamente:

> Tanto el señor Tizol como nosotros entendemos que este asunto debe llevarse en apelación ante la metrópoli si fuere necesario (es casi seguro que lo será) que debe hacerse de él un caso ejemplar que acabe de una vez y para siempre de definir cuál es la posición del productor puertorriqueño en relación con los derechos públicos y de ciudadanía que dicen garantizarnos la constitución y bandera americana, garantías desmentidas hasta hoy en Pto. Rico por las actuaciones injustas y parcialísimas del gobierno local. Para ello se requieren recursos bastantes, algunos centenares de dólares y actuar con diligencia y entusiasmo, pues no sería extraño que las primeras vistas de dichos juicios se celebrara el día 20 o antes del mes de mayo, motivos por los cuales apelamos a la solidaridad de todos los obreros y obreras conscientes del país, que aspiren a una mayor libertad económica, social y pública.[13]

Para lograr ese objetivo, los socialistas aspiraban a valerse del propio universo discursivo impuesto como pieza fundamental de la relación colonial. Para este sector anti-colonialista la promulgación de la ley orgánica Jones en 1917 – y muy en particular el aspecto de la ciudadanía – abría las puertas para confrontar a la metrópoli con sus precedentes cuando de lidiar con los territorios se trataba, para obligarle a reconocer que Puerto Rico había pasado a ser un territorio incorporado a la luz de las propias reglas de juego que los Estados Unidos habían establecido.

Por supuesto, el objetivo descrito no se presentó ante el Pueblo de esa manera: es la gran premisa inarticulada. A la masa trabajadora se le dice que el caso *Balzac* persigue "definir la situación del productor puertorriqueño" ante los "abusos de las autoridades locales" y en pos de una "mayor libertad económica, social y pública". Se trataría de una gesta que primero tendría que discurrir por el sistema judicial insular – un entramado no precisamente simpatizante al movimiento socialista[14] – antes de alcanzar el Tribunal Supremo en Washington.

Una vez la causa de Balsac asciende al Tribunal Supremo de los Estados Unidos se inició directamente un proceso de contrapunteo, mediante el cual el primero le plantea al organismo gestor de los anteriores casos insulares la necesidad de re-examinar la relación metrópoli-colonia. Como portavoz de este mensaje, Jackson Ralston poseía los atributos necesarios: su identificación con las causas anti-imperialista y sindical; su experiencia representando a territorios incorporados; y su afición por el Derecho internacional le hacían un letrado particularmente preparado para representar a Jesús María Balsac.

Sin salirse de los parámetros que dictaba el universo discursivo dentro del cual tenían que argumentar, Ralston y el abogado y juez militar Grant Trent no estaban lidiando con una controversia judicial común y corriente, sino con un reclamo de aquel *Otro* que el juez Oliver Holmes identificó en *Gandía vs. Pettingill.* Al principio de ambos alegatos el primer punto que se debate es si las expresiones atribuidas a Balsac sobrepasaban las "un tanto más exuberantes expresiones del discurso meridional", o no. Los contendores ante el Tribunal Supremo daban por sentado que *el Otro* debía ser mirado con parámetros distintos a los establecidos para el más moderado discurso septentrional.

Desde el punto de vista jurídico Ralston hizo un esfuerzo máximo por demostrar un curso de conducta por parte del Congreso que, por la analogía con situaciones similares pasadas, permitía *inferir* la incorporación de Puerto Rico a los Estados Unidos. En este sentido la incorporación territorial no es otra cosa que la expresión simbólica de la premisa inarticulada de la estadidad federada. Una premisa de la cual – por supuesto – todos los participantes del proceso judicial eran conscientes. Mas como se ha señalado,

> el Tribunal esquivó totalmente sus decisiones en Hawaii vs. Minkichi y Rassmusen vs. United States, en los cuales había determinado que la concesión de la ciudadanía estadounidense a los habitantes de Hawaii y Alaska, respectivamente, tras la adquisición de estos territorios indicaba un deseo de incorporarlos a los Estados Unidos, de

> manera que se requiriera la total aplicación de la Constitución a sus habitantes, el juicio por Jurado inclusive.[15]

Tan significativa fue la gestión de Ralston al caso *Balzac* como la del abogado y militar Grant Trent. Es este quien propone muchos de los argumentos que pasaron a formar parte de la opinión suscrita por el juez presidente Taft: a) la incorporación como declaración expresa; b) los precedentes de los casos de *Tapia y Muratti*; c) la facultad soberana de los Estados Unidos para disponer de los territorios adquiridos; y d) el carácter territorial y no personal de la Constitución de los Estados Unidos.

Si bien es evidente que Taft adopta los argumentos de Trent, no es menos cierto que el juez presidente hizo sus propias aportaciones, dirigidas a contestar los reclamos de *el Otro*. Para comenzar, Taft pudo haber despachado el caso a base de fundamentos meramente procesales, como de hecho Trent le invitó a hacer en su alegato. El que Taft resolviera que Balsac hizo un reclamo oportuno aunque "informal" a un juicio por Jurado, y el que obviara la opción de resolver las controversias por la vía sumaria como se hizo en *Tapia y Muratti*, evidencia su interés por adjudicar el asunto *en los méritos*. Como afirmó, "[l]os abogados del apelante nos han solicitado en este caso que nos expresemos con mayor elaboración en torno al efecto de la ley orgánica de 1917 sobre este tema, y lo hemos hecho", de manera que no quedasen dudas para la posteridad sobre lo que estaba resolviendo el Tribunal Supremo de los Estados Unidos ese día 10 de abril de 1922.

Por otro lado, tenemos las aportaciones a la sentencia que provienen de la visión *personal* de Taft en torno a los reclamos de *el Otro*. Un examen de los argumentos de Ralston y Trent revela que, salvo la consabida alusión a "las exuberantes expresiones del lenguaje meridional", en ninguno se abordaron aquellos factores que hacían de los puertorriqueños una nación distinta a la estadounidense. Por ende, las expresiones del juez presidente en torno a esas "distantes comunidades oceánicas de origen e idioma distintos a los de nuestro pueblo continental" son de su propia hechura.

La utilización por Taft de estos supuestos no jurídicos que apuntan hacia distinciones raciales y culturales no sorprenden. Después de todo el William Howard Taft que estaba decidiendo el caso de Balsac, era el mismo que había gobernado las Filipinas; administrado los territorios como secretario de la guerra; y dirigido "el imperio" como presidente de los Estados Unidos. El juez presidente no necesitó visitar Puerto Rico para saber que esa isla caribeña era habitada por una de esas "comunidades antiguas y compactas, con costumbres y conceptos políticos definitivamente formados" que, contrario a Alaska, presentaba "dificultades para su incorporación". Como expresa el profesor Rivera Ramos,

> se trata de un discurso construido alrededor de categorías binarias que privilegian un polo de la ecuación. El juez White se refirió a "pueblos extranjeros y hostiles". Esos pueblos son los "otros", descritos como tales, como el juez Harlan con percepción notó, al catalogarlos como "pueblos dependientes" o "sujetos" que habitaban territorios que se llamaban "dependencias" o "posesiones externas". Desde la perspectiva imperial, el "otro" es inferior, menos capaz, predestinado a ser gobernado, a ser mantenido bajo tutela, a ser "civilizado" o "protegido", para ser incorporado al glosario ideológico del poder dominante, pero lo

> suficientemente distanciado como para evitar confundir las comunidades que habitan. En resumen, (dentro de la esfera "constitucionalizada" de la vida política americana), este "otro" debía ser mantenido al mismo tiempo "dentro y fuera" de la Constitución.[16]

Para el Tribunal Supremo de los Estados Unidos era inaceptable la premisa de que el Congreso adoptó una política de incorporación implícita para "estas distantes comunidades oceánicas de origen e idioma distintos a los de nuestro pueblo continental". Al expresarse de esa manera, Taft y el Tribunal adoptaban la forma final de la política colonial de los Estados Unidos para sus posesiones. Conforme a esta definida determinación, los habitantes de la antigua, compacta y distante comunidad oceánica de Puerto Rico tendrían como opción "moverse hacia los Estados Unidos continentales y convertirse en residentes de cualquier estado para allí disfrutar de todos los derechos como cualquier ciudadano de los Estados Unidos, civiles, sociales y políticos". La premisa que permanece inarticulada es el mensaje al pueblo subalterno de que el territorio que habitan es de valor para la metrópoli, pero que de interesar formar parte de esta última, sus integrantes tendrían que trasladarse al continente.

De igual manera – y aunque no se exprese en la opinión del Tribunal Supremo – el caso *Balzac* fue tratado por Taft como parte de su cruzada conservadora de contención del movimiento sindical. Menos de un mes después de anunciarse *Balzac* – 7 de mayo de 1922 – el juez presidente le remitió una carta a su hermano Horacio en la que le manifestó que

> [l]a única clase que siente antipatía por el tribunal es una clase que no simpatiza con los tribunales de manera alguna,

> y esa es el sindicalismo. Esa facción la tenemos que golpear de vez en cuando, pues violan la ley continuamente y dependen de amenazas y violencia para lograr su objetivo.[17]

Una carta que el 21 de julio de 1922 Taft le cursó al entonces embajador de los Estados Unidos en Gran Gretaña confirma que su pensamiento sobre el movimiento sindical permanecía incólume:

> La guerra y la delincuencia general en todas partes estimulan violencia sangrienta y mortífera de parte de los huelguistas y sus simpatizantes, pero no es tanto un síntoma peligroso como un síntoma de los tiempos. Debs se ha precipitado con una declaración de guerra, mientras Gompers continúa con sus delirios, pero yo no creo que ayuden a los trabajadores. Lo que mas bien logran es fortalecer la opinión pública conservadora.[18]

Como ha señalado Bartholomew H. Sparrow, la decisión de *Balzac* representa además la culminación de una serie de dictámenes dentro de los propios casos insulares, dirigidos a respaldar la autoridad coercitiva de los gobiernos en las posesiones coloniales. A decir del citado autor,

> [u]na mirada a las decisiones del Tribunal Supremo en los veinte años desde Hawaii v. Mankichi en 1903 a Balzac v. Puerto Rico in 1922 demuestra que finas raíces de las decisiones de los casos insulares de 1901 fueron sembradas en terreno fértil, gracias a la posición dominante pro-expansión del Partido republicano en la política nacional americana de principios del siglo veinte, la apabullante influencia de los Estados Unidos en el hemisferio occidental, su creciente presencia global, y la calidad de los jueces que los presidentes Roosevelt, Taft, y luego, Wilson y Harding

> nombraron al Tribunal Supremo. Los nuevos jueces del tribunal apoyaron el desarrollo de los Estados Unidos como una potencia global. El apoyo judicial a las políticas de los Estados Unidos se manifestó especialmente en la validación por el Tribunal de una fuerte autoridad gubernamental en los nuevos territorios insulares – ley y orden para los funcionarios en Washington, DC, Manila y San Juan – tan evidente en las decisiones en Hawaii v. Mankichi, Dorr v. United States, Dowdell v. United States, Ocampo v. United States, y Balzac v. Puerto Rico.[19]

Cabe advertir que en muchos de los casos insulares originados en procesos criminales el delito imputado fue el de *libelo*. Un ejemplo contemporáneo se encuentra en *The People of the Philippine Islands vs. Isaac Perez*,[20] adjudicado por el Tribunal Supremo de las Islas Filipinas meses después de *Balzac*.[21] En dicha sentencia se confirmaron unas condenas por libelo y sedición, aludiéndose a las consabidas "un tanto más exuberantes expresiones del discurso meridional". El Tribunal filipino afirmó lo siguiente:

> De que le hemos brindado a este caso mayor atención de la que merece, es posible. Nuestro proceder se justifica cuando se recuerda que apenas el año pasado, el señor juez presidente Taft del Tribunal Supremo de los Estados Unidos, al expresarse sobre un escandaloso libelo contra el gobernador de Puerto Rico, señaló: "Una lectura de los dos artículos despeja la menor duda de que ambos van mucho más allá de las 'un tanto más exuberantes expresiones del discurso meridional,' por usar la expresión de esta corte en una situación similar en Gandía vs. Pettingill (222 U.S., 452, 456). De hecho son tan excesivas y escandalosas en su carácter que invitan a pensar hasta qué punto su crítica superlativa no se ha desbordado de sí misma hasta

> convertirse en un humorismo inconsciente". (Balzac vs. Puerto Rico [1922], 258 U.S., 298). Si bien nuestro sentido del humor no está totalmente embotado, de todas maneras mantenemos la convicción de que los tribunales deben ser los primeros en desterrar los indicios de la insurrección. La llama fugitiva de la deslealtad, iniciada por un individuo irresponsable, debe ser tratada con firmeza antes de que ponga en peligro la paz pública general.[22]

Pocos meses después de la decisión unánime en *Balzac*, el Tribunal Supremo de los Estados Unidos volvió a propinarle al movimiento sindical otro golpe el 5 de junio de 1922 en *United Mine Workers of America vs. Coronado Coal Co.*[23] En síntesis, el Tribunal resolvió que las uniones obreras respondían civilmente en los foros federales por los daños ocasionados durante un conflicto huelgario. Ante ello Gompers y otros adversarios del Tribunal Supremo impulsaron un movimiento para privarle de su facultad de decretar la inconstitucionalidad de las leyes, mientras Taft acusaba públicamente a Gompers de demagogo por sus críticas.[24]

Tenemos así que la trilogía de *Corrigan, Balzac y Coronado* – dada su cercanía temporal, temática y que *todas son de la autoría de Taft y adjudicadas en contra de postulantes sindicales* – sugiere que la batalla ideológica entre los sectores conservador y obrero dentro de los Estados Unidos jugó un papel importante, quedando Jesús María Balsac y la FLT a merced de esa contienda. ¿Pero cuán importante? ¿Significa acaso que en ausencia del aludido elemento el caso *Balzac* habría tenido un resultado distinto? La respuesta es que no.

En primer lugar, *Balzac* es una reiteración elaborada de lo resuelto en *Tapia y Muratti*, donde el Alto Foro revocó fulminantemente toda noción de que la ley orgánica Jones significaba la incorporación. El mensaje fue así entendido por el Tribunal Supremo de Puerto Rico al no dar paso a los planteamientos constitucionales de Balsac cuando confirmó sus sentencias condenatorias. Pero para el liderato obrero tanto insular como continental, los hechos que dieron origen a *Tapia* y a *Muratti* seguían siendo distinguibles de los de *Balzac*, al punto de que "[l]os abogados del apelante nos han solicitado en este caso que nos expresemos con mayor elaboración en torno al efecto de la ley orgánica de 1917 sobre este tema, y lo hemos hecho".[25]

En segundo lugar, Taft no se distinguía precisamente por su talento como adjudicador, como tampoco por forjar consensos en el Tribunal. Como lo demostró tempranamente con la segunda comisión de las Filipinas, Taft requería posiciones de *liderato* para desempeñarse en organismos colegiados. Sus biógrafos advierten su incapacidad para lograr decisiones mayoritarias sólidas y evitar la división del Alto Foro en sectores antagónicos, como precisamente ocurrió al resolverse *Truax vs. Corrigan*. En contraste, en *Balzac* Taft contó con una unanimidad de votos que incluyó a los jueces antípodas Holmes y Brandeis.

¿Y qué pasó con Balsac? Al conocerse el resultado el sector sindical procuró minimizarlo, dilatando primeramente su divulgación pública y luego sosteniendo que el Tribunal Supremo incurrió en "tecnicismos" para evadir los méritos de la controversia. Contrario a la prensa obrera, la noticia de la decisión fue rápidamente difundida por los principales medios informativos del País. En particular *La democracia* fue el periódico que mayor despliegue – en primera plana – dio a la histórica decisión en su edición de 11 de abril de 1922:

> Jesús M. Balzac, convicto de un libelo contra Arthur Yager como gobernador de Puerto Rico, publicado en el periódico "El Baluarte" de Arecibo, P.R., tendrá que cumplir la sentencia de cárcel que le fué impuesta. Así ha sido sostenido hoy por el Tribunal Supremo de los Estados Unidos, el cual se negó a la revisión del caso que solicitaba Balzac con el argumento de que a él se le había negado un juicio por Jurado.
>
> El presidente de la Corte Suprema, Hon. William H. Taft, al hacer pública su opinión en este caso, hizo constar que el Congreso no ha incorporado a Puerto Rico dentro de los Estados Unidos, y que los derechos del pueblo de esa Isla son solamente aquellos conferídosle por la legislación, dentro de las limitaciones mantenidas por el propio Congreso, no estando los puertorriqueños titulados a solicitar juicios por Jurado como cuestión de derecho, por el hecho de que sean ciudadanos Americanos.
>
> La incorporación de los puertorriqueños a todos estos derechos por parte del Congreso, (consignó el Tribunal), no podrá ser inferida, sino que debe hacerse constar en una legislación, expresamente, a tales efectos.[26]

Por su parte, *La correspondencia de Puerto Rico* se limitó a publicar el 12 de abril de 1922 una pequeña nota, en la cual informó que el Tribunal Supremo de los Estados Unidos había "[r]atifica[do con] dicho fallo las anteriores declaraciones del Alto Tribunal, respecto a que Puerto Rico no es un Territorio Incorporado".[27] El *Porto Rico Progress* incluyó la noticia en su primera plana del 6 de mayo de 1922, transcribiendo la decisión en su totalidad.[28] *Unión obrera* permaneció silente, hasta que el 3 de junio de 1922 introdujo la traducción de la carta que con fecha de 5 de mayo de 1922 Samuel Gompers remitiera al gobernador Emmet Montgomery Reily, a petición de Santiago Iglesias:

> Como conoce indudablemente, los trabajadores de Puerto Rico han sufrido mucho de opresión y explotación y no han tenido medios de corregir sus injusticias por mediación, conciliación y arbitraje. Fueron forzados a abandonar el trabajo, a fin de llamar la atención hacia sus quejas. Indudablemente está bien informado de las numerosas persecuciones instituidas y de las multas y sentencias de prisión excesivas impuestas durante la administración del gobernador Yager. Fue apoyado en sus medidas represivas por el Partido Unionista de Puerto Rico, al que se acusa de haber tomado sobre sí y hecho su deber principal la destrucción de las organizaciones del Trabajo en la Isla.
>
> La antipatía del gobernador y del Partido Unionista hacia los trabajadores y sus organizaciones surgió indudablemente de su lealtad a América. Todas las tentativas para estimular la deslealtad entre los trabajadores hallaron la más vigorosa oposición. El americanismo de las organizaciones del Trabajo no puede ser cuestionado.
>
> Como lo entiendo, a Mr. Balzac se le negó el derecho de un juicio por Jurado en el caso de libelo instituido contra él. La Federación Libre de los Trabajadores de Puerto Rico se resintió de esta negativa del derecho a juicio por Jurado y apeló el caso a la Corte Suprema de los Estados Unidos. Fue contendido que la convicción de Mr. Balzac era contraria a la Constitución de los Estados Unidos en ese caso, pues no se le permitió un juicio por Jurado. La Corte Suprema no penetró en los méritos del caso sino que decidió que la Constitución de los Estados Unidos no está en pleno vigor en Puerto Rico.
>
> Mr. Balzac no fue convicto de un delito grave. Fue convicto por tener una opinión que fué objetable al gobernador Yager y al Partido Unionista. Mr. Balzac estaba combatiendo la

> causa de las grandes masas del Pueblo de Puerto Rico. Estaba luchando como mejor podía para traer la luz y felicidad en las vidas de los trabajadores y por criticar a aquellos que se oponían al avance económico de los trabajadores de Puerto Rico fue enviado a la cárcel.
>
> No necesito llamar su atención hacia los persistentes e injuriosos artículos insertados en los periódicos de Puerto Rico contra usted mismo. Los conoce enteramente bien. Sus propósitos son injuriar su reputación e interferir con su trabajo que está tratando de hacer en beneficio al Pueblo de Puerto Rico. Las mismas autoridades que colocaron al Editor Balzac detrás de los barrotes de la prisión no han tomado nota de los artículos libelosos contra usted. Permítame, por tanto, apelar a usted en nombre de la Justicia el reparar el error impuesto sobre el Editor Balsac. Su objeto total en la publicación de los artículos fue con el interés de cambiar los procedimientos del gobernador Yager y defender los derechos de los trabajadores para mejorar sus condiciones económicas. Los hombres no deben ser enviados a la cárcel porque no quieran soportar las injusticias.
>
> Si Mr. Balzac hubiese defendido las medidas represivas del gobernador Yager no hubiera sido procesado en las Cortes. Es mi creencia que tiene usted una oportunidad de corregir muchos errores. Por tanto, permítame suplicarle con toda sinceridad ejerza su poder de extender un perdón a Mr. Balzac. No es merced lo que pido; es Justicia y sé que usted cree en la Justicia.[29]

La petición de Gompers no tendría una respuesta inmediata. Los días continuaron pasando, al punto de que el 13 de junio de 1922 *Unión obrera* sacaría la siguiente nota, acompañada con una fotografía de Jesús María Balsac:

Esta mañana se despidió de nosotros nuestro estimado amigo y camarada J.M. Balsac, quien tomó el tren que salió para la ciudad de Arecibo, con el fin de ingresar en la penitenciaría de aquel distrito a cumplir una sentencia que le impusiera la corte por un delito de libelo, cometido en contra del ex-gobernador Yager a quien llamó el valiente periodista tirano, de los de mala cepa.

Nosotros, que hemos pasado por el momento de ir a encerrarnos a una prisión, sabemos la satisfacción que se siente al ingresar al penal, cuando se va por una causa tan noble y levantada como lo es la de defender los derechos de un pueblo maltratado por la avaricia del sistema.

El movimiento obrero y socialista pierde por un tiempo la pluma cáustica de el periodista Balsac, y lamenta su silencio de algunos meses, pero todos estamos confiados en que el Poder Ejecutivo de Puerto Rico, haciendo uso de la prerrogativa que le da la ley, devuelva a la comunidad al periodista honesto y sincero que en todas las ocasiones de su vida ha cumplido sus deberes ciudadanos.

Si alguna vez la cárcel ha estado honrada es esta que guarda a Balsac.

Todo el que conoce al amigo y sabe lo que vale lamenta el caso y confía en que pronto le veremos libre.

"Unión Obrera" pierde con la prisión de Balsac su brazo derecho, pero haremos todo lo que la naturaleza nos dé, para sustituirlo en el breve plazo que estará lejos de estos talleres y oficinas.

Indudablemente que el Gobernador ha de recibir de todos los pueblos de la Isla solicitudes de indulto para el ilustre preso, y la Federación Libre y el Partido Socialista cumplirán sus deberes.

Sabemos que el Presidente de la American Federation of Labor, Samuel Gompers, ha solicitado el indulto de Balsac y muchas serán las personas y colectividades que hagan lo propio para libertar al periodista.

> No tenemos para qué alentar al periodista y amigo en su prisión, pues hemos notado en él gran serenidad de ánimo y la convicción firme de sus actos.
> Solo tenemos que recomendar al movimiento obrero de Arecibo que cumpla con su deber, pues en esa ciudad era que se editaba "El Baluarte" y todos sabemos los méritos que tiene el periodista preso.
> Hasta tu regreso, amigo Balsac, que tenemos la esperanza de que sea antes de lo que nos imaginamos.[30]

Los días pasaron sin que el indulto llegara. Mientras tanto, el 15 de junio de 1922 se inició una campaña para recolectar $50 ($715 al valor corriente) para cubrir los costos del proceso contra Balsac.[31] El 19 de junio de 1922, la *Unión local de marinos 598* de Arecibo solicitó al gobernador su indulto, a la vez que se informó que el domingo siguiente una comitiva de la organización lo visitaría a la prisión.[32] La colecta continuaba.[33] Entre aquellos que brindaron aportaciones, figuraron R.J. Dupont, J. Aybar Jr., Antonio Pablo Correa González, la Farmacia Casellas, Eduardo Conde, Santiago Iglesias, Francisco Paz Granela, Ramón A. Figueroa, la *Sección socialista* de Guayama, los socialistas de Vieques y muchos otros.

Se anunció además que el 22 de junio de 1922 el gobernador recibiría una comisión del comité socialista de Puerta de Tierra a favor del indulto.[34] Ese mismo día *Unión obrera* lanzó un nuevo editorial instando al Pueblo a insistir en la liberación de Balsac:

> Sabemos que los periodistas obreros cuando van a la cárcel no pueden contar, como los periodistas vendidos al capitalismo, con que se rompan los reglamentos del penal

para hacerle una vida agradable y se tratan como a presos vulgares, pero ya llegará el día en que, sin pedir privilegios, los carceleros de Arecibo tendrán la estima y consideración que debe tenerse a un periodista cuando por delito de opinión va a la cárcel.
Nuestro objeto en estos instantes es decir al movimiento obrero y socialista que deben de manera ilustrada dirigir al gobernador Riley por telegramas, si es posible en el día del sábado solicitando el indulto del ilustre preso Balsac, que no ha debido estar ni un solo minuto en la cárcel, pero que las circunstancias especiales en que nos agitamos parece que todo lo entorpece.
No tenemos dudas que el gobernador tan pronto como los intrincados problemas que le preocupan le dé cinco minutos para estudiar el caso del periodista obrero J.M. Balsac lo indultará, inspirado en un alto espíritu de justicia y democracia.
Envíen telegramas al gobernador Reily solicitando el indulto de Balsac. Háganlo hoy mismo sin aguardar a más tarde para terminar con este asunto y que nos restituyan la pluma candente del hombre que en estos instantes merece estar en la arena del combate.
No olviden que no deben al periodista preso enviarle copia de lo que se hace, pues está considerado por los carceleros como un preso vulgar, y por servir a la patria, esos empleados cumplen la ley en todo su rigor.
La comisión del Partido Socialista que estuvo en la mañana de hoy conferenciando con el gobernador, salió altamente satisfecha en la esperanza de que el Ejecutivo dé a este asunto una solución.
Repetimos que debe solicitarse el indulto de Balsac.[35]

Los "intrincados problemas" y "circunstancias especiales" a los que hacía referencia el editorial eran la fiera oposición que el gobernador Reily enfrentaba de parte del *Partido unión* y sus aliados.[36] A estas mismas circunstancias había apuntado Samuel Gompers en su petición de indulto al gobernador, al formular comparación de lo ocurrido a Balsac con la cantidad de artículos libelosos de que era sujeto el propio Reily. La lucha por lograr el indulto de Balsac competía con las vicisitudes que enfrentaba un gobernador acosado. Mientras tanto, los esfuerzos por liberar a Balsac continuaban. La *Unión de trabajadores de los muelles 490* de San Juan se unió el 23 de junio de 1922 a la petición de indulto para quien además era su secretario y tesorero:

> El señor Balsac es el secretario de esta organización del trabajo. Es un hombre humilde y sencillo. Un ferviente defensor de las demócratas instituciones de los Estados Unidos y un seguro defensor y mantenedor de la gloriosa bandera de las franjas y las estrellas; en una palabra: ES UN LEAL CIUDADANO AMERICANO.[37]

El 24 de junio Juan Figueroa, vicepresidente del consejo de distrito de la *Unión de marinos* también formuló un llamado a la solidaridad obrera en favor de la excarcelación del periodista:

> Como vosotros sabéis, el Sr. Balsac simplemente defendió de la tiranía de los centralistas y de la reconcentración en el gobierno de poderes que dominaban en el país a los campesinos, como de igual manera defendería a los trabajadores de los muelles, carpinteros, o cualquier otro oficio que se encontrara bajo la persecución por reclamar mejoras en sus condiciones de vida.
>
> Es necesario estar en la constante vigilancia para defender a nuestros hombres, los que por encima de intereses particulares se exponen a elevar nuestras personalidades

> colectivas, ni una sola unión de marinos en Puerto Rico deberá quedar sin enviar al Honorable Gobernador petición de indulto para el buen compañero.[38]

Fechada 26 de junio y publicada por *Unión obrera* en la primera plana de 30 de junio, se dio a conocer la carta del señor José G. Rivera, de Juana Díaz, al gobernador Reily pidiendo el indulto de Balsac, quien "está privado de su libertad cumpliendo condena por el solo delito de defender al proletariado del monstruo explotador". Solicitó al gobernador "el perdón del luchador honrado a fin de que vuelva al seno de su hogar huérfano hoy de su más legítimo representante".[39] Otro tanto hicieron la *Sección socialista No. 1* de Arecibo y la *Unión obrera federada 14,773* de Río Grande, mediante sendas misivas de 28 de junio al gobernador,[40] al igual que la *Unión agrícola No. 16,104* de Salinas de 29 de junio.[41] Entre otros aspectos, la comunicación de Río Grande expresó lo siguiente:

> Usted ha podido aquilatar en el poco tiempo que lleva en Puerto Rico, de lo que son capaces los privilegiados llamados mayoría en Puerto Rico, quienes eran los consejeros del Gobernador Yager, quienes, por las debilidades de aquel gobernante, eran los que realmente dominaban en las Cortes y en todo el gobierno y les molestaba cualquier crítica que se pudiera ejercer en contra de sus malos comportamientos según usted mismo habrá podido comprobar estudiando las injustas campañas de descrédito y difamación que ellos han estado haciendo en contra de usted.
>
> Nosotros esperamos ansiosamente que usted ejerza las prerrogativas que la Ley pone en sus manos y nos devolverá a nuestro hermano Jesús María Balsac, para que él pueda

> volver al dulce regazo del hogar a recibir las tiernas caricias de su adorada familia que ahora llora su ausencia.[42]

Finalmente, el miércoles 5 de julio de 1922 se informó en *Unión obrera* que dos días antes Jesús María Balsac había recibido el indulto de parte del gobernador:

> El movimiento obrero tiene libre a uno de sus paladines que con gran eficiencia combate al sistema en su cimiento. Felicitamos al periodista que luchó cinco años por no ir a la cárcel, auxiliado por el movimiento obrero y sepa el Gobernador que ha hecho un acto de justicia indultando a un hombre honesto que siempre ha cumplido sus deberes ciudadanos.[43]

El 11 de julio de 1922, Balsac publicó en *Unión obrera* la proclama "Nuestra gratitud, censura y propósitos", en la cual formuló un apretado resumen de lo que había sido su existencia durante los cuatro años anteriores:

> Los procesos que en contra nuestra persona se incoharon[sic] bajo el gobierno de Mr. Yager en el mes de abril de 1918 por defender a los trabajadores agrícolas de actuaciones injustas realizadas contra ellos y violadoras del derecho constitucional que garantiza al pueblo puertorriqueño y que la Corte mayor del país y Suprema de Washington en nuestra alzada en pos de no haber sido juzgados por un Jurado fueron desestimadas por no ser Puerto Rico un territorio organizado, han dado fin con el ingreso a la prisión, de donde fuimos indultados el 3 de Julio, víspera del aniversario de la Independencia de los Estados Unidos de América por gracia que nos otorgara el Hon. Gobernador Ed. Mont. Reily, a quien le estamos altamente agradecidos.[44]

En esa oportunidad Balsac aprovechó para expresar su agradecimiento a la prensa socialista en general y a "los diarios capitalistas" *El día* y *El águila* de Ponce por su apoyo. Expresó además su resentimiento contra la prensa de San Juan por quedarse callada al respecto. Finalmente e inspirado por la experiencia carcelaria, anunció que en los días siguientes comenzaría a publicar en *Unión obrera* una serie de artículos sobre la situación de las presidios en el País. Se anunció también el cierre de la colecta, habiéndose recogido la suma de $43.45 ($621 al valor presente).[45]

La experiencia de pasar tres semanas de cárcel no marcó negativamente a Balsac, pues su estadía fue atenuada por las atenciones que le prodigaron desde la libre comunidad, incluyendo ayuda para "gastos especiales" y pagos a un hotel para que le sirviera alimentos a diario.[46] El día que se anunció la excarcelación, *Unión obrera* divulgó además que Balsac regresaría al periódico el domingo siguiente, "pues se encuentra en Mayagüez saludando a sus familiares y luego irá a Quebradillas a saludar a su amiga predilecta".[47] A su regreso a *Unión obrera,* Balsac cumplió la palabra empeñada, detallando una extensa serie de artículos titulada "Más humanidad en los penales", dirigida al *attorney general,* a los legisladores y al gobernador.[48] Se dedicó también como secretario de la *Unión de los trabajadores de muelles 490,* a anunciar una convocatoria para una asamblea a celebrarse el 23 y el 30 de julio de 1922.[49] Todavía residiendo en Arecibo, inició una relación consensual con una dama de nombre Manuela Serrano, con quien tuvo un hijo nombrado Tomás Manuel quien, desafortunadamente, falleció al momento de nacer en septiembre de 1931.[50] Tres años después, en 1934 trajeron al mundo a Luis Balsac y Serrano, también en Arecibo.[51]

En cierta manera Balsac solo hacía lo mismo que el resto del País: regresar a sus tareas cotidianas tras los impactos de 10 de abril de 1922. En su foco de atención, al igual que en el de *Unión obrera*, algo parecía haber cambiado. Ya no se trataba del mismo ánimo combativo que permeó el empuje socialista de años anteriores en pos de una modificación en la vida del "productor puertorriqueño", mediante la promoción de uno de los más importantes de los casos insulares. La versión boricua del mito de Ícaro que había despegado con el advenimiento de la ley orgánica Jones en marzo de 1917, había dado sus últimos aleteos para caer en el abismo en abril de 1922. Rota la ilusión de la igualdad, llegaba el momento de atender otros menesteres; concentrar en nuevos asuntos; aspirar a nuevas ilusiones, tal y como expresó "El caballero andante" de aquel 23 de abril de 1918:

> Nosotros, para que la libertad renazca y la ignominia muera y que en nuestra frente brille el honor; para aplastar los privilegios y las castas; para que fulguren los rayos del derecho, para libertar los mártires de los presidios infames; para devolver el hijo al padre y a la mujer el marido y dar amparo a los niños abandonados por vuestra culpa; para hacer que este siglo y este pueblo salga pronto de la abyección, declaramos; ¡oídlo bien usurpador! Declaramos que el sacrificio es nada ante el vejamen de tu poderío insensato y ofrendamos nuestras vidas en el ara santa de la libertad y la democracia que tú, equivocado engendro de una raza libertaria, has salpicado con la sangre de nuestros cráneos.

Que así sea.

REFERENCIAS

1 Citado en Pringle, The Life and Times of William Howard Taft, 1052.

2 Jesús María Balsac, "Nuestra gratitud, censura y propósitos", *Unión obrera*, 11 de julio de 1922, p. 1.

3 Conforme al Profesor Juan Angel Silén, "[l]a victoria obrera en el municipio de Arecibo, lleva a los representantes de un partido obrero y campesino al control por vez primera de una administración en Puerto Rico y en América Latina y por segunda vez en todo el continente americano Norte y Sur." Apuntes para la historia, 77.

4 Versión electrónica en línea, http://www.rae.es/.

5 Truman R. Clark, Puerto Rico and the United States, 1917-1933 (Pittsburgh, EE.UU.: University of Pittsburgh Press, 1975) 123-124.

6 Sobre los esfuerzos represivos del Partido unión, véase por ejemplo a Rafael Bernabe, Respuestas al colonialismo en la política puertorriqueña: 1899-1929 (San Juan, Puerto Rico: Ediciones Huracán, 1996) 83-98.

7 Balsac, "Nuestra gratitud, censura y propósitos", *Unión obrera*, 11 de julio de 1922, p. 1.

8 "Otro acto de tiranía del gobernador", *Unión obrera*, 6 de junio de 1918, p. 3.

9 "Four Minute Men", *La correspondencia de Puerto Rico*, 19 de abril de 1918, p. 1.

10 "Sentenciado", *Unión obrera*, 5 de agosto de 1918, p. 3.

11 "Gran conferencia económica por el senador Santiago Iglesias", *Unión obrera*, 13 de junio de 1922, p. 1.

12 En el caso del abogado Soto Rivera, véase por ejemplo el artículo "Templo del trabajo", *Unión obrera*, 8 de mayo de 1918, p.3.

13 "Pro J.M. Balsac", *Unión obrera*, 9 de mayo de 1918, p. 3.

14 Clark, Puerto Rico and the United States, 29.

15 Juan R. Torruella, "The Insular Cases: A Declaration of Their Bankruptcy and My Harvard Pronouncement", en Neuma & Nagin, Reconsidering the Insular Cases, 88 (notas omitidas).

16 Rivera Ramos, The Legal Construction of Identity, 113.

17 Pringle, The Life and Times of William Howard Taft, 967.

18 Pringle, The Life and Times of William Howard Taft, 1031.

19 Sparrow, The Insular Cases, 204-205.

20 G.R. No. L-21049, December 22, 1923.

21 Documento en línea, The People of the Philippine Islands vs. Isaac Perez, http://www.lawphil.net/judjuris/juri1923/dec1923/gr_l-21049_1923.html, accedido el 15 de enero de 2007.

22 Énfasis suplido.

23 259 U.S. 344 (1922).

24 Pringle, The Life and Times of William Howard Taft, 1041.

25 *Balzac vs. People of Puerto Rico*, 258 U.S. En *Tapia* y *Muratti* se trataba de personas acusadas por delitos graves que resultaron beneficiarias de los dictámenes del foro federal y el Tribunal Supremo de Puerto Rico, en contraste un líder obrero y periodista convicto por uno menor. Puede que también haya influido la cercanía temporal de los hechos que dieron vida a *Tapia* y a *Muratti*, con la promulgación de la ley Jones, mientras que en Balzac no mediaba controversia de que todos sus hechos se suscitaron luego de la vigencia del referido estatuto.

26 "El líder socialista de Arecibo, Jesús M. Balzac, condenado a cárcel por la Corte Suprema de los Estados Unidos, confirmando la sentencia de nuestro Tribunal Supremo", *La democracia*, 11 de abril de 1922, p. 1.

27 "La Corte Suprema ratifica sus fallos sobre Puerto Rico", *La correspondencia de Puerto Rico*, 12 de abril de 1922, p. 3.

28 "P.R. Not Incorporated in Union Says Taft" - "Incorporation Leads to Statehood, he Holds, and Congress Will Act Only With Deliveration", *Puerto Rico Progress*, 6 de mayo de 1922, 1.

29 "Las autoridades no toman nota de los artículos libelosos contra el gobernador Reily", *Unión obrera*, 3 de junio de 1922, p. 1.

30 "¡Camino de la cárcel!", *Unión obrera*, 13 de junio de 1922, p. 1.

31 "Pro-Balsac", *Unión obrera*, 15 de junio de 1922, p. 1.

32 "Piden Indulto", *Unión obrera*, 19 de junio de 1922, p. 1.

33 "Pro-Balsac", *Unión obrera*, 17, 19, 21, 22, 23 y 30 de junio, 3 de julio de 1922, pp. 1 o 3.

34 "Pro-Balsac", *Unión obrera*, 21 de junio de 1922, p. 1.

35 "Indulto de Balsac", *Unión obrera*, 22 de junio de 1922, p. 3.

36 Trías Monge, Puerto Rico: The Trials of the Oldest Colony in the World, 80-81.

37 "La unión de marinos pide el indulto de Balsac", *Unión obrera*, 23 de junio de 1922, p. 3 (énfasis en el original).

38 "Labor en pro de Balsac", *Unión obrera*, 24 de junio de 1922, p. 3.

39 "Pide el indulto de J.M. Balsac", *Unión obrera*, 30 de junio de 1922, p. 3.

40 "Piden el indulto de J.M. Balsac", *Unión obrera*, 1ro de julio de 1922, p. 3.

41 "Petición de indulto", *Unión obrera*, 1ro de julio de 1922, p. 3.

42 "Piden el indulto de J.M. Balsac", *Unión obrera*, 1ro de julio de 1922, p. 3.

43 "Balsac indultado", *Unión obrera*, 5 de julio de 1922, p. 1.

44 Balsac, "Nuestra gratitud, censura y propósitos".

45 "Colecta cerrada", *Unión obrera*, 7, 8, 10, 11 y 12 de julio de 1922, p. 3

46 Balsac, "Nuestra gratitud, censura y propósitos".

47 "Balsac indultado".

48 Véanse las ediciones de *Unión obrera* de 17, 18, 20, 21, 26 y 29 de julio de 1922.

49 Véanse las ediciones de *Unión obrera* de 20, 22, 27 y 28 de julio de 1922.

50 Certificado de defunción #698 de Tomás Manuel Balzac[sic] Serrano, Departamento de sanidad, 27 de septiembre de 1931.

51 Censo Decimosexto de los Estados Unidos: 1940, distrito de enumeración #12-43, hoja #2A.

APÉNDICE

Parte del liderato del *Partido socialista* y la *Federación libre de trabajadores*, año 1921. De izquierda a derecha: Luisa Capetillo; James Deriberprey; Jesús María Balsac; un representante de la *International Longshoremen*; Santiago Iglesias Pantín; Rafael Alonso Torres; Miguel Bernard Silva. Para esa época, los casos por libelo criminal que le significaron una condena a Balsac estaban siendo apelados ante el Tribunal Supremo de los Estados Unidos. Una segunda versión de esta foto excluye a Luisa Capetillo. Ambas fotos y la descripción de su contenido se localizan en el *Centro de documentación obrera Santiago Iglesias Pantín*, biblioteca del recinto de Humacao de la Universidad de Puerto Rico.

Foto tomada el 3 de abril de 1922 de un grupo de líderes sindicales en Washington, DC. El tercero desde la izquierda es John I. Nolan, congresista republicano por California. Después de el, de izquierda a derecha figuran: John L. Lewis, Presidente de la *United Mine Workers*; Frank Morrison, secretario de la *American Federation of Labor*; y Samuel Gompers, presidente de la *American Federation of Labor*. Siete días después de tomarse esta foto el Tribunal Supremo de los Estados Unidos anunciaba su decisión en los casos contra Jesús María Balsac. Foto proveniente de la colección digital de la biblioteca del Congreso de los Estados Unidos.

A la izquierda el abogado Jackson H. Ralston, quien representó a Jesús María Balsac ante el Tribunal Supremo de los Estados Unidos meses antes de tomarse esta foto. Imagen proveniente de la colección digital de la biblioteca del Congreso de los Estados Unidos.

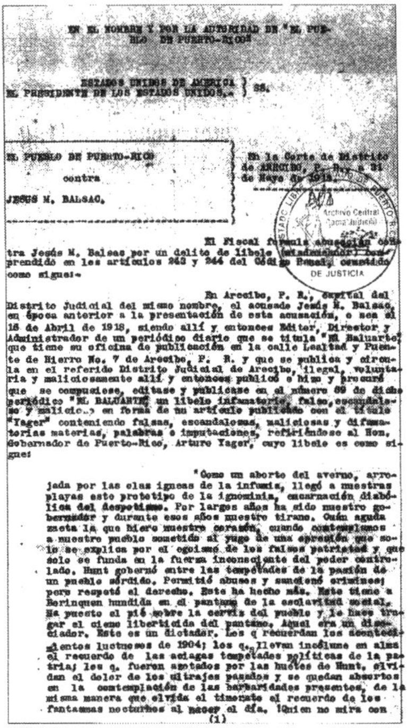

EN EL NOMBRE Y POR LA AUTORIDAD DE "EL PUEBLO DE PUERTO-RICO"

ESTADOS UNIDOS DE AMERICA } SS.
EL PRESIDENTE DE LOS ESTADOS UNIDOS.- }

EL PUEBLO DE PUERTO-RICO contra JESUS M. BALSAC. | En la Corte de Distrito de ARECIBO, P. R., a 31 de Mayo de 1918.

Archivo Central Rama Judicial — ESTADO LIBRE ASOCIADO DE PUERTO RICO — DE JUSTICIA

El Fiscal formula acusación contra Jesús M. Balsac por un delito de libelo [illegible] comprendido en los artículos 243 y 244 del Código Penal, cometido como sigue:-

En Arecibo, P. R., capital del Distrito Judicial del mismo nombre, el acusado Jesús M. Balsac, en época anterior a la presentación de esta acusación, o sea el 15 de Abril de 1918, siendo allí y entonces Editor, Director y Administrador de un periódico diario que se titula "El Baluarte", que tiene su oficina de publicación en la calle Lealtad y Puente de Hierro No. 7 de Arecibo, P. R. y que se publica y circula en el referido Distrito Judicial de Arecibo, ilegal, voluntaria y maliciosamente allí y entonces publicó e hizo y procuró que se compusiese, editase y publicase en el número 89 de dicho periódico "EL BALUARTE" un libelo infamatorio, falso, escandaloso y malicioso en forma de un artículo publicado con el título "Yager" conteniendo falsas, escandalosas, maliciosas y difamatorias materias, palabras e imputaciones, refiriéndose al Hon. Gobernador de Puerto-Rico, Arturo Yager, cuyo libelo es como sigue:

"Como un aborto del averno, arrojada por las olas ígneas de la infamia, llegó a nuestras playas este prototipo de la ignominia, encarnación diabólica del despotismo. Por largos años ha sido nuestro gobernador y durante esos años nuestro tirano. Cuán aguda es la que hiere nuestro corazón, cuando contemplamos a nuestro pueblo sometido al yugo de una opresión que solo se explica por el egoísmo de los falsos patriotas y que solo se funda en la fuerza inconsciente del poder centralado. Hunt gobernó entre las tempestades de la pasión de un pueblo sórdido. Permitió abusos y sancionó crímenes; pero respetó el derecho. Este ha hecho más. Este tiene a Borinquen hundida en el pantano de la esclavitud social. Ha puesto el pié sobre la cerviz del pueblo y le hace tragar el cieno liberticida del pantano. Aquel era un disociador. Este es un dictador. Los q recuerdan los acontecimientos luctuosos de 1904; los q. llevan incólume en alma el recuerdo de las aciagas tempestades políticas de la patria; los q. fueron azotados por las huestes de Hunt, olvidan el dolor de los ultrajes pasados y se quedan absortos en la contemplación de las barbaridades presentes, de la misma manera que olvida el timorato el recuerdo de los fantasmas nocturnos al nacer el día. ¡Quien no mira con

(1)

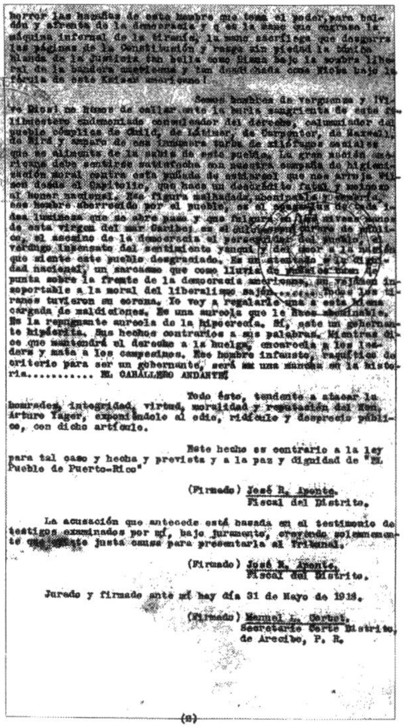

horror las hazañas de este hombre que toma el poder, para baldón y afrenta de la democracia y q es la mano que engrasa la máquina infernal de la tiranía, la mano sacrílega que desgarra las páginas de la Constitución y rasga sin piedad la túnica blanca de la Justicia tan bella como Diana bajo la sombra liberal de la bandera americana y tan desdichada como Niobe bajo la férula de este Kaiser americano!

Somos hombres de verguenza y !Viva Dios! no hemos de callar ante la burla sangrienta de este filibustero endemoniado conculcador del derecho, calumniador del pueblo cómplice de Child, de Látimer, de Carpenter, de Maxwell, de Bird y amparo de esa inmensa turba de antropófagos sociales que se alimenta de la sabia de este pueblo. La gran nación americana debe sentirse satisfecha con nuestra campaña de higienización moral contra esta piltrafa de estiércol que nos arroja Wilson desde el Capitolio, que hace un descrédito fatal y enorme al honor nacional. Esa figura malhadada, abominable y [illegible], ese hombre aborrecido por el pueblo, es el [illegible] de toda idea luminosa que se abre paso y que fulgura en las [illegible] de esta virgen del mar Caribe; es el [illegible] de público, el asesino de la democracia el perseguidor del pueblo, el verdugo insensato del sentimiento yanqui y del amor a la nación que siente este pueblo desgraciado. Es un atentado a la dignidad nacional, un sarcasmo que como lluvia de [illegible] de punta sobre la frente de la democracia americana, un vejámen insoportable a la moral del liberalismo sajón. Todos los tiranos tuvieron su corona. Yo voy a regalarle una a esta hiena cargada de maldiciones. Es una aureola que le hace abominable. Es la repugnante aureola de la hipocrecía. Sí, este un gobernante hipócrita. Sus hechos contrarios a sus palabras. Mientras dice que mantendrá el derecho a la huelga, encarcela a los leaders y mata a los campesinos. Ese hombre infausto, raquítico de criterio para ser un gobernante, será una mancha en la historia........... EL CABALLERO ANDANTE"

Todo ésto, tendente a atacar la honradez, integridad, virtud, moralidad y reputación del Hon. Arturo Yager, exponiéndolo al odio, ridículo y desprecio público, con dicho artículo.

Este hecho es contrario a la ley para tal caso y hecha y prevista y a la paz y dignidad de "El Pueblo de Puerto-Rico"

(Firmado) José R. Aponte.
Fiscal del Distrito.

La acusación que antecede está basada en el testimonio de testigos examinados por mí, bajo juramento, creyendo solemnemente que existe justa causa para presentarla al Tribunal.

(Firmado) José R. Aponte.
Fiscal del Distrito.

Jurado y firmado ante mí hoy día 31 de Mayo de 1918.

(Firmado) Manuel L. Cerbet.
Secretario Corte Distrito,
de Arecibo, P. R.

(2)

Una de las dos denuncias presentadas contra Jesús M. Balsac por la fiscalía de distrito de Arecibo.

9 mayo 1918

UNION OBRERA

PRO J. M. BALSAC

Nuest os leaders deb n ser defendidos francamente

Oportuna circular

Arecibo, P. R., Mayo 1918
Queridos camaradas y amigos

En sesión regular del Comité Local Socialista de Arecibo cayó bajo la consideración de los concurrentes una resolución referente a las denuncias que pesan sobre el valiente periodista obrero y defensor de la causa política y económica nuestra, camarada Jesus M. Balsac y sobre la defensa del mismo.

Balsac es, ademas de un antiguo miembro en buena estabilidad de la Unión Tipográfica de San Juan, Director de «El Baluarte», periódico denunciado y vice-presidente del Comite Local, Socialista a nombre del que hablamos. El está siendo perseguido por defender en viriles artículos la cuestión social y económica de los productores puertorriqueños frente a la combinación político-gubernamental-capitalista y en relación con los hechos y procedimientos inicuos usados para matar la huelga y las justas aspiraciones de mejoramiento económico, por medio de la misma, de los débiles campesinos de este país.

Tales razones llevaron al Comite el conocimiento del deber en que está de tomar a su cargo la defensa del valeroso luchador y asi reconociendolo puso bajo la dirección de una Junta de Defensa Pro-Balsac el encausamiento de las cosas, en relación con lo cual ya se hicieron las primeras diligencias cerca al prestigioso abogado unionista y amigo sincero nuestro Licenciado don José de J. Tizol a quien vimos y hablamos personalmente en San Juan y al cual dejamos encomendada la defensa de nuestro querido camarada perseguido.

Tanto el señor Tizol como nosotros entendemos que este asunto debe llevarse en apelación hasta la metrópoli si fuese necesario (es casi seguro que lo será) que debe hacerse de el un caso ejemplar que acabe de una vez y para siempre de definir cual es la posición del productor puertorriqueño en relación con [illegible] sarias en favor del camarada Balsac, suplicándoles endosen el caso a los correligionarios de las localidades respectivas y que patrocinen y dirijan en todo cuanto les sea posible la celebración de colectas en fabricas y talleres en favor del camarada y amigo dos veces procesado. Asi esperan que se hara, por la Junta de Defensa pro-Balsac y por el movimiento obrero en general de Arecibo, vuestros camaradas y amigos,

Esteban PADILLA
Presidente.
J. Santos RODRIGUEZ
Secretario Tesorero.

NOTA: El producto de colectas debe dirigirse al Secretario-Tesorero, J. Santos Rodriguez, Box 1087, Arecibo, Pto. Rico.
OTRA: Lo que pudiere sobrar de estas colectas, si es que sobra sera destinado al fondo comun de los procesados por la huelga agricola.

No lo quieren.

Se rumora que el ingeniero Domenech ha sido nombrado Administrador de la sucesión Valdés y Linea Ferrea del Oeste.

La tal noticia tiene alarmado a los empleados de la Linea Ferrea, quienes segun se dice abandonaran su empleo tan pronto se confirme la noticia, y paralizaran el trafico de vapores y trenes entre San Juan y Bayamón, en son de protesta, pues prefieren quedar cesantes antes que trabajar bajo las órdenes de un hombre cuya historia negra para con los trabajadores, es bien conocida de todos

Mala elección ha hecho el señor Valdes, quien sera sin duda el que sufra las consecuencias si los empleados se niegan a trabajar bajo las órdenes del señor Domenech, y le paralizan el trafico, que traería como consecuencia la perdida de la franquicia, si permanece sin servicio siquiera un dia.

Como me quité las Canas.

Sencilla receta casera que una Señora usó para teñirse «las Canas»

Estuve por años tratando de volver mi pelo a su color natural con tintes y compuestos preparados, sin que ninguno me satisfaciese y eso que eran caros todos. Al fin di con una receta simple, que mezcle en mi casa y da resultados maravillosos. Se la di a muchas de mis amigas y a todas encantó por lo buena. Hela aquí: Agua 810 gramos, ron de malagueta [bay rum], 30 gramos, Compuesto de Barbo 1 cajita y glicerina 7 y medio gramos. Toda botica tiene estos ingredientes y cuestan muy poco. Usese cada dos dias, hasta conseguir el matiz requerido. No solo ennegrece el pelo canoso, sino que quita la caspa y actúa como tónico del cabello. No es pegajoso, ni grasiento, ni se borra, ni mancha el cuero cabelludo. Advt.

Aviso

Suplico a todos los que contribuyeron para la adquisición del Charter de la Unión de Panaderos, se sirvan entrevistarse conmigo para que reciban la cuota que donaron para ese fin, pues deseo no tener por mas tiempo ese depósito en mi poder por razones que me reservo.

R. Lugo
Sec. Financiero

Capa encontrada.

En la parada nueve y media se encontró una capa el joven monserrate [illegible] con residencia en el barrio Seisipuedes y nos la ha entregado para ver si aparece su dueño, pudiendo pasar por esta redacción a buscarla en donde debe gratificar al honrado joven que cumple con el deber al procurar al dueño de la prenda.

UNGUENTO INFANTIL
La maravilla del siglo veinte Resuelve cuando esta verde. Revienta cuando esta maduro.
No puede ser nunca imitado. El amigo de todos los niños. El alivio de todo [illegible].
Cura prodigiosamente los granos, nacidos en lo niños, Tumores, Golondrinos Panadizos, Granos malos Ulceras, Llagas, nacidos, etc.
Haga una prueba. (adv.

Camaradas

¿Tiene Ud. un libro útil en mal estado y desea conservarlo? Mándelo a encuadernar. Todo [illegible]

SRES DE
Infanzon & García
PUERTA de TIERRA

Tejidos, Calzado, Ropa Hecha
MUEBLES
La mas visitada y popular del Barrio

Dr. Narciso Moreno
Médico-Cirujano
ESPECIALISTA EN ENFERMEDADES DE LAS VIAS URINARIAS. CONSULTAS DE 7 A 9 DE LA NOCHE EN LA FARMACIA DE LOPEZ PEREZ, PTA.-TIERRA

Imprenta "Union Obrera"
CALLE SAN AGUSTIN Núm 137. PARADA 7
PUERTA DE TIERRA.

En este Taller Tipográfico hacemos toda clase de impresos a precios sumamente razonables.

Nuestra larga práctica en el arte, la buena calidad de los tipos que empleamos exclusivamente en los trabajos que se nos confien y el cuidado que empleamos en la labor, nos tiene en condiciones de dejar completamente satisfechos a los clientes. Competimos en calidad y precios con cualquier imprenta. Hacemos cualquier trabajo, no importa su tamaño, dificultad y variedad de colores.

Haga una prueba mandandonos su trabajo ahora.

Zapatos Criollos

La acreditada Zapateria Pedro Cordero, establecida en la ciudad de Mayagüez, y conocida por
La Trigueña Reformada
está dedicando [illegible] CALZADO DEL PAIS [illegible]
Tipos modernos y [illegible] solidez de la obra.
Visite usted LA NUEVA MERCEDITA en Pta.-Tierra, y verá lo que le decimos. Es usted un verdadero patriota? Pues ha llegado el momento de probarlo, protegiendo las industrias nativas y beneficiandose usted al mismo tiempo

UNION OBRERA
Diario Defensor de las Clases Oprimidas en Puerto Rico

La rectitud y valentía con que «Unión Obrera» denuncia las injusticias, ha hecho que sea el periódico favorito de las personas sensatas y libres. Habitúese a leerlo diariamente, pues su lectura viril hace hombres y conforta el espíritu.

Los anuncios publicados en este periódico son leídos diariamente por mas de 25.000 trabajadores que laboran en

Unión obrera, edición de 9 de mayo de 1918. El primer anuncio de la intención de llevar los casos contra Jesús María Balsac hasta el Tribunal Supremo de los Estados Unidos.

UNION OBRERA

DIARIO POLITICO DEFENSOR DEL PARTIDO SOCIALISTA

Oficina: San Agustín 127 Puerta de Tierra — Suscripción: Un mes 50 centavos. Un Trimestre $1,50. Un semestre $3,00 — Editor: Julio Aybar — Daily except Sunday

Entered at the Office at San Juan, P. R. as second class matter under the Act of Congress March 3, 1879

Año XXI Número 141 — San Juan, Puerto-Rico, Martes 13 de Junio de 1922 — Un ejemplar TRES CENTAVOS

¡INOCENTE E INCORRUPTO!

¡CAMINO DE LA CARCEL!!

Esta mañana se despidió de nosotros nuestro estimado amigo y camarada J. M. Balsac, quien tomó el tren que salió para la ciudad de Arecibo, con el fin de ingresar en la penitenciaria de aquel distrito a cumplir una sentencia que le impusiera la corte por un delito de libelo cometido en contra el ex-gobernador Yager a quien llamó el valiente periodista tirano, de los de mala cepa.

Un año de prisión es la sentencia que pesa sobre el periodista que va a la carcel satisfecho y con la frente levantada, a obedecer, como buen ciudadano, el mandato de la ley.

Nosotros, que hemos pasado por el momento de ir a encerrarnos a una prisión, sabemos la satisfacción que se siente al ingresar al penal, cuando se va por una causa tan noble y levantada como lo es la de defender los derechos de un pueblo maltratado por la avaricia del sistema.

El movimiento obrero y socialista pierde por un tiempo la pluma castiza del periodista Balsac, y lamenta su silencio de algunos meses, pero todos estamos confiados en que el poder Ejecutivo de Puerto Rico, haciendo uso de la perrogativa que le dá la ley, devuelva a la comunidad al periodista honesto y sincero que en todas las ocasiones de su vida ha cumplido sus deberes ciudadanos.

Si alguna vez la carcel ha estado honrada es esta que guarda a Balsac.

Todo el que conoce al amigo y sabe lo que vale lamenta el caso y confía en que pronto le veremos libre.

"Unión Obrera", pierde con la prisión de Balsac su brazo derecho, pero haremos todo lo que la naturaleza nos dé, para sustituirlo en el breve plazo que estará lejos de estos talleres y oficinas.

Indudablemente que el Gobernador ha de recibir de todos los pueblos de la Isla solicitudes de indulto para el ilustre preso, y la Federación Libre y el Partido Socialista cumplirán sus deberes.

Sabemos que el presidente de la American Federation of Labor, Samuel Gompers, ha solicitado el indulto de Balsac y muchas serán las personas y colectividades que hagan lo propio para libertar al periodista.

No tenemos para que alentar al periodista y amigo en su prisión, pues hemos notado en él gran serenidad de ánimo y la convicción firme de sus actos.

Solo tenemos que recomendar al movimiento obrero de Arecibo que cumpla con su deber, pues en esa ciudad era que se editaba "El Baluarte" y todos sabemos los méritos que tiene el periodista preso.

Hasta tu regreso, amigo Balsac, que tenemos la esperanza de que sea antes de lo que nos imaginamos.

Gran conferencia económica

POR EL SENADOR

Santiago Iglesias

Usted debe suscribirse a este diario

Espectáculos hoy

Unión obrera, edición de 13 de junio de 1922. Dramático titular reportando el inminente encarcelamiento de Jesús María Balsac.

UNION OBRERA

DIARIO ... DEFENSOR DEL PARTIDO SOCIALISTA

Editor: Julio Aybar

Suscripción: Un mes 50 centavos. Un Trimestre $1,50. Un semestre $3,00

Daily except Sunday

Entered at the Office of San Juan, P. R. as second class matter under the Act of Congress March 3, 1879

San Juan, Puerto Rico, Miércoles 5 de Julio de 192

Un ejemplar TRES CENTAVOS

ASALTO

contra Juan B. Huyke

...ipos incubadores de ...ores y procreadores de El Mundo", "La Correspondencia", ...mparcial", "La Democracia."

BALSAC INDULTADO

Tras pasar varios días en presidio, una jubilosa nota de *Unión obrera* de 9 de mayo de 1918 reporta el indulto de Jesús María Balsac por el gobernador Reily.

Made in the USA
Middletown, DE
03 September 2024

60310482R00168